Para comprender
el Antiguo Testamento

UNIVERSIDAD BÍBLICA
LATINOAMERICANA
PENSAR · CREAR · ACTUAR

Apartado 901-1000
Tels: (506) 2283-8848, 2283-4498
Fax: (506) 2283-6826
E-mail: libreria@ubl.ac.cr
www.ubl.ac.cr

EDITORIAL SEBILA
DEPT. DE PUBLICACIONES
Edición: José E. Ramírez-Kidd
Diagramación/Portada: Damaris Alvarez Siézar
Imagen portada: *El Jardín del Edén*, de Thomas Cole

ISBN 978-9977-958-33-0

San José, Costa Rica
1era Edición, Julio de 2009
2da. Edición, Octubre de 2019

Para comprender
el Antiguo Testamento

José E. Ramírez-Kidd

2da. Edición

UBL
PENSAR · CREAR · ACTUAR

Al profesor

Hermann Spieckermann

con profunda gratitud.

Contenido

*E*n la década de los /60 la Editorial Católica de Madrid publica "*Biblia Comentada*" y "*Sagrada Escritura*", los primeros comentarios a la Biblia completa escritos en lengua hispana. Poco había entonces para el estudio de la Biblia en nuestra lengua. Vinieron luego los aportes de editoriales como Sígueme y Cristiandad que, aparte de la producción directamente en castellano –entre la que descolla la obra del prof. Luis Alonso Schökel, tradujeron importantes clásicos del inglés, francés y alemán. Quien haya vivido esta época y tome hoy, cuarenta años después, un catálogo de una editorial como Verbo Divino, se sorprenderá al ver la cantidad y calidad de la producción que se ha logrado alcanzar en sólo cuatro décadas: "Biblioteca Midrásica", "Instrumentos para el Estudio de la Biblia", "Documentos en torno a la Biblia", etc.

Recientemente se ha editado una *Introducción al Estudio de la Biblia* en once volúmenes[1], que se suma a las traducciones de obras extranjeras como la de Eißfeldt del alemán[2] o la de Cazelles del francés.[3] Se cuenta hoy además, con Biblias de estudio que son una verdadera mina de información sobre aspectos introductorios.[4] La experiencia didáctica con círculos bíblicos nos muestra sin embargo que, el acceso a la información básica de trasfondo no genera "espontáneamente" nuevas lecturas de la Biblia. En este proceso intervienen, evidentemente, múltiples factores. No basta dar a conocer un ostracón cananeo, es necesario mostrar de qué modo éste nos ayuda a comprender la concepción que se tenía de la autoridad en una pequeña aldea de Palestina. No basta dar ejemplos de la forma en la que el AT condena las religiones de su entorno, es necesario entender qué razones motivan a sus autores a distinguirse de religiones con las cuales tenían, de hecho, tanto en común. Lo importante no es, pues, el dato desnudo, sino su significado en la vida de una comunidad que busca sobrevivir en un ambiente adverso. Esta obra que presentamos, no aspira a proveer al lector/a una información básica que hoy en día encuentra fácilmente en otras obras ("autor, fecha, estructura, lugar de composición", etc.), sino a mostrar: de qué modo tal información puede posibilitar una nueva comprensión del texto.

---

[1] *Introducción al Estudio de la Biblia.* José Manuel Sánchez Caro (Coordinador). Editorial Verbo Divino. Estella. 1990-2006.

[2] *Introducción al Antiguo Testamento.* Otto Eissfeldt. (Traducción de J.L. Sicre). Ediciones Cristiandad. Madrid. 2000.

[3] *Introducción crítica al Antiguo Testamento.* Henri Cazelles y otros. Editorial Herder. Barcelona. 1983.

[4] *Biblia de Jerusalén.* Nueva edición revisada y aumentada. José A. Ubieta (Dirección). Desclée de Brouwer. Bilbao. 1998; *Biblia de América.* Santiago Guijarro O. y Manuel Salvador G. (Dirección). La Casa de la Biblia. Madrid. 1994; *Sagrada Biblia.* Francisco Cantera B. y Manuel Iglesias G. Editorial Católica. Madrid. 1979.

Descripción de la obra

- División:

  El capítulo 1 toca temas introductorios. Los capítulos 2-10
  cubren el AT tal como aparece en la mayoría de las Biblias.
  Se incluyen las divisiones y subdivisiones más importantes:
  en el Pentateuco, narrativa y legislación (cap. 2-4); los libros
  históricos (cap. 5); los libros poéticos (cap. 6); los profetas
  pre-exílicos y post-exílicos (cap. 7-8); la apocalíptica (cap. 9)
  y los libros deuterocanónicos (cap. 10).

- Estructura:

  Cada capítulo consta de un *texto generador* y tres temas
  relacionados. Los textos generadores son unidades
  representativas de su sección correspondiente: Gén 4, por
  ejemplo, como representativo de la sección Gen 1-11. Los
  temas que acompañan estos textos generadores son aspectos
  de dicho texto que se amplían por separado: en el caso de
  Gén 4, por ejemplo, el tema de la rivalidad entre hermanos.
  Cada uno de ellos está basado, a su vez, en textos bíblicos.
  La obra está concebida en función del estudio directo de
  textos. Se estudian en total 67 textos bíblicos, organizados a
  partir de 9 textos generadores y 27 *temas relacionados*.

- "Documentos":

  Cada uno de los 36 temas va acompañado por uno o más
  "Documentos", que conforman una especie de antología de
  lecturas breves. Cerca de la mitad de ellas han sido
  redactadas por el autor mismo, la otra mitad es obra de autores
  clásicos tales como G. von Rad, A. Heschel, J. Frazer, A. Neher
  y otros. Estos autores representan diferentes confesiones, los
  hay judíos (N. Sarna, B. Sommer), católicos (R. de Andrés, J.L.
  Ska) y protestantes (H. Gunkel, N. Porteous). Hay autores
  europeos (F. Castel, A. Grabner-Haider), estadounidenses (J.

Muilenburg, W. Brueggemann), españoles (L.A. Schökel, A. González-Lamadrid) y latinoamericanos (S. Croatto, G. Gutiérrez). Hay autores (J. Llopis, C. Gerbron) y autoras (María Dolores Aleixandre; Ruth Finer Mintz); representantes del siglo XIX (S. Kierkegaard, E. Renan) y de la primera y la segunda mitad del siglo XX (A. Lods, L. Coenen). Estos documentos buscan dar una visión propia de los respectivos autores sobre el tema en cuestión. En algunos casos se busca incluir una reflexión de tipo teológico o una actualización del tema. Se incluye al final un índice con los títulos de los 44 Documentos.

- "Biblia de Oriente":

  Israel y las sociedades que conforman la cultura de Siria-Palestina pueden ser vistos como variantes específicas de una misma cultura, no como culturas antagónicas. Es necesario comprender la estrecha continuidad que existe entre las instituciones y el lenguaje religioso de estas sociedades vecinas. Con este fin, se incluyen nueve textos del antiguo Cercano Oriente que se acompañan de un estudio correspondiente. En los estudios se explicitan las conexiones de estos textos con el AT en términos de lenguaje, símbolos y motivos. Tomando en cuenta las relaciones de Israel con las culturas de su entorno, se han escogido tres textos egipcios, tres mesopotámicos, uno persa, uno hitita y uno cananeo. Aparte de estos estudios específicos, se citan a lo largo de la obra 33 textos del antiguo cercano Oriente: 18 textos egipcios, 12 mesopotámicos y 3 cananeos; además de 6 textos del mundo greco-romano. Al final de la obra se incluye un índice de todos ellos.

- "Dossiers":

  La obra incluye cuatro Dossiers que profundizan temas de especial relevancia para el estudio del AT:

  - DOSSIER 1: dimensión *literaria* de la Biblia "Los motivos literarios en Gen 12,10-20".

  - DOSSIER 2: dimensión *política* "David, el póster y la historia".

  - DOSSIER 3: dimensión *artística* "Biblia y arte".

  - DOSSIER 4: dimensión *teológica* "El descubrimiento de la cotidianeidad: Dios en el libro de Ruth".

- Iconografía:

  La obra se acompaña de 78 ilustraciones. La mayoría de ellas son tomadas del entorno cultural del AT (21 de Egipto; 9 de Mesopotamia, 9 del mundo grecorromano, 7 de Canaan, una hitita y una persa), y buscan explicar aspectos de la *formación del texto* en función de su entorno cultural, cf. por ejemplo págs. 145. 162. 203. 257. 264. 276. Otras 22 son obras de arte moderno (pinturas y esculturas), que muestran distintos aspectos de la *recepción del texto* en la cultura occidental, cf. por ejemplo pág. 78s. 185-188. 304; el resto son fotografías o ilustraciones contemporáneas. Las explicaciones al pie de las ilustraciones buscan mostrar estas conexiones de modo explícito.

Características de la obra

• Acercamiento histórico:

Las explicaciones dadas en esta obra buscan mostrar la evolución de las ideas religiosas como adaptaciones de la fe a las nuevas circunstancias vividas por la comunidad, señalando la forma externa que adquiere en ese momento un rasgo esencial de la fe de Israel. Es así como se analiza el proceso mediante el cual un término como "extranjero", empleado inicialmente con un sentido sociológico para referirse a "el extranjero en Israel" adquiere, posteriormente, un sentido religioso para referirse a "Israel como extranjero", e.d. a la comunidad como peregrina en el mundo. Ejemplos concretos de este acercamiento pueden verse en las Secciones # 10 "Evolución del pensamiento en el AT"; # 5 "Génesis 16"; # 9 "Levítico 24,10-16 y # 28 "El culto: encuentro con lo numinoso"; en los Documentos # 10 "Adaptación y transformación de una idea religiosa"; # 32 "Evolución de las imágenes de Dios en el AT", # 20/1 "La fiesta: historización progresiva de una herencia cananea" y # 11 "la progresiva teologización del término extranjero".

• Sensibilidad literaria:

"El texto bíblico antes de ser un texto teológico es eso, precisamente, un texto. Y necesita y debe ser explicado como texto, con toda su complejidad literaria y su riqueza psicológica, con su carga social, sus implicaciones políticas y su profundo sentido simbólico" (pág. 34). Por esta razón, además de prestar atención a puntos específicos del análisis literario (alusión, metáforas, inversión, símbolos), la obra como conjunto está basada: **(1)** en una descripción y ejemplificación de *los motivos literarios* más importantes empleados en el AT; cf. por ejemplo las Secciones # 4 "Motivos literarios en el AT" y # 31 "David y Goliat: historia de un motivo"; los Documentos # 4 "Motivos literarios del AT: un catálogo" y # 19 "El motivo del mundo vuelto al

revés", así como el Dossier 1 "Gen 12: un texto compuesto
por diversos motivos"; **(2)** en el análisis de *el revestimiento
literario*, que nos ayuda a comprender los juegos de planos
presentes en un texto (acción concreta y subtexto); cf. por
ejemplo las Secciones # 14 "Conflicto entre grupos" y # 15
"Política y religión"; el Documento # 14 "El revestimiento
literario de un hecho político"; el apartado "Revestimiento
literario" págs. 28-29 y la pág. 300; **(3)** en la ejemplificación
concreta del *papel fundamental de la literatura en la interpretación
de textos bíblicos*; cf. la Sección # 1 "Génesis 4" y el Dossier 3
"Biblia y arte". Se incluyen en lugares claves de la obra
poesías de autores europeos (Hilde Domin) y
latinoamericanos (J. L. Borges).

• Preocupación sociológica:

La fe del AT crece en relación con los cambios sociales y
económicos del entorno en el cual vive la comunidad, al
ritmo de las realidades políticas más decisivas de su época.
Por ello, se presta atención especial a: **(1)** *los procesos sociales*,
cf. Secciones # 24 "Cambio social en el AT"; # 34 "Tobías:
los retos del colonialismo"; # 19 "La inversión en el AT" y #
35 "Judith: la sublevación política"; los Documentos # 19
"El motivo del mundo vuelto al revés" y el # 24 "Historia
social de Israel". Para el tema de la resistencia y la
reivindicación social, cf. los Documentos # 29/3 "La
apocalíptica: construcción simbólica de una resistencia"; #
34/1 "El valor simbólico de un gesto: la marcha de
Satyagraha" y # 34/2 "La desobediencia civil en Tobías";
(2) *los grupos sociales*: sobre las tensiones entre diferentes
grupos de poder en el AT, cf. Secciones 14 "Conflicto entre
grupos"; 15 "Política y religión"; 16 "Enemigos: la alteridad
en el AT" y el Documento 33/1 "Judíos en un mundo griego:
dilema de lealtades". Sobre el tema de los inmigrantes,
pobres y desvalidos, cf. las Secciones 22 "Yahvé defensor
del débil"; 11 "Extranjeros en el AT". Para el tema del estatus
social de la mujer, cf. Biblia de Oriente 6 "Carta de un niño a
su madre"; el Documento 35/1 "Imagen de la mujer en la

literatura del AT" y el 35/2 "Judith: una feminidad ocupada androcéntricamente"; así como la pág. 246 entre otras; **(3)** los *temas de interés social*, cf. Sección # 21 "La justicia social en los profetas" y, sobre el tema de las relaciones políticas como relaciones familiares, cf. el Documento # 14 "El revestimiento literario de un hecho político". El Dossier 2 "David: el póster y la historia", está dedicado enteramente al análisis de la conexión entre política y religión en la Biblia.

- Perspectiva Intercultural:

   Israel no emerge como una entidad aislada de las otras culturas de su entorno, sino todo lo contrario, como parte integral de un escenario común: la cultura de Siria-Palestina. Con los reinos de esta región comparte Israel todo: geografía, historia y cultura. Los aspectos fundamentales de la religión de Israel (espacios/tiempos/lugares y personas sagradas) forman parte, esencialmente, de una herencia común con sus vecinos. Bien puede afirmarse que, en el período pre-exílico al menos, no se puede distinguir claramente entre la religión de los israelitas y la de los pueblos vecinos. Por esta razón, la correlación del AT con las literaturas del antiguo Cercano Oriente es decisiva para nuestra comprensión de los textos bíblicos. La sección "Biblia de Oriente", busca analizar el largo proceso que llevó a Israel, finalmente, a conformar una fe con un perfil religioso propio y, en algunos aspectos, distintivo. Proceso arduo que pasa por una etapa de **(1)** *diferenciación* de un fondo religioso común. Poco a poco empieza a emerger una forma religiosa cada vez más diferenciada y autónoma, cf. págs. 317-318; **(2)** *historización*: los elementos comunes compartidos con la religión mesopotámica, egipcia y cananea se historizan, es decir, instituciones ligadas esencialmente a fenómenos naturales (como las fiestas agrícolas, en su mayoría de origen pre-israelita), se ligan posteriormente a intervenciones decisivas de Yahvé en la historia del pueblo, cf. por ejemplo las

Secciones 5 "Génesis 16" y # 28 "El culto: encuentro con lo numinoso"; el Documento # 5 "Yahvé en tierras de Baal"; **(3)** *degradación* de las divinidades cananeas: al no poder integrar las divinidades extranjeras a una fe que terminó siendo exclusivista, el yavismo "degrada" muchas de estas divinidades extranjeras a elohim, ángeles u otras manifestaciones de Yahvé, cf. por ejemplo: la Sección # 30 "El folklore en el AT" y las págs. 201. 265. 277. La religión del AT es vista así, en relación directa con la cultura religiosa de su entorno.

• Concepción pedagógica:

La obra ha sido concebida por dimensiones: análisis, correlación, síntesis, aprehensión visual. Las distintas secciones de la misma ("Texto generador", "Temas relacionados", "Documentos", "Biblia de Oriente", "Dossiers" e ilustraciones), responden a estas dimensiones. *Los capítulos* están redactados de modo que cada uno de ellos forma una unidad didáctica autónoma. *Las páginas* están diseñadas por pares (izquierda/derecha), y redactadas a partir de párrafos breves, de modo que en cualquiera página el lector/a encuentre una unidad didáctica que, siendo parte de un entramado global, es al mismo tiempo completa en sí misma. Esto permite que la lectura pueda iniciarse en cualquier página y terminarse en cualquier página. El lector/a será conducido del punto de inicio a otros por medio de referencias cruzadas a otros temas interés, cf. "Secciones relacionadas". La obra incluye un "Glosario", el lector/a encontrará allí las palabras del texto señaladas con un asterisco, por ejemplo: *antropomorfismo. Las ilustraciones, así como el formato editorial general, han sido pensados para crear una obra balanceada visualmente, en la que se combina la iconografía antigua (contexto de redacción), con el arte moderno (contexto de recepción). La resonancia que los temas de esta obra tienen con nuestra realidad, se sugiere mediante los numerosos ejemplos de actualización de temas bíblicos, cf. por ejemplo págs. 87s. 168. 177. 202s. 250. 265s.

i sólo tuviéramos los libros del Nuevo Testamento, podríamos pensar que toda la vida cristiana se reduce a amar a Dios, a una vida de oración y a participar en el culto de la comunidad cristiana.

El Antiguo Testamento restablece las perspectivas cuando nos presenta a personajes que supieron adquirir una estatura adulta .. capaces de vivir plenamente su vocación de hombres y mujeres.

Si llegare a faltar esta dimensión humana, hasta la misma vida religiosa perdería su fuerza y dejaría de ser un testimonio para el mundo (Hurault, Biblia 393).

1. *Primeros pasos por la Biblia*

E speraba mi turno en un consultorio médico, cuando leí en una revista que si calculamos el precio de los componentes químicos del cuerpo humano, éstos costarían solamente unos pocos dólares. Tomando en cuenta que la vida humana es de un valor inestimable, este dato me sorprendió. Pensé que, si esto era así, lo mismo podría decirse de una pintura famosa. Considerando su valor por el costo de la tela y la pintura empleada para realizarla, una obra de Rembrandt podría costar unos pocos dólares. Con la Biblia sucede algo similar: *incomparable* como lo es por su significado es, al mismo tiempo, *comparable*. Comparable, por ejemplo, a otras obras de su época por los temas tratados y por las técnicas literarias empleadas.

Durante mi primer año de estudios en la universidad, asistí a una conferencia sobre la filosofía helenística. El conferencista, un filósofo español de fuertes convicciones católicas, hizo alusión a la contribución de algunos filósofos de este período al Nuevo Testamento. El oír aquello, en aquellos años llenos de entusiasmo adolescente, me produjo una gran indignación. Sentía como si Dios me mirara desde el cielo esperando ver que iba a hacer yo para "defender la Biblia". Quise ponerme de pie y confrontar lo que había escuchado y que hería, sinceramente, mi bien intencionada pero ingenua devoción religiosa. La verdad es que sabía poco acerca de la literatura judía de aquel período, acerca de la filosofía griega, de los poetas latinos o de las religiones orientales de aquel momento y, menos aún, de la forma en la que estas corrientes podían haber influido el Nuevo Testamento. Sólo creía, apasionadamente, que la Biblia era superior a todo lo que existía y que no tenía influencia alguna de nadie que no fuese Dios mismo. Diez años después de aquella conferencia, el estudio me llevó al convencimiento de que, efectivamente, la Biblia "no había caído del cielo".

Quien lea esta obra tiene tras de sí, probablemente, toda una historia de relación con la Biblia. Por esta razón, no hablamos aquí de "Primeros pasos en la Biblia" .. *como guía de vida* sino de "Primeros pasos en la Biblia" .. *como documento histórico, literario y cultural*. No se trata, entonces, de informar al lector/a acerca de cuántos libros tiene la Biblia, ni de discutir temas como: "Si los días que duró la creación eran de 24 horas o no", "¿De qué color eran los seis caballos mencionados en el libro de Zacarías?" o "¿De qué modo pudieron convivir en el arca de Noé los leones con las cabras?". Estos "temas de estudio" y otros similares, que llenan cientos de páginas en obras del pasado (¡y del presente!), no ocupan aquí *ningún* lugar. Interesa aquí, más bien, prestar atención a la estrecha relación del antiguo testamento con la literatura religiosa del antiguo Cercano Oriente, a la evolución histórica de las ideas religiosas en el A.T., a la forma en la que los escritos surgen como respuesta a situaciones concretas de la vida de la comunidad, y a la forma en la que las metáforas religiosas expresan la necesidad fundamental de seguridad de todo ser humano. Antes de ello, es necesario decir algo respecto a algunas preguntas que surgen a menudo en torno al estudio de la Biblia, por ejemplo:

- La Biblia ¿es el escrito más antiguo de la humanidad?

- La cultura de Israel y la de sus vecinos ¿son distintas o variantes de *una misma* cultura?

- El sentimiento religioso ¿es una novedad de la Biblia?

- Los otros pueblos ¿cómo los ve el antiguo testamento?

La Biblia: ¿Es el escrito más antiguo de la humanidad?

Israel, contrariamente a lo que comúnmente se cree, aparece en el marco de la historia antigua tardíamente. La primera mención de "Israel" (no como nombre personal sino como grupo social), aparece en la línea 27 de la estela de Merneptah del año 1208 a.C.: "he diezmado al pueblo de Israel y he dado muerte a sus hijos". Si bien se discute cuál es la relación exacta entre el grupo citado en esta estela egipcia y el Israel del AT, lo que tenemos aquí es un documento perteneciente al Imperio Nuevo egipcio (1550-1070 a.C.). Para este momento, todo lo decisivo en la historia egipcia había sucedido ya. Si pensamos en Abraham, lo mismo podríamos decir respecto de la historia mesopotámica. Los extraordinarios logros de la cultura sumeria tenían ya más de dos mil años de antigüedad cuando Abram salió de Ur de los caldeos para dirigirse a Canaan, Gen 11,31b. Debemos recordar que:

- **Egipto**: cuando el profeta Jeremías se paseaba por las calles de Jerusalén, la pirámide de Saqqarah en Egipto tenía ya dos mil años de antigüedad. Esto quiere decir que entre el más grande arquitecto de la antigüedad (Imhotep, consejero de la tercera dinastía egipcia) y Jeremías, había transcurrido el mismo tiempo que entre el ministerio de Jesús y nosotros (!).

- **Babilonia**: cuando "el libro de la ley" es encontrado en el templo de Jerusalén (2 Re 23), durante el reinado de Josías (639-609 a.C.), el código de Hamurabi, rey de Babilonia (1792-1750 a.C.), tenía ya más de mil años de existencia. Esto quiere decir que estamos nosotros hoy más cerca de la época de san Francisco de Asís (= baja Edad Media), que lo que estuvo el código de Hamurabi de la ley deuteronómica (!).

- **Creta**: cuando el rey Salomón construyó el templo de Jerusalén, el templo de Knossos en Creta tenía cerca de 700 años de antigüedad. Un templo con más de 1500 habitaciones y un área 17 veces mayor a la del templo de Salomón, algunos de cuyos frescos pueden ser admirados aún hoy.

- **Palestina**: la ciudad de Ebla en Siria, constituye uno de los centros culturales más importantes del mundo inmediato de la Biblia. Entre los años 3000 y 2275 a.C., Ebla estableció relaciones comerciales con varios estados del mundo de la Biblia: Ur, Biblos, Jazor, Meguido, Jaffa. Los archivos de la biblioteca de su palacio real (2400 -2250 a.C.), son más de 1500 años más antiguos que muchos salmos de la Biblia. Esto quiere decir que estamos nosotros hoy más cerca de la época en que surgió el Islam en la península de Arabia, de lo que está mucha literatura de Ebla del salmo 119, por ejemplo.

La conciencia de esta distancia cultural, no sólo ya respecto de las grandes civilizaciones de Egipto y Mesopotamia, sino respecto de la misma cultura cananea, ha dejado sus huellas en el AT. Según el mismo testimonio bíblico, al entrar en la tierra de Canaan en condición de esclavos escapados, algunos de los antepasados de Israel encuentran ciudades grandes y hermosas, casas llenas de toda clase de bienes, cisternas excavadas, viñedos y olivares (Deut 6,10s). En Canaan todo les parecía superior, extraordinario. La impresión general de los espías enviados por Moisés a inspeccionar la tierra, define claramente este sentimiento de inferioridad frente a los cananeos: *"Nosotros a su lado parecíamos saltamontes, y así le parecíamos a ellos"* Num 13,33.

Piedra conmemorativa egipcia con dos orejas labradas. Sobre ellas, el nombre del dios que ha escuchado: 'Amon-Ra, señor del cielo'; abajo, el nombre de la persona escuchada: 'Neb-Mehit la erigió'. El salmista dirá: 'Amo al Señor porque él inclinó a mi su oído el día que le invoqué' Sal 116,1-2.

La cultura de Israel y la de sus vecinos ...
¿dos o una?

A diferencia de lo que comúnmente se cree, Israel no emerge como una entidad aislada de las otras culturas de su entorno, sino todo lo contrario, como parte integral de un escenario común: la cultura de Siria-Palestina. Con los pequeños reinos de esta región comparte Israel todo: geografía, historia y cultura. Quizás el ejemplo más elocuente de esto sea, precisamente, lo que podría pensarse que es lo más distintivo de Israel, a saber, el templo de Yahvé en Jerusalén.

Si bien según 2 Cron 1,7-13, el plano del templo le fue revelado a Salomón durante una permanencia nocturna en el santuario de Guibea, una comparación de 1 Re 6-7 con la arquitectura de los templos excavados en la región de Canaan y Siria (Lakis, Jasor, Alalaj), muestra que fueron éstos el modelo para el templo de Salomón. Algo que confirma el mismo texto bíblico: Salomón pidió ayuda para su construcción al rey fenicio Hiram de Tiro (1 Re 5,15-26); el superintendente de las obras -Hadoram- era también fenicio. Su nombre era compuesto con el nombre del dios fenicio de la tormenta Hadad (1 Re 5,28). Aparte de estos trabajos en madera y piedra, un especialista cananeo se encargó de los trabajos en bronce del templo (1 Re 7,13-14). No es de extrañar entonces, que la estructura tripartita del templo de Salomón (atrio, sala central y lugar santísimo), responda al modelo arquitectónico de los templos cananeos.

Finalmente, no debemos olvidar que el templo fue construido en una ciudad pre-israelita de origen jebusita, es decir cananeo (2 Sam 5,6-10). El emplazamiento de la nueva construcción se da en el espacio previamente considerado como sagrado por la religión originaria. De este modo, se asimilan los símbolos de la religión anterior a la fe del grupo recién llegado. Esta práctica es conocida en América Latina, en donde muchos templos cristianos de la época colonial se construyeron en el espacio de antiguos santuarios indígenas, cf. pág. 73.

Mucho de lo que tenemos en el AT es pues, la adaptación local *-en Israel-* de una herencia cultural común. Vistas las cosas en perspectiva histórica, puede decirse que *los aspectos fundamentales de la religión de Israel* como:

- Los *lugares* sagrados: por ejemplo Siquem, Betel, Mambre, Bersabe ..
- Los *tiempos* sagrados: el culto, las fiestas, al sábado ..
- Los *personajes* sagrados: el sacerdote, el profeta, el cantor ..
- Los *espacios* sagrados: el altar, el santuario, el templo ..
- Los *objetos* sagrados: los candelabros, los altares, los incensarios..
- Las *prácticas* sagradas: la oración, el ayuno, los ritos de purificación y consagración ..
- Los *textos* sagrados: los salmos, los proverbios, las profecías ..

.. eran, todos ellos, parte de una herencia común que organizaba la vida cotidiana de egipcios, sumerios, acadios, babilonios y cananeos muchos siglos antes de que existiese Israel.

Dicho en otras palabras, los problemas que enfrenta un campesino hondureño difícilmente serán distintos a los que enfrente uno costarricense, dado que comparten el mismo clima tropical, trabajan con el mismo tipo de animales y cultivos, y con herramientas y técnicas de cultivo similares. Es esto mismo, precisamente, lo que sucedía en el mundo de la Biblia: siendo similares las condiciones de vida en el antiguo Cercano Oriente, eran parecidas las leyes y costumbres que organizaban la vida. Las similitudes que hay entre las leyes del AT y las de las culturas vecinas no son producto del "plagio", sino de temas y tradiciones comunes, por ejemplo:

- Ex 21,18-19 dice: "Si dos hombres riñen y uno hiere a otro .. sin causarle la muerte, pero obligándolo a guardar cama .. entonces el que lo hirió será absuelto, pero deberá indemnizar el tiempo de paro y los gastos de la curación". Una situación normal de trabajo que, por ello mismo, contempla también el código babilónico de Hamurabi (1792-1950 a.C.) en el apartado 206: "Si en una riña un hombre golpea a otro y le causa un daño, aquel que causó el daño deberá pagar los gastos de la cura del hombre herido".

- La tenencia y manejo de animales peligrosos, como en las ciudades de hoy con perros de razas agresivas, era un tema común de las legislaciones antiguas. Así, el código del reino de Esnunna (anterior al de Hamurabi), estipula en su apartado 54: "Si un buey tiene la costumbre de acornear y las autoridades han dado aviso de ello a su propietario, pero éste no cuida de su buey, si este buey acornea a alguien y lo mata, el propietario deberá de pagar 2/3 de mina de plata". Ex 21,28 tiene una ley similar en el caso de que un buey mate a una persona, el v 29 agrega: "Sin embargo, si el toro embestía ya desde tiempo atrás y su dueño, después de haber sido informado no lo encerró, si el toro mata a un hombre o una mujer, lo matarán a pedradas y su dueño será condenado a muerte".

Estas mismas coincidencias se daban, evidentemente, en otros ámbitos de la vida como el de las relaciones cotidianas. Todos nos hemos encontrado en algún momento con personas violentas. Prov 22,24 recomienda: "No te acompañes del colérico, ni andes con el violento". Esta es una recomendación muy similar a la dada por el sabio egipcio Amen-em-opet mucho antes: "No te juntes con el hombre impetuoso ni le visites para conversar".

El sentimiento religioso: ¿Es una novedad de la Biblia?

La literatura religiosa de Egipto produjo obras de extraordinaria profundidad y belleza. Un ejemplo de ello es la sorprendente sentencia que encontramos en la Instrucción del rey Akhtoi para su hijo Merikare: "Es más aceptable el carácter de la persona recta que el buey de quien actúa mal" (Breasted, *Dawn* 156). Esta afirmación es 1300 años más antigua que la del profeta Oseas: "Porque amor quiero, y no sacrificios, conocimiento de Dios, más que holocaustos" 6,6. Ya en esta época un sabio egipcio expresa un sentimiento que no se contenta con el rito exterior, sino que involucra a la persona y sus valores, dejando en claro la primacía de la moralidad sobre los sacrificios.

El dios egipcio Amón dice acerca del faraón Pianchi (751-730 a.C.): "Estabas aún en el vientre de tu madre cuando yo dije acerca de ti que ibas a ser el rey de Egipto. Te conocí cuando no eras más que una semilla. Fue cuando estabas aún en el huevo cuando supe que habías nacido para ser Señor" (Gilula, *Parallel* 114). Este texto es casi idéntico al texto posterior de Jer 1,4-5: "Entonces me dirigió Yahvé la palabra en estos términos: antes de haberte formado yo en el vientre, te conocía, y antes que nacieses, te tenía consagrado". En el texto egipcio se presenta el vínculo íntimo del dios con la persona, como algo que se da antes de su nacimiento. La elección divina anticipa el nacimiento. Por ello, la vocación de la persona consumirá su existencia. El faraón, como el profeta, se encuentra frente al reto de ser fiel o no a dicha vocación.

El himno al dios egipcio Atón dice: "Cuando el pollito está aún en el huevo, pía ya dentro del cascarón para que tu le des el alimento en su interior y pueda vivir. Y cuando ya está formado en el huevo, le das el poder para romperlo. Sale del huevo para piar a su tiempo; y cuando sale, anda ya sobre sus patas" (García, *Biblia* 303). El sentido de providencia que se refleja aquí, recuerda las palabras del Salmo 104,27-30: los animales dependen de Yahvé para su sustento. Atón no sólo da la vida sino que la preserva, es un dios que está presente no sólo en el *instante* de la creación, sino en el *proceso* de la vida.

Estela de piedra de un santuario cananeo, siglo XIV a.C. aprox. Una persona extiende sus brazos hacia una divinidad en el cielo. El salmista dirá: 'A ti clamo, Señor. Oye la voz de mis plegarias cuando elevo mis manos, oh Señor, al santuario de tu santidad' Sal 28,1-2.

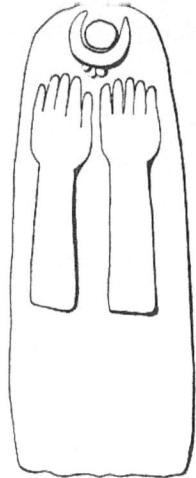

- 21 -

Lo mismo podemos decir de la religión en Mesopotamia, una oración babilonia dice:

> Busqué sin cesar, pero nadie tomó mi mano
> Lloré, pero ellos no vinieron a mi lado
> Me lamenté, pero nadie me escuchó
> Estoy afligido, atrapado, no puedo ver.
> Oh dios misericordioso, vuélvete a mí, te lo suplico.
> Oh dios, no dejes plantado a tu siervo
> que ha sido arrojado a las aguas de un pantano.
> ¡Toma su mano!
> Transforma en bien los pecados que he cometido
> Haz que el viento se lleve lejos los males que he cometido
> Muchas son mis faltas, oh dios
> ¡Quítalas de mí como si fueran un manto!
> (Jacobsen, *Treasures* 149).

La similitud entre estas oraciones y textos de la Biblia no se explica porque la Biblia, siendo una obra más reciente, haya "copiado" tales textos, sino porque ambas oraciones reflejan la naturaleza humana y pertenecen a una tradición religiosa común. La persona que ora en el caso anterior, se encuentra frente a su dios en una relación personal con él. La consciencia de pecado, la confianza en la misericordia del dios, y la posibilidad del perdón expresados aquí, no dependen de que el dios al que se dirijan sea "el dios verdadero" o no. Estos sentimientos reflejan, simplemente, necesidades profundas del corazón humano, de *todo* corazón humano. Por eso, algunos autores hablan de "La teología común del antiguo cercano Oriente" cf. Smith, *Theology* 135-147.

Un bello ejemplo del sentimiento religioso en el mundo anterior a la Biblia, lo encontramos en el siguiente himno al dios mesopotámico de la luna (Sin):

"Oh Señor, héroe de los dioses,
No hay nadie como tú
Padre misericordioso y lleno de gracia
Tú sostienes la vida de la tierra entera en tus manos.
Señor, que fijas los destinos de los cielos y la tierra,
cuyas decisiones nadie se atreve a alterar;
que sostiene en su mano el fuego y el agua,
que guía a todas las criaturas vivientes
¿Qué dios ha sido igual a ti?
En los cielos ¿quién es exaltado?
Tú, sólo tú eres exaltado.
En la tierra ¿quién es exaltado?
Tú, sólo tú eres exaltado.

Cuando tu palabra se levanta en lo alto como el viento,
reverdecen los prados y brotan los manantiales.
Cuando tu palabra penetra la tierra,
el pasto verde salta y se multiplica.

Tu palabra trae consigo y promueve la verdad y la justicia,
de modo que las personas hablen la verdad.
Tu palabra está en el cielo distante,
está escondida en la tierra que nos rodea,
es algo que nadie puede ver.
¿Quién puede comprenderla?
¿Quién puede igualarla?".
(Pritchard, *ANET* 385)

Curiosamente, aunque estos textos citados expresan una gran profundidad y belleza, la imagen que tenemos de Egipto y Babilonia en el AT es sumamente negativa. Se los presenta como pueblos llenos de abominaciones y prácticas detestables. De los egipcios se dice que eran: "los más insensatos de todos y más ingenuos que el alma de un niño .. superan en estupidez a todos los demás .. pues tuvieron por dioses a todos los ídolos de los gentiles .. y adoran además a los bichos más repugnantes" Sab 15,14ss.

La burla y la ironía respecto a los dioses babilonios, adquieren su expresión clásica en Isaías: "Hacen un dios, al que se adora, un ídolo para inclinarse ante él. Quema uno la mitad de la madera y sobre las brasas asa carne y come el asado hasta hartarse. También se calienta y dice: «¡Ah! ¡me caliento mientras contemplo el resplandor!» Y con el resto hace un dios, su ídolo, ante el que se inclina, le adora y le suplica, diciendo: «¡Sálvame, pues tú eres mi dios!»" Is 44,15ss.

Esta actitud de los autores bíblicos respecto a egipcios y babilonios, requiere una explicación ..

Estatua sumeria del tercer milenio a.C. El tamaño de sus ojos y la postura de sus manos expresan la intensidad de sus sentimientos. 'Oh Dios, te he visto en el santuario y he contemplado tu poder y tu gloria' Sal 63,1-2.

Los otros pueblos:
¿Cómo los ve el Antiguo Testamento?

Como hemos dicho, el antiguo Israel se ubica en la región de Siria-Palestina, una región que sirve de puente entre la cultura egipcia y la cultura mesopotámica. Estas dos civilizaciones no sólo eran más antiguas que el pequeño reino de Israel, sino sociedades más complejas y con una producción material e intelectual muy superior a la de sus estados vasallos más pequeños. No es de extrañar, entonces, que la historia de Israel se enmarque entre dos experiencias de cautiverio con estas dos potencias mundiales: la esclavitud en Egipto y el exilio en Babilonia. Los temas del éxodo (Egipto) y del nuevo éxodo (Babilonia), son los referentes que enmarcan toda la historia de Israel.

Es por esta razón que Egipto y Babilonia son una constante en los oráculos contra las naciones: Is 30-31; 36; 39; Jer 46; 51; Ez 29-30; 32. Egipto no fue recordado como *el hogar de las pirámides*, sino como "el horno de hierro" (Deut 4,20) y "la casa de servidumbre" (Deut 5,6). Babilonia no se asoció a los famosos *jardines colgantes*, que eran una de las maravillas del mundo antiguo, sino que pasó a ser la imagen del enemigo por antonomasia (Is 14,4b-23).

El resentimiento que provocó entre los israelitas, el ver sus tierras avasalladas por potencias frente a las cuales nada podían hacer, explica por qué estas dos culturas fueron 'satanizadas' en la memoria de Israel. La imagen que tenía el AT de estos pueblos no podía ser neutral. De este modo se expresa el salmista del ataque de los babilonios a Jerusalén:

"Oh Dios, los gentiles han invadido tu heredad,
han profanado tu santo Templo,
han dejado en ruinas Jerusalén.
Han dado los cadáveres de tus siervos
como pasto a los pájaros del cielo,
los cuerpos de tus amigos a las bestias de la tierra.
Han derramado su sangre como agua
en torno a Jerusalén, ¡y nadie sepultaba!
Hemos sido irrisión de los vecinos,
burla y escarnio de los de alrededor.
Derrama tu furor sobre los pueblos
que no te reconocen,
sobre los reinos
que no invocan tu nombre.
Porque han devorado a Jacob
y han devastado sus dominios" Sal 79,1-7.

Esto nos conduce a una constatación básica acerca de la naturaleza del AT como literatura nacional: lo que tenemos en las páginas del AT no es una *descripción* de estas culturas vecinas a Israel, sino una *valoración*. Una valoración marcada por el recuerdo y el dolor (cf. Sal 137,8-9). Esto explica la necesidad que tienen los autores de afirmar, no sólo la independencia absoluta del AT respecto a las tradiciones religiosas de estos pueblos, sino su oposición frontal a ellas.

La ruptura planteada por el AT respecto de las culturas de su entorno refleja entonces, no una realidad histórica, sino la necesidad comprensible de la comunidad pequeña de afirmarse frente a aquellas que amenazan con eliminarle. Este sentimiento de angustia del pequeño frente al grande, latente a lo largo del AT, encuentra bajo la dominación helenística su expresión más directa: "Los gentiles que nos rodean se han unido para exterminarnos" (1 Mac 5,10), "impulsados por el odio, todos los gentiles se han unido para aniquilarnos" (1 Mac 13,6). Como signo de esperanza surge en este medio, la imagen del enemigo como la de un "coloso con pies de barro" (Dan 2).

Cuando entendemos las circunstancias en las que ha surgido el AT, y la finalidad reivindicativa que cumple, entendemos por qué la fe yavista se presenta a sí misma, como enteramente distinta de las culturas de su entorno. Pero, vistas las cosas desde un punto de vista histórico, lo cierto es que Israel y sus vecinos compartían una herencia cultural que tenía muchos elementos en común.

> *"Todo retrato pintado con sentimiento*
> *es un retrato del artista, no de su modelo.*
> *El modelo es meramente la ocasión.*
> *No es él quien es revelado por el artista,*
> *es el artista quien se revela a sí mismo*
> *sobre la tela coloreada"* (Wilde, Picture 14).

Revestimiento literario

La Biblia es, antes que nada, literatura. Esto significa que lidiamos a cada momento con el tema del *revestimiento literario*. Al intentar comprender el relato del arca de Noé (Gén 6,13-22), por ejemplo, no basta con precisar exactamente las dimensiones de la misma, ni con discutir si era posible construir en esa época una nave de tales dimensiones, ni especificar los tipos de madera empleados en su construcción. Para explicar *el sentido del relato* requerimos de otro acercamiento. Un buen ejemplo de ello lo provee la obra *"La Bible et ses images"*, que comenta el relato del diluvio en los siguientes términos:

"Como es frecuente en todos los relatos de construcción de la Biblia, Dios da prácticamente todos los detalles técnicos necesarios para la construcción del arca. Él actúa de hecho como un verdadero arquitecto, y desarrolla su plan incluyendo incluso la altura de la misma.

Uno puede preguntarse *por qué ese interés en la precisión*, que encontraremos más detallada aún para otros objetos descritos en los libros de Éxodo, Levítico y Números. Es algo así como si Dios desconfiara de la imaginación creativa de los seres humanos. No se trata de eso exactamente, pero sí de algo cercano.

Dios conoce la propensión humana al orgullo, a la desproporción y a la ebriedad con respecto a sus logros técnicos. No debemos olvidar que, la construcción de la torre de Babel sigue al relato del diluvio. Dios sabe cuan rápidamente los seres

Poussin, El Diluvio (1660-1664)

humanos se enamoran y se convierten en adoradores de sus propias obras.

Por ello, actuando como el verdadero arquitecto del mundo hasta en el más pequeño detalle, Él provee a los seres humanos, en este caso a Noé, todos los detalles necesarios y las precisiones, para que ellos no sean otra cosa que los artesanos de la obra; los ejecutores y no los creadores, dando así curso libre a sus inclinaciones." (*La Bible*, Arche).

La verdad histórica de un texto bíblico
¿Qué es?

Las narraciones de la Biblia tienen su propia verdad. Lo decisivo no son los hechos de la narración (en el sentido de su historicidad), sino la forma de resolver el problema de fondo que se ha planteado. Las narraciones no son simples descripciones periodísticas, de las que pueda decirse fácilmente que son 'falsas' o 'verdaderas'. *El criterio de verdad* que se sigue a menudo, y que consiste en pensar que 'verdadero es lo que realmente sucedió', es algo que en lugar de ayudar, obstaculiza la tarea de estudio de la Biblia, porque no permite verificar ni dialogar con la verdad de una narración. Decisivos para determinar la verdad de una narración son los puntos de vista, los sentimientos, las acciones y reacciones de los personajes en la narración. Mediante la correspondencia que se da entre el mundo de vivencias de los personajes de la narración y los del lector/a, se establecen en la narración experiencias humanas fundamentales, como la esperanza o la necesidad primaria de amor. Estas experiencias humanas se profundizan al convertirse la narración en un medio para animar o promover la esperanza.

El hecho de que la conducta afectuosa de un personaje le traiga éxito, permite al relato ganar cierto reconocimiento. Esto a su vez, anima al lector/a a actuar de modo semejante, con la esperanza de que pueda, finalmente, experimentar algo semejante. Por medio de sus acciones y reacciones, sus conductas, sensaciones y sentimientos, los personajes de la narración se convierten en figuras de identificación para nosotros, enseñándonos algo y haciéndonos crecer como personas. Es en esto último, precisamente, en lo que radica la verdad de un texto: en la vida que propone, en su proyecto de mundo, en su fecundidad para promover la vida, y en su capacidad para inspirar y promover una realidad nueva. *Esta verdad* es totalmente independiente de los elementos de su revestimiento literario, o del hecho de que tal o cual personaje de la narración hayan existido realmente alguna vez o no (Koenen, *Gattungen* 1.1.4).

Como lo sabe bien cualquier persona familiarizada con la literatura especializada sobre este tema, del 'Abraham histórico' es muy poco lo que podemos decir o saber. Pero el objeto de la narración bíblica no radica en el 'Abraham histórico', sino en Abraham como receptor de la bendición, como portador de la esperanza, como ejemplo de la fe. Decisivo e importante es lo que la figura de Abraham encarna desde el punto de vista de la fe, y es a ello a lo que apunta el abordaje que aquí se propone.

"El problema no es *nunca* el de si Raquel, Jacob o Esaú vivieron hace 2800 años, sino donde viven *hoy* Raquel, Jacob o Esaú en nosotros y a nuestro alrededor. Esos personajes viven *siempre*" (Drewermann, *Palabra* 61).

2. *Pentateuco: Génesis 1-11*

1. Génesis 4

Usualmente se cree que el tema de fondo de Génesis 1-11 es *"algo que salió mal al inicio de la humanidad"*; sin embargo, estos capítulos tratan en realidad, no de 'eventos pasados', sino de conflictos fundamentales de la condición humana *hoy*, expresados –claro está-, con los recursos literarios propios de su época. A lo largo de la historia, Génesis 1-11 ha dado lugar a encarnizadas polémicas entre la iglesia y la comunidad científica. Un magnífico resumen de ellas se encuentra en la obra de Andrew White (fundador de la universidad de Stanford): *La lucha entre el dogmatismo y la ciencia en el seno de la Cristiandad*. Editorial Siglo XXI. Madrid. 1972.

Un estudio clásico de Génesis 4 debería llevarnos a:

(1) un *análisis interno* del texto hebreo, a raíz del cual puedan clarificarse o profundizarse ciertos términos claves y *fórmulas empleadas en el texto. Interesaría aquí, por ejemplo, un estudio del verbo 'clamar' (צעק, término técnico para el grito de angustia en situaciones límite), en v 10, o bien de la partícula לכן en v 15, empleada frecuentemente para introducir una declaración solemne.

(2) un estudio de la *transmisión del texto* y la forma en la que éste fue evolucionando en las distintas traducciones. Interesaría aquí, por ejemplo, la forma

en la que la *Septuaginta ha entendido el verso 4.7 ('Si
has ofrendado correctamente pero dividido la ofrenda
incorrectamente ¿no has pecado?'), así como la extensa
explicación introducida por el *Targum en v 8 y en
donde Caín, entre otras cosas, pregunta: '¿por qué ha
sido recibida tu ofrenda con agrado y mi propia
ofrenda no?' 'por cuanto mis obras han sido mejores
que las tuyas' responde Abel. Caín concluye: 'no hay
juicio ni hay juez ni existe otro mundo; no hay donación
de buena recompensa para los justos ni hay castigo
para los malos' (Martínez, *Targumim* 63).

(3) un estudio de las *influencias formativas*, es decir
aquellas obras de la literatura extra-bíblica que han
influido de una forma u otra en la conformación del
relato o bien, el desarrollo de un motivo de este relato
en otras literaturas. Interesaría aquí, por ejemplo, la
forma en la que el folklore del antiguo cercano Oriente
ha entendido motivos como el de la rivalidad entre
los hermanos, la pugna entre agricultores y pastores
o el fratricidio.

(4) finalmente, sería necesaria una consideración de
la *historia de la interpretación* del texto, tanto en la
tradición judía como en la cristiana. Interesaría aquí,
por ejemplo: (a) la(s) lectura(s) del *Midrash a este
texto; (b) la comprensión de Filón de Alejandría sobre
el papel de Caín en el relato; (c) las interpretaciones
patrísticas (particularmente las razones del rechazo
de Caín en los escritos de Orígenes y Crisóstomo), la
falta de arrepentimiento en Efrén el Sirio, el papel de
la sangre derramada en Máximo de Turín y Orígenes
o el tema de la marca de Caín en Ambrosio de Milán),
y de modo particular (d) los comentarios de san
Agustín a este relato.

"Un texto bíblico es
una ventana. No
miramos
la ventana, sino a
través de ella.
Ese horizonte hacia
el que ella orienta
nuestra mirada no
es la teología, sino
la vida misma".
J.E. Ramírez-Kidd

Al emprender estos pasos habríamos hecho una lectura teológica del texto. La vida humana, sin embargo, es algo más que teología. La religión es *una dimensión* de la vida, no la vida misma. Quiere decir esto que, una lectura en sentido amplio de la palabra, no debería circunscribirse a una explicación de los aspectos internos del texto y de su transmisión. Una lectura actual tiene, *necesariamente*, que levantar los ojos y ver más allá.

El texto bíblico antes de ser un texto teológico es 'eso', precisamente, *un texto*. Y necesita y debe ser explicado *como texto*, con toda su complejidad literaria y su riqueza psicológica, con su carga social, sus implicaciones políticas y su profundo sentido simbólico. Surge entonces la pregunta: ¿Puede un texto bíblico ser interpretado a partir de fuentes no teológicas? ¡Sí! ¡Por supuesto! Más aún, *debe hacerse* para recuperar otros puntos de vista indispensables para su actualización, que es la finalidad última de toda labor teológica.

Los textos bíblicos, dado su enorme significado social, han sido mencionados y comentados por artistas, filósofos, escritores y políticos de todas las épocas. En algunos casos, como referencias de paso en sus escritos, en otros como comentarios de fondo o bien, como obras completas que giran sobre temas o personajes bíblicos. La Biblia ocupa un lugar fundamental en la cultura de Occidente, un lugar que va más allá del campo específico de la teología. Los personajes, imágenes e ideas de la Biblia forman parte de la reserva simbólica de nuestra cultura. La Biblia trasciende, con mucho, los límites a veces estrechos del ámbito religioso. Es así como encontramos referencias a la Biblia en la antigüedad, el medioevo, la modernidad y la sociedad contemporánea. Todas estas lecturas sueltas de pasajes bíblicos a lo largo de siglos, han ido conformando una especie de *comentario no teológico* a la Sagrada Escritura, y cuya lectura enriquece profundamente nuestra comprensión del texto bíblico.

La figura de Caín ha representado tradicionalmente la encarnación del mal, la rebelión frente al poder divino. Orígenes de Alejandría (185-254), uno de los exégetas y teólogos más influyentes del cristianismo antiguo, afirma acerca de él: "La maldad de Caín no comienza cuando mata a su hermano. Ya desde antes, Dios, que conoce los corazones, había ignorado a Caín y a su sacrificio; pero la maldad y bajeza de éste se hicieron evidentes cuando él mató a su hermano" (Louth, *Genesis* 104).

Con el surgimiento de la Revolución Francesa se produce un cambio fundamental en la comprensión de este personaje. En Europa, que vive la época de la monarquía absoluta, la aceptación de la voluntad divina y la aceptación de la voluntad real, son vistas como caras de una misma moneda. El ciudadano debe aceptar las decisiones políticas, cualesquiera fueran éstas, como parte de la voluntad divina. Con el triunfo de la Revolución Francesa emerge un sentido de rebelión social que reivindica la figura de Caín. Éste no será ya la encarnación del pecador, sino por el contrario, la figura del héroe que se revela contra una tiranía injusta.

Este giro en la comprensión del personaje ilustra bien, hasta qué punto la realidad social influye en la conformación de las ideas religiosas. Al cambiar el entorno político y los valores de la sociedad cambian, correspondientemente, las posibilidades de lectura de un texto, de sus personajes y de sus temas. La Revolución Francesa crea una nueva atmósfera intelectual. Caín se convierte entonces, en el símbolo de la rebelión frente a una autoridad percibida como injusta.

El Romanticismo es un movimiento cultural que se inicia en Alemania tras la Revolución Francesa, y que se difunde por toda Europa durante las primeras tres décadas del siglo XIX. Uno de los temas más característicos de este movimiento va a ser el prometeísmo: actitud de desafío y rebelión contra la autoridad. Se asume la defensa de causas ideales consideradas desmesuradas e irrealizables, aún a sabiendas de una inevitable derrota.

Dos conceptos fundamentales del pensamiento de este período son: (1) el de tensión o inquietud ('Streben'), que expresa la concepción de la vida como un esfuerzo incesante, un intento continuo por superar todos los obstáculos (tanto materiales como espirituales), y que se manifiesta en el rechazo a cualquier forma de atadura, y en la superación de todos los límites; (2) y el concepto de nostalgia ('Sensucht'), que expresa la nostalgia de aquello que no se tendrá nunca, la aspiración de aquello que se encuentra más allá. Es el sentimiento doloroso de la conciencia de que el infinito es inalcanzable, el deseo intenso, pero doloroso, hacia un objeto que queda fuera del alcance real de la persona (Ubaldo, *Atlas* 368-370).

En la obra 'Cain' de George G. **Byron** (1788-1824), la historia es narrada desde el punto de vista de Caín, quien evoca al titán griego Prometeo, héroe cultural que se rebeló contra la injusticia y la tiranía de Zeus, dios del Olimpo, que negaba al ser humano el don del fuego, base del progreso y la civilización. Prometeo, por amor a la humanidad, robó el fuego del cielo para llevárselo a los humanos. En la obra de Byron, Caín aparece como el primer ser humano contra quien se manifiesta una injusticia cósmica ante la cual él, heroicamente, aprende a afirmar su voluntad. En el trasfondo de esta obra se lee claramente, la lucha contra las tiranías políticas en la Europa del siglo XIX.

George G. Byron

'El hijo mayor de Adán y Eva hace uso de su razón, regalo precioso pero fatal adquirido por el pecado de sus padres, y se convierte así en un perseguidor intransigente de la verdad absoluta. La razón le dice a Caín que éste no es el mejor de los mundos posibles. Más aún, no es ni siquiera un mundo bueno. Él se niega, por tanto, a someterse a un Creador omnipotente que demanda de todas las criaturas, incluyendo el ser humano, obediencia incuestionable y sumisión ciega al orden establecido" (Liptzin, *Themes* 17-18).

C. Baudelaire

Este sentido de arbitrariedad de la figura de autoridad se percibe claramente en el poema de C. **Baudelaire** (1821-1867), del que citamos algunos fragmentos:

Abel y Caín

Raza de Abel, come y duerme
Dios te sonríe complaciente.

Raza de Caín, en el fango
cae y muere míseramente.

Raza de Abel, tu sacrificio
¡es aroma de serafín!

Raza de Caín, tu suplicio
¿podrá algún día tener fin?

Raza de Abel, mira tus siembras
y tus rebaños prosperar.

Raza de Caín, oigo que el hambre
igual que a un perro te hace aullar.

Raza de Abel, patriarcalmente
conforta el vientre junto al lar.

¡Raza de Caín, en tu negro antro
tiembla de frío, pobre chacal!

Víctor Hugo

El tema de la culpabilidad es explorado en el poema *"La consciencia"* de **Víctor Hugo** (1802-1885), quien había definido la conciencia como 'la presencia de Dios en el ser humano':

Furiosa tempestad se desataba
cuando, de pieles rústicas vestido,
Caín con su familia caminaba
huyendo a la justicia de Jehováh.
La noche iba a caer. Lenta la marcha
al pie de una colina detuvieron,
y a aquel hombre fatídico dijeron
sus tristes hijos: -descansemos ya.

Duermen todos excepto el fratricida
que, alzando su mirada sobre el monte,
vio en el fondo del fúnebre horizonte
un ojo fijo en él.
Se estremeció Caín, y despertando
a su familia del dormir reacio,
cual siniestros fantasmas del espacio
retornaron a huir. ¡Suerte cruel!

Corrieron treinta noches y sus días,
y pálido, callado, sin reposo,
y mirando sin ver, y pavoroso,
tierra de Assur pisó.
-Reposemos aquí. Dénos asilo
esta región espléndida del suelo-
Y, al sentarse, la frente elevó al cielo...
y allí el ojo encontró.

Entonces a Jubal, padre de aquellos
que en el desierto habitan -haz, le dijo,
que se arme aquí una tienda- y el buen hijo
armó tienda común.

N. F. Chifflard (1825-1901).

-¿Todavía lo veis? -pregunto Tsila,
la niña de la rubia cabellera,
la de faz como el alba placentera,
y Caín respondió: -¡lo veo aún!

Jubal entonces dijo: -una barrera
de bronce construiré: tras de su muro,
padre, estarás de la visión seguro;
ten confianza en mi.

Una muralla se elevó altanera...
y el ojo estaba allí.
Tubalcaín a edificar se puso
una ciudad asombro de la tierra,
en tanto sus hermanos daban guerra
a la tribu de Seth y a la de Enós.
De tinieblas poblando la campiña
la sombra de los muros se extendía,
y en ellos la blasfemia se leía:
PROHIBO ENTRAR A DIOS.

Un castillo de piedra, formidable,
que a la altitud de una montaña asciende,
de la ciudad en medio se desprende,
y allí Caín entró.
Tsila llega hasta él, y cariñosa
-Padre, le dice, ¿aún no ha desaparecido?-
Y el anciano, aterrado y conmovido,
la responde: -¡No! ¡No!

Desde hoy quiero habitar bajo la tierra
como en su tumba el muerto. -Y presurosa
la familia le cavó una ancha fosa,
y a ella descendió al fin.
Mas debajo de esa bóveda sombría,
debajo de esa tumba inhabitable,
el ojo estaba fiero, inexorable...
¡¡ Y miraba a Caín !!

En el siglo XX, bajo la influencia del existencialismo, el tema da un giro: el conflicto se percibe como dándose *en la persona*. Caín y Abel no son ya dos personajes ajenos, sino dos dimensiones al interior de la persona. Al describir la condición humana en el prólogo a sus Novelas Ejemplares, Miguel de **Unamuno** (1864-1936) señala: "Todo hombre lleva dentro de sí las siete virtudes y sus siete opuestos vicios capitales: es orgulloso y humilde, glotón y soberbio, rijoso y casto, envidioso y caritativo, avaro y liberal, perezoso y diligente, iracundo y sufrido. Y saca de sí mismo lo mismo al tirano que al esclavo, al criminal que al santo, a Caín que a Abel".

Miguel de Unamuno

Otra dimensión de Génesis 4, la de la envidia humana, la plantea Unamuno en su novela *Abel Sánchez*. A continuación, algunas líneas:

• No recordaban Abel Sánchez y Joaquín Monegro desde cuando se conocían. Eran conocidos desde antes de la niñez, desde su primera infancia, pues sus dos sendas nodrizas se juntaban y los juntaban cuando aún ellos no sabían hablar. Aprendió cada uno de ellos a conocerse conociendo al otro. Y así vivieron y se hicieron juntos amigos desde el nacimiento, casi más bien hermanos de crianza (cap. 1).

• En sus paseos, en sus juegos, en sus otras amistades comunes parecía dominar e iniciarlo todo Joaquín, el más voluntarioso; pero era Abel quien, pareciendo ceder, hacía la suya siempre. Y es que le importaba más no obedecer que mandar. Casi nunca reñían. '¡Por mi lado como tu quieras!' le decía Abel a Joaquín, y éste se exasperaba a las veces porque con aquel '¡como tu quieras! ..' esquivaba las disputas. Un día, al jugar con otros niños del barrio, en medio de una disputa Joaquín le gritó: 'Eso no vale. ¡O con él o conmigo!' Y todos se fueron con Abel dejando a Joaquín solo. Al comentar éste en su *Confesión* tal suceso de la infancia, escribía: Ya desde entonces era él el simpático, no sabía por qué, y antipático yo, sin saber por qué, y me dejaban solo. Desde niño me aislaron mis amigos .. Abel era el que hacía reír con sus gracias .. Joaquín es mucho más aplicado, pero Abel es más listo .. Y este juicio común de los compañeros, sabido por Joaquín, no hacía sino envenenarle el corazón (cap. 1).

- empecé a odiar a Abel con toda mi alma y a proponerme a la vez ocultar ese odio, abonarlo, criarlo, cuidarlo en lo recóndito de las entrañas de mi alma. ¿Odio? Aún no quería darle su nombre, ni quería reconocer que nací, predestinado, con su masa y su semilla. Aquella noche nací al infierno de mi vida (cap. 3).

- Mi vida .. ha sido un arder continuo, pero no la habría cambiado por la de otro. He odiado como nadie, como ningún otro he sabido odiar, pero es que he sentido más que los otros la suprema injusticia de los cariños del mundo y de los favores de la fortuna. No, no, aquello que hicieron conmigo .. no fue humano ni noble; fue infame; pero fue peor, mucho peor, lo que me hicieron todos, todos los que encontré desde que, niño aún y lleno de confianza, busqué el apoyo y el amor de mis semejantes. ¿Por qué me rechazaban? ¿Por qué me acogían fríamente y como obligados a ello? ¿Por qué preferían al ligero, al inconstante, al egoísta? Todos, todos me amargaron la vida. Y comprendí que el mundo es naturalmente injusto, y que yo no había nacido entre los míos. Esta fue mi desgracia, no haber nacido entre los míos (cap. 31).

J. L. Borges

Los conflictos bélicos, un tema permanente en el siglo XX, crean las condiciones para otra plataforma de lectura posible: el absurdo de la guerra. El relato de J. L. **Borges** (1899-1986) '*Juan López y John Ward*', replantea la temática de Gen 4 desde esta perspectiva. Aquí la maldición divina se ha convertido en maldición social:

Juan López y John Ward

Les tocó en suerte una época extraña.

El planeta había sido parcelado en distintos países, cada uno provisto de lealtades, de queridas memorias, de un pasado sin duda heroico, de derechos, de agravios, de una mitología peculiar, de próceres de bronce, de aniversarios, de demagogos y de símbolos. Esa división, cara a los cartógrafos, auspiciaba las guerras.

López había nacido en la ciudad junto al río inmóvil; Ward, en las afueras de la ciudad por la que caminó Father Brown. Había estudiado castellano para leer el Quijote.

El otro profesaba el amor de Conrad, que le había sido revelado en una aula de la calle Viamonte.

Hubieran sido amigos, pero se vieron una sola vez cara a cara, en unas islas demasiado famosas, y cada uno de los dos fue Caín, y cada uno, Abel.

Los enterraron juntos. La nieve y la corrupción los conocen.

El hecho que refiero pasó en un tiempo que no podemos entender.

"*Juan López y John Ward no llegaron a ser amigos a pesar de estar estrechamente ligados –por Cervantes y Conrad, por el castellano y el inglés, por una misma patria universal–, sólo pudieron verse cara a cara en una fría, amarga y desolada ocasión. No hubo tiempo para más. Las balas hablaron por sí solas. Caín y Abel, Abel y Caín, López y Ward, Ward y López. Los dos se mataron mutuamente y ambos fueron víctimas del otro.*" [Cf. Borges, *Lección*].

Hilde Domin

Finalmente, citamos el poema de la poetisa judía alemana **Hilde Domin** (1909-2006):

Levántate Abel

Todo debe representarse nuevamente
Diariamente tiene que representarse
Diariamente la respuesta debe estar frente a nosotros
La respuesta "Sí" tiene que ser posible
Si tú no te levantas Abel
¿Cómo podrá la respuesta
la única respuesta importante
ser otra realmente?
Levántate,
de modo que Caín diga,
de modo que él pueda decir:
"Soy tu guardián,
Hermano
¿Cómo podría yo no ser tu guardián?
Levántate diariamente
De tal modo que podamos tener frente a nosotros
Este "Sí, yo estoy aquí.
Yo, tu hermano.
De tal modo que los hijos de Abel
No deban temer más
Porque Caín no será más Caín.
Escribo esto
Yo, un hijo de Abel
Atemorizado diariamente
De la respuesta
El aire en mis pulmones se extingue lentamente
Mientras espero por la respuesta
Levántate Abel
De modo que pueda amanecer un nuevo día
Para todos nosotros" (Domin, *Gesangbuch* 477).

Secciones relacionadas → Dossier 3: Biblia y Arte

2. Crimen y castigo:
la acción que crea un destino

> *"No oprimirás a viuda alguna ni a huérfano. Si los oprimes y claman a mí, yo escucharé su clamor, se encenderá mi ira y os mataré a espada; vuestras mujeres quedarán viudas y vuestros hijos huérfanos"*
> *Ex 22,21-23.*

El *código de la alianza destaca en esta sección (Ex 22,20-26), cuatro grupos de personas vulnerables socialmente: el extranjero, la viuda, el huérfano y el pobre. La importancia de estas leyes se evidencia en:

(1) el uso del infinitivo absoluto (enfático) delante de cada uno de los *tres* verbos, creando una especie de simetría sintáctica y exegética:

Si los oprimes	(אם־ענה תענה)
y ellos claman	(אם־צעק יצעק)
escucharé	(שמע אשמע)

(2) la frecuencia de este tipo de normas en distintas secciones del AT: (a) la *Ley*: Deut 24,17ss; (b) los *Profetas*: Is 1,17; Mal 3,5 y (c) los *Escritos*: Sal 82,3s.

El hecho de que viudas y huérfanos carezcan de una figura protectora en el plano social, no debe llamar a engaño, Dios mismo asumirá su causa, cf. Prov 23,10-11.

El patrón: *necesidad - grito - escucha - salvación*, que se desprende de la ley anterior, es un esquema fundamental que encontramos también en el éxodo (Ex 3,7s) y en los Salmos: 'En mi angustia grité a Yahvé, pedí socorro a mi Dios; desde su templo escuchó mi voz, resonó mi socorro en sus oídos' 18,7.

La crisis del siglo VIII a.C. en Israel provoca un deterioro de la solidaridad familiar, esto deja a viudas y huérfanos carentes de protección, cf. pág. 209s. El valor de estas personas débiles se trivializa, y la defensa legal de sus casos es subestimada repetidamente por las personas responsables de ello. Isaías dice de las autoridades en Jerusalén: "Tus jefes son bandidos, socios de ladrones. No defienden al huérfano, no atienden la causa de la viuda" Is 1,23. En este estado de cosas, surgen varias medidas compensatorias en favor de las personas débiles:

(1) la defensa llevada a cabo por los profetas, cf. págs. 192-193.

(2) el apelo a la sociedad: "¡Levanta la voz por los que no tienen voz! ¡Defiende los derechos de los desposeídos! ¡Levanta la voz y hazles justicia! ¡Defiende a los pobres y necesitados!" Prov 31,8-9.

(3) Y finalmente, las medidas extremas, como las dos que se mencionan en este texto:

(a) El clamor/reclamo de justicia "צעק". Este 'quejido' no es solamente expresión de un sentimiento de desesperación, sino apelo a una instancia jurídica superior para una intervención eficaz y definitiva. Técnicamente, es un gemido parecido a la maldición, es decir, un medio efectivo para defenderse en casos extremos más allá de la esfera de lo legal, cuando ésta ha fallado. En el cuento egipcio 'Las quejas de un campesino elocuente', un campesino presenta su denuncia ante el oficial Rensi en nueve ocasiones consecutivas. En cada una de estas apelaciones, el campesino enumera las injusticias que los oficiales han cometido contra él. En sus palabras se percibe una crítica entre líneas a un estado de cosas en donde los legisladores se han convertido en transgresores. El campesino apela al oficial Rensi (a quien acusa de que "Vé, pero no vé. Escucha, pero no escucha y hace caso omiso de lo que se le dice), y a quienes tienen autoridad, para que asuman su responsabilidad y le hagan justicia, pero esto no sucede. En un estallido final de frustración, el campesino decide que su única esperanza está en el más allá, donde Anubis es el juez divino, cf. Job 19, 25-27 y para el cuento egipcio, Matthews, *Paralelos* 215ss.

(b) La intervención personal de Dios como defensor del débil. La conexión de los verbos ענה - צעק - שמע (maltratar - clamar - escuchar) en Ex 22, define uno de los triángulos fundamentales de la dinámica social en el AT: opresor / oprimido y vengador. Dios, que no ignora el sufrimiento humano, es una *instancia superior* que vela por esa esfera extra-jurídica, y da efectividad a las palabras pronunciadas por la persona débil en esa situación de desesperación. El AT nace en una cultura que se basa en el poder de la palabra.

Secciones relacionadas: # 21. 22.

> *Según el AT, el mal realizado por una persona tiene consecuencias no sólo para la víctima, sino para la persona misma. El infortunio y la desgracia no son vistas como un castigo arbitrario de parte de Dios, sino como la consecuencia inevitable de las acciones propias. El proceder correcto o incorrecto de una persona, crea a su alrededor un ambiente de bienestar o desgracia, que irá conformando su propio destino y entorno: "Quien cava una zanja caerá en ella, quien tiende una trampa quedará preso en ella .. El mal que hace la persona se volverá contra ella, aún sin saber de dónde le viene" Eclo 27,26s. Dios mismo vela, cuidadosamente, de que las consecuencias de una acción retornen sobre la persona que la ha realizado (Zenger, Stuttgarter 1929).*

┌─ ─ ─ ─ ─ ─ ─ **Jacob: crimen y castigo** ─ ─ ─ ─ ─ ─ ┐

El AT parte de la creencia fundamental de que el proceder (correcto o incorrecto) de una persona, crea a su alrededor un ambiente de bienestar o desgracia que irá conformando su propio destino, cf. Prov 26,27

La condena moral del narrador bíblico puede ser explícita ("pero aquella acción que David había hecho, desagradó a Yahvé" 2 Sam 11,27b), o implícita como en el caso de Jacob. La imagen dada de Jacob en su juventud no es positiva. Primero, adquiere el derecho de primogenitura mediante la explotación calculada de la miseria de su hermano; luego roba la bendición mediante un engaño organizado contra su padre, viejo y anciano. En ambos casos, la acción es legalmente válida, a pesar del sinsabor que dejan estas acciones. Es claro que el empleo del oportunismo inteligente era algo aceptado en el antiguo Oriente, como lo es hoy. Estos dos incidentes parecen responder a una concepción enteramente formal de la ley en la que el apego a ciertas formalidades es decisivo, aunque con ello se burle el espíritu de la ley o se dejen de lado consideraciones morales. Es interesante por ello, que la narrativa bíblica enmarque estos relatos dentro de un contexto mayor, en el cual se percibe una condena inequívoca de las acciones de Jacob.

La Biblia dice de Abraham que: "murió en buena ancianidad, viejo y lleno de días" Gen 25,8 y de Isaac que: "murió anciano y lleno de días" Gen 35,29. En el caso de Jacob, por el contrario, la referencia es muy distinta. El mismo Jacob dice de su vida: "pocos y malos han sido los años de mi vida, y no han llegado

└─ ─ ─ ─ ─ ─ ─ ─ ─ ─ ─ ─ ─ ─ ─ ─ ─ ─ ┘

a igualar los años de vida de mis padres" Gen 47,9. Se refería con ello a las constantes pruebas y sinsabores que lo persiguieron desde el día que engañó a su padre hasta su muerte. Jacob, el hombre callado, quieto, amante del hogar e hijo preferido de su madre, se vio obligado a huir repentinamente y vivir en el exilio por 20 años, nunca volvió a ver a su madre con vida. Fue engañado por su tío Labán, del mismo modo que él había engañado a su hermano Esaú. Se aprovechó de la oscuridad permanente en la que vivía su padre para hacerse pasar por su hermano, del mismo modo que Labán se aprovechó de la oscuridad para hacer pasar a su hija mayor por la menor. Cuando Jacob reclama a Labán y le dice: "¿Por qué me has engañado (רמיתני II. *pi*)?" Gen 29,25, usa la misma raíz empleada por su padre Isaac para referirse a él cuando dice a Esaú: "Tu hermano vino con *engaño* (מרמה) y se llevó tu bendición" Gen 27,35. *El autor del engaño es ahora la víctima, alcanzado por su propio dardo.*

Cuando Jacob escapa de Harán tras 20 años de servicio, su empleador le persigue con furia y hostilidad (Gen 31). Apenas pasada esta situación, siente su vida en peligro por el encuentro con su hermano Esaú (Gen 32-33). En Canaán su hermana Dina es violada (Gen 34), su esposa muere al dar a luz (Gen 35), y su hijo es raptado y vendido como esclavo por sus propios hermanos. Para lograr llevar a cabo este acto, sus hermanos emplean una prenda de ropa para engañar a su padre (Gen 37,26-33), exactamente del mismo modo como Jacob había empleado ropa de Esaú, años antes, para engañar a su padre Isaac. La narrativa bíblica ilustra aquí el título de la obra del gran maestro ruso Fedor Dostoievsky: *Crimen y castigo*. (Sarna, *Genesis* 374-375).

3. La rivalidad entre hermanos

"Isaac suplicó a Yahvé en favor de su mujer, pues era estéril. Yahvé le fue propicio y concibió su mujer Rebeca. Pero los hijos se entrechocaban en su seno. Ella se dijo: «Siendo así, ¿para qué vivir?» Y fue a consultar a Yahvé. Yahvé le dijo: «Dos pueblos hay en tu vientre, dos naciones que, al salir de tus entrañas, se dividirán. La una oprimirá a la otra; el mayor servirá al pequeño.»" Gen 25,21-23.

Las relaciones familiares se dan en el marco de una sociedad que tiene reglas y costumbres. En el AT una de estas reglas era el derecho de primogenitura: el hijo mayor tiene derecho a heredar dos tercios de los bienes de su padre; el hijo menor a un tercio, las hijas no heredan. Pero estas formas de desigualdad engendran, inevitablemente, resentimientos y luchas: "Esaú odió a Jacob por la bendición que su padre le había dado y pensó en su interior .. mataré a mi hermano Jacob" (Gen 27,41s). Bajo la superficie de estas rivalidades entre hermanos subyacen conflictos de poder *explícitos*, como la lucha entre Salomón y Adonías por la sucesión al trono de David su padre (1 Re 1-2), o *implícitos*, como el conflicto entre Moisés y Aarón por la conducción del pueblo (Ex 32; Num 12).

A pesar de que la ley de primogenitura se encuentra en el código deuteronómico (Deut 21,15-17), las historias de hermanos que encontramos en la Biblia a menudo ignoran esta ley para favorecer al hijo menor. Así, Abel es preferido a Caín, Isaac a Ismael, Jacob a Esaú, José a sus hermanos mayores, David a los suyos. Tras esta preferencia por el hermano menor subyace una intención: Dios muestra compasión por la persona menos favorecida por la ley, compensando de este modo una disparidad social. 'Dos naciones hay en tu vientre .. una oprimirá a la otra'. Las relaciones históricas se presentan en la narrativa del Génesis bajo el ropaje de relaciones familiares, cf. sección 14. Hablando de la rivalidad entre Israel y Edom dice el profeta Malaquías: '¿No era Esaú hermano de Jacob? .. sin embargo, yo amé a Jacob y odié a Esaú Israel' 2,2s. Así Israel, 'la más pequeña entre las naciones', estará llamada a dominar a sus antiguos opresores, cf. Is 66,5-17 .. '*el mayor servirá al pequeño*'.

En una narración aparentemente tradicional como la citada de Gen 25 (un patriarca, su esposa y dos hermanos), acontece lo inesperado: la mujer estéril da a luz, el hermano mayor servirá al menor. Los personajes estigmatizados como impotentes revierten sus destinos, y con ello abren un camino de esperanza para todas 'las mujeres estériles' y 'los hijos menores' a lo largo de la historia. Esto explica la predilección y complicidad de la madre por su hijo menor: 'Rebeca prefería a Isaac' v 28b (cf. Gen 27). Es ésta, precisamente, la tesis central del Antiguo Testamento: *.. en la victoria del débil se revela la soberanía del Señor.*

Secciones relacionadas: # 19. 16.

"Debilidad" frente a "Poder"

"La experiencia de debilidad es para nosotros algo negativo. La fuerza, el vigor, la conciencia de poder, nos hacen sentirnos satisfechos y sentimos lástima de aquellos a quienes vemos privados de eso que para nosotros significa plenitud y vitalidad. Nos parece natural extender y proyectar en Dios esa misma valoración: *"Creo en Dios Padre Todopoderoso"*, decimos en el credo como primer artículo de nuestra fe y, sin embargo, la definición de Dios que encontramos en el Nuevo Testamento no es la de que "Dios es poder", sino que "Dios es amor" .. La Biblia, sin embargo, intenta convencernos de lo contrario ya desde el Antiguo Testamento, y emplea para ello mil recursos. En un pueblo donde los hermanos mayores tenían todos los privilegios y derechos, se encarga de subrayar que Dios escoge a los pequeños: Abel frente a Caín, Jacob frente a Esaú, José frente a sus hermanos, David frente a los suyos. En una cultura en la que la fecundidad era el valor máximo para una mujer, son precisamente las estériles, las incapaces de concebir, Sara, Raquel, Ana, Isabel, las que cobran importancia y sus hijos serán un testimonio de que la acción de Dios se vuelca en esta debilidad y la transforma" (Aleixandre, *La fe* 59).

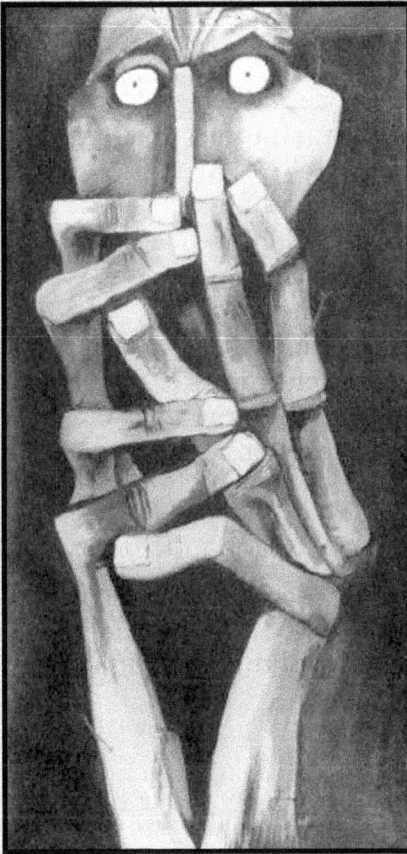

"¿Soy yo guarda de mi hermano?"

4. Motivos literarios en el AT

"A orillas de los ríos de Babilonia, estábamos sentados llorando, acordándonos de Sión. En los álamos de la orilla colgábamos nuestras cítaras. ¿Cómo podríamos cantar un canto de Yahvé en un país extranjero? ¡Si me olvido de ti, Jerusalén, que se me seque la diestra! ¡Se pegue mi lengua al paladar si no me acuerdo de ti" Sal 137,1-4.

Esta lamentación comunitaria ilustra el tema del **exilio** como motivo en el AT: más que un simple distanciamiento físico de la tierra de origen, el exilio evoca el doloroso proceso que sigue, y que sume a la persona y la comunidad exiliada en la confusión, la desesperanza y la culpa. Es la nostalgia por aquello que siéndonos vital, no logra alcanzarse. La comunidad se esfuerza por entender lo sucedido y volver, en lo posible, a la normalidad perdida. Se lucha por reafirmar y reivindicar la identidad propia como minoría, en medio de un ambiente cultural extraño y muchas veces hostil. La centralidad de este tema en el AT lo explica el hecho de que la Biblia fue un libro escrito por extranjeros para extranjeros: Abraham, Moisés, José, David, Daniel, Ester, Tobías. Todos ellos fueron extranjeros que vivieron en carne propia el dolor del exilio. Una realidad demasiado común en América Latina, un continente de inmigrantes.

"Yahvé dijo a Abrán: «Vete de tu tierra, de tu patria y de la casa de tu padre a la tierra que yo te mostraré. De ti haré una nación grande y te bendeciré. Marchó, pues, Abrán, como se lo había dicho Yahvé con toda la hacienda que habían logrado. Llegaron a Canaán" Gen 12,1-4.

El llamado de Abram, en apariencia un simple **viaje**, es en realidad *una búsqueda*, una aventura que se inicia por la aspiración a algo que rompe con lo cotidiano, y abre posibilidades nuevas. En ocasiones este viaje puede ser, efectivamente, una marcha física, como en el caso del éxodo. En otros momentos es búsqueda, viaje interior, como lo ilustra la peregrinación espiritual de Job, cf. 42,1ss. El motivo del viaje dio un interesante giro en la tradición judía de Alejandría. La expresión "Abram el *hebreo*" (העברי: Gen 14,13), fue traducida en la *Septuaginta por "Abram el *viajero/*περάτη" (derivando la palabra *hebreo* del verbo עבר/atravesar, y entendiendo éste en sentido figurado "el que va más allá"). La vida de Abraham se convierte así en un *ir más allá*, en un *peregrinaje*, y él mismo, en modelo para sus descendientes, *peregrinos en el mundo* (Sal 119,19.54), como él mismo. Una discusión en profundidad del tema puede verse en la obra de Filón de Alejandría "*La migración de Abraham*". Ejemplos clásicos de este motivo lo constituyen el viaje de Israel hacia la tierra prometida, así como el regreso del pueblo del cautiverio babilónico a su tierra (Is 40,3ss).

> "*El arco de los fuertes se ha quebrado, los que tambalean se ciñen de fuerza. Los hartos se contratan por pan, los hambrientos dejan su trabajo. La estéril da a luz siete veces, la de muchos hijos se marchita. Yahvé enriquece y despoja, abate y ensalza. Levanta del polvo al humilde, alza del muladar al indigente para sentarlo junto a los nobles*" 1 Sam 2,4-8

Secciones relacionadas: # 7. 19 y 31.

La oración de Ana describe el júbilo que experimenta la persona humillada cuando recupera la dignidad perdida. Se produce la **inversión** de una situación dolorosa vivida como algo injusto y agobiante. Este motivo, profundamente arraigado en la Biblia, muestra que en la victoria del débil se revela la soberanía del Señor. La justicia de Dios recupera el valor de la persona débil frente al poderoso.

Motivos literarios del AT: catálogo

El motivo literario es un esquema de acción recurrente que contribuye a estructurar un texto. Implica un conflicto o tensión fundamental que apunta en una cierta dirección. Esa dirección tiene una carga simbólica particular dentro del texto. Algunos motivos clásicos que encontramos en el AT son:

• El de la **reunión-reconciliación**: el caso de Jacob y Esaú, Gen 33; de José y sus hermanos, Gen 46-47; el de Tobías y sus padres y es también el tema de muchos salmos 14,7; 53,6; 60,1.

• el del **exilio-retorno**: el caso de Jacob que regresa de casa de Labán, Gen 31-35; de Noemí que regresa a Belén, Ruth 1; el retorno del pueblo del exilio babilónico, Esd 1; la gloria de Dios que regresa al templo, Ez 43, después de haber partido, Ez 10; la idea la expresa bien la frase "tu salida y tu entrada" Sal 121,8; Is 37,28.

• el de la **inversión**: narraciones que incluyen un elemento de sorpresa ya que finalizan con resultados distintos a los esperados. Adán y Eva creen alcanzar la sabiduría y su acción –por el contrario- los conduce *fuera* del Edén Gen 3; Jefté cree hacer algo piadoso y su voto acaba con la muerte de su hija Jue 11; Hamán intenta eliminar a los judíos, pero la historia se invierte y él termina eliminado por ellos Est 6-7; Jacob roba la bendición de su hermano pero esto lo conduce a un exilio de 20 años Gen 28-32.

• el del **viaje**: se produce como una etapa de transición en la vida, así Abram cuando es llamado por Dios y empieza una larga peregrinación Gen 12; José es conducido a Egipto e inicia una nueva vida allí Gen 37, lo mismo su familia más tarde, quienes permanecen allí 400 años Gen 46; Moisés huye por su vida y encuentra a Dios en el desierto Ex 2-3; Elimelec y su familia viajan a Moab a raíz de una hambruna Ruth 1; Jonás intenta huir de su vocación Jon 1; Tobías emprende un largo viaje lleno de peligros y aventuras.

• el de las **historias de "caída"**: narraciones en las que los personajes pierden algo vital en medio de una situación trágica: Adán y Eva, Gen 3; Caín y Abel envueltos en una historia de fratricidio, Gen 4; la humanidad descrita en el relato de la torre de Babel, Gen 11; numerosos personajes experimentan trágicas caídas: Sansón (Jue 16), Saúl (1 Sam 15), David (2 Sam 11), Salomón (1 Re 11); Antíoco Epífanes (2 Mac 9); Nabucodonosor (Dan 4); Haman (Est 7), Baltasar (Dan 5).

• el del **triunfo del débil**: historias que narran el triunfo final de la persona menos esperada o calificada según los estándares de la comunidad: el caso típico es el del pequeño David que vence a Goliat, 1 Sam 17; el insignificante pueblo de Israel que termina imponiéndose a pueblos más fuertes y poderosos, Deut 7,7; 9,1-2; Moisés quien termina imponiéndose al faraón, Ex 5-11; mujeres que siendo estériles o ancianas terminan –contra toda expectativa- engendrando hijos cuyas historias cambiarán la vida de Israel: Sara, Agar, Noemí, Ana; Judith quien vence al general Holofernes y a su ejército.

• para el motivo de la **rivalidad entre hermanos** ver sección 1.

Biblia de Oriente 1

Oración de Kantuzilis

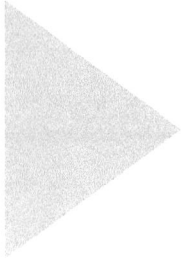

*Documento hitita
del siglo XIV a.C.*

¡Oh dios Sol, cuando bajes al mundo inferior, por favor, no olvides informarle a mi dios patrono acerca de la petición de Kantuzilis! Desde que mi madre me engendró eres tú, oh dios, quien ha tomado cuidado de mí. Tú, dios mío, eres mi ancla y mi refugio. Tú me enseñaste siempre que hacer en tiempos de angustia. Tú me dijiste que yo, Kantuzilis, era tu siervo predilecto. El poder benefactor de mi dios, que he conocido desde mi infancia ¿lo podré experimentar en mi vejez? Aún cuando viajé, siempre reconocí el poder superior y la sabiduría de mi dios. Nunca juré por tu nombre, ni rompí voto alguno. Aquello que era sagrado para mi dios y que no me estaba permitido comer, jamás tocó mis labios, ni permití que impureza alguna tocara mi cuerpo. Nunca retuve un buey que te perteneciera, ni una oveja. Nunca comí ni bebí nada sin prestar atención. Si lograra sanarme ahora ¿no sería por tu palabra, oh dios mío? Si lograra recobrar mi vitalidad ¿no debería esto a tu palabra?

¿Sería posible que mi dios abriese ahora su alma y su corazón libremente, y me dijese cuál es la falta que he cometido para que yo pueda enterarme? O bien, quiera mi dios hablarme por medio de un sueño, o permitir que una profetisa o un vidente me lo indiquen consultando el hígado de una oveja.

Oh dios mío ¡enséñame cómo adorarte mejor! Dios mío, que has estado enojado y me has rechazado ¡Vuelve a preocuparte por mí y concédeme la vida! ¡Ojala mi dios, que me ha abandonado, pueda tener nuevamente misericordia de mí! Hasta ahora todos mis esfuerzos implorando ante tí han sido en vano. Ni siquiera has terminado de quitar de mí una falta, cuando aparece otra en su lugar. ¡Ojala el dios Sol pueda apaciguarse y que la paz regrese a su corazón! ¡Quizás entonces él me levantaría de donde estoy postrado en aflicción. Dime ¿Qué mal he hecho? Imploro por misericordia en la presencia de mi dios. ¡Escúchame! Tú, mi dios, eres para mí padre y madre. No tengo padre ni madre fuera de ti. (*ANET* 400s).

La cultura hitita florece en el Asia Menor entre el año 1650 y el 1200 a.C. aproximadamente. En los archivos cuneiformes de la ciudad de Hattusa, capital del reino, encontramos esta oración. Kantuzilis era un príncipe, sacerdote y escriba.

Oración: personajes involucrados

"¡Oh dios Sol, cuando bajes al mundo inferior, por favor, no olvides informarle a mi dios patrono acerca de la petición de Kantuzilis!". En esta frase inicial se mencionan los tres actores fundamentales del drama: el dios *mediador* (Sol), a quien se dirige esta oración; el dios patrono (dios *ofendido*) y Kantuzilis, el *suplicante*.

El mundo de lo divino y el mundo de lo humano.

Esta relación triangular reproduce en el ámbito religioso, el sistema de vasallaje político. Un esquema similar encontramos en el AT: (1) la figura de autoridad/poder, (2) la persona o comunidad débil/oprimida y (3) la instancia del mediador/vengador (humano o divino). La dinámica social en el AT responde de modo general a este esquema, por ejemplo: faraón/ pueblo/Yahvé; rey Ajab/Nabot/Elías; general Holofernes/pueblo de Betulia/Judit (cf. también pág. 198). Cuando el oprimido no recibe justicia, un profeta o Yahvé mismo en calidad de vengador o rescatador (גאל cf. Prov 23,10s), actúan en defensa de la víctima: "No explotes al pobre porque es pobre; ni oprimas en los tribunales a los necesitados; porque el Señor defenderá su causa, y despojará a quienes los despojen" Prov 22,22-23; cf. Sal 35,10; 68,5.

La última línea de esta oración dice: "Imploro por misericordia en la presencia de mi dios. ¡Escúchame!". Para describir la relación de la persona con su dios, las oraciones en el antiguo Oriente emplean usualmente, metáforas tomadas del mundo de *la política* (rey/vasallo) o de *la economía* (amo/siervo). Esta oración de Kantuzilis introduce un nuevo género de *oración personal*, el dios es descrito como alguien de *la familia*: "Tú, mi dios, eres para mí padre y madre. No tengo padre ni madre fuera de ti". Esta conmovedora declaración se repite en otra versión de esta oración: "Oh dios Sol, del oprimido y del lisiado, el padre y la madre eres tú".

La oración personal: dios como madre y padre

Amuleto de la diosa hitita del sol: "No tengo padre ni madre fuera de ti" (siglo XV-XIII a.C., 5 cms).

Esta oración ilustra bien, por otra parte, dos preocupaciones centrales de la experiencia religiosa en la antigüedad: (1) La cuestión acerca del misterio que representa para el ser humano conocer los designios de su dios. En las *Observaciones acadias acerca de la vida y el orden del mundo* se pregunta: "¿Quién podrá entender el designio de los dioses en medio de los cielos? Los designios divinos son aguas profundas ¿Quién podrá comprenderlos? ¿Cómo van a conocer los seres humanos la conducta de un dios?" (García, *Biblia* 621). Esta es la misma inquietud que encontramos en el AT, el autor de Sabiduría se preguntaba: "¿Qué hombre puede

Los designios
ocultos del dios

conocer los proyectos de Dios? ¿Quién puede hacerse idea de lo que quiere el Señor?" 9,13.

(2) La pregunta por la razón concreta que causa este dolor propio, hoy, aquí. Kantuzilis pide conocer la voluntad del dios, y menciona dos procedimientos: o bien el dios se comunica explícitamente ("Dime ¿Qué mal he hecho?"), o bien él averigua por medio de técnicas de adivinación ("quiera mi dios hablarme por medio de un sueño, una profetisa o un vidente"). De modo similar, en 1 Sam 28,6 Saúl "consultó al Señor, y (él) no le respondió ni por medio de sueños, ni de oráculos, ni de profetas".

Las técnicas
de adivinación

El problema era que muchas veces la causa del mal sufrido no era conocida, ya que se podía violar sin saberlo un mandato divino. Job, por ejemplo, pregunta confundido: "Si he pecado ¿qué te he hecho?; Centinela del hombre ¿por qué me has tomado como blanco y me he convertido en carga para ti?" (7,29). Más adelante pide a Dios: "No me condenes, hazme saber qué tienes contra mí" (10,2). Por ello mismo, Kantuzilis ora y pregunta con toda candidez: "¿Sería posible que mi dios me dijese cuál es la falta que he cometido para que yo pueda enterarme?".

La causa del
mal sufrido

No sólo la *causa* del enojo, sino incluso la *identidad* del dios enojado eran a menudo ignoradas por las personas que sufrían el castigo. Es así como nace un nuevo género literario: las oraciones para hacer que el dios personal, que se encontraba enojado con su protegido, se contentara (cf. "Carta al dios personal" págs. 89ss). Un ejemplo conmovedor de esta preocupación lo encontramos en la siguiente oración penitencial acadia:

La identidad
del dios enojado

"Que el dios, sea quien sea, se aplaque
Que la diosa, sea quien sea, se aplaque
He infringido sin saberlo la prohibición de mi dios
La falta que he cometido, no la conozco
El delito que he cometido, no lo conozco
Un dios, sin que sepa cuál, me aprieta
Busco sin cesar y nadie me da la mano
Oh dios, sea quien fueres
Vuélvete hacia mí, te lo suplico
¿Cuándo tu corazón encolerizado se calmará?
Oh diosa, sea quien fueres
Perdona mis faltas, que canto tu alabanza
Que tu corazón, como el de una madre carnal
Se aplaque"
(Cahiers, *Oraciones* 18-21).

El esquema jurídico de la oración

Uno de los términos empleados en la lengua hitita para hablar de la oración es *arkuwar*, término jurídico para referirse a la presentación de un alegato o una defensa contra una acusación. La misma palabra es empleada cuando un esclavo se justifica frente a su amo, un rey vasallo frente a su señor, o cuando dos grandes reyes llevan su caso ante la corte divina. El acercamiento hitita, de ver todas las relaciones entre dos partes en términos jurídicos, permite sugerir que la estructura de *la oración hitita puede ser comprendida como la presentación de un caso ante una corte divina.* Esto se puede ver bien en el caso de esta oración de Kantuzilis:

- **el acusado:** es la persona que sufre el castigo. Las oraciones hititas están restringidas al rey o a miembros de la familia real (Kantuzilis era un príncipe).

- **el fiscal/acusador:** es el dios ofendido. La identidad del dios enojado es a menudo desconocida por el suplicante. El dios Sol, que lo sabe todo, es invocado para encontrarlo y para interceder ante él en defensa del suplicante.

- **el abogado/defensor:** es el dios a quien se dirige la oración. Los dioses más comúnmente apelados son el dios del Sol y el dios de las Tormentas, quienes presiden también la asamblea divina, diluyéndose así un poco la distinción entre el intercesor y la divinidad suprema (cf. Singer, *Prayers* 5-8).

Varios elementos en esta oración son de inspiración babilónica, la función del dios personal aquí, es uno de ellos. El trasfondo cultural que explica *el abandono del dios* lo describe bien T. Jacobsen:

El dios personal

"A principios del segundo milenio a.C. se produce un cambio sutil en la concepción del dios personal. A medida que el Estado se fue desarrollando, adquirió una organización cada vez más centralizada y medios de defensa más efectivos. Los asaltantes y los ladrones dejaron de ser una amenaza dentro de la vida cotidiana. Esta disminución de salteadores y bandidos humanos, influyó en la concepción de los asaltantes y los ladrones cósmicos (los demonios): su importancia disminuyó dentro del estado cósmico. Hasta entonces se había considerado al dios personal incapaz de defender a su protegido contra los demonios. Si quería vencerlos, tenía que recurrir al auxilio de algún gran dios. En cambio, al iniciarse el segundo milenio los demonios habían perdido poder, hasta el punto de que los dioses personales eran enteramente capaces de proteger, por si solos a sus devotos. En estas nuevas circunstancias, cuando un demonio lograba su propósito, la única razón posible era que el dios personal se encontraba enojado y había abandonado a su protegido a su propia suerte" (Frankfort, *Pensamiento* 277-278).

Dossier 1: Gen 12

Caravana asiática, detalle de la tumba de Knumhotep II en Beni Hassan, Egipto.

Gen 12,10-20

Un texto compuesto por diversos motivos.

"Hubo hambre en el país, y Abrán bajó a Egipto a pasar allí una temporada, pues el hambre abrumaba al país. Estando ya próximo a entrar en Egipto, dijo a su mujer Saray: «Mira, yo sé que eres mujer hermosa. En cuanto te vean los egipcios, dirán: 'Es su mujer', y me matarán a mí, y a ti te dejarán viva. Di, por favor, que eres mi hermana, a fin de que me vaya bien por causa tuya, y viva yo gracias a ti.». Efectivamente, cuando Abrán entró en Egipto, vieron los egipcios que la mujer era muy hermosa. La vieron los oficiales del faraón, que se la ponderaron, y la mujer fue llevada al palacio del faraón. Éste trató bien por causa de ella a Abrán, que tuvo ovejas, vacas, asnos, siervos, siervas, asnas y camellos. Pero Yahvé hirió al faraón y a su casa con grandes plagas por lo de Saray, la mujer de Abrán. Entonces el faraón llamó a Abrán y le dijo: «¿Qué has hecho conmigo? ¿Por qué no me avisaste de que era tu mujer? ¿Por qué dijiste: 'Es mi hermana', de manera que yo la tomé por mujer? Ahora, pues, aquí tienes a tu mujer: tómala y vete.» Y el faraón ordenó a unos cuantos hombres que le despidieran con su mujer y todo lo suyo".

En los extremos, armados, los hombres. Al centro viajan rebaños, mujeres y niños.

El encuentro de dos mundos: como lo indica la diferencia en sus vestimentas, esta pintura nos muestra inmigrantes de Palestina a su llegada a Egipto. Figuras marginales movidas por la necesidad de un lugar a otro, obligadas siempre a tener que regatear su sobrevivencia. Una vida entera de sacrificios reducida a lo que pueden acarrear ellos mismos, o a lo que cabe sobre el lomo de un burro. Frente a ellos, como en un juicio, una autoridad con poder para decidir sobre su vida y el destino de los suyos.

Del 'Registro de Entradas' de un oficial egipcio en un puesto de frontera, leemos: "El escriba Inena comunica a su señor, el escriba del Tesoro: acabamos dejar de pasar a unos beduinos de las tribus de Edom por la fortaleza (..) hacia los pozos de Per-Atum, para que logren conservar su vida así como la de sus ganados, gracias al ka (= espíritu divino protector) del faraón" (Papiro Anastasi VI líneas 51-61).

La amenaza externa: los egipcios conciben su territorio como ese micro-cosmos de orden y seguridad amenazado desde el exterior por fuerzas hostiles y amenazas. Los pueblos de los alrededores representan esa amenaza caótica que hay que contener en las fronteras. La Instrucción del rey Akhtoi para su hijo Meri-Kare expresa bien este sentimiento, encarnado en la figura demonizada del beduino: "el maligno asiático que no reside en un solo lugar. Hace la guerra desde los tiempos de Horus. No anuncia el día de la batalla sino que es como un ladrón .. Puede despojar a una persona aislada, pero no ataca a una ciudad bien poblada" (93-94).

Pintura mural en la tumba de
Kehn-Amun (dinastía XVIII), Tebas.

***"Yo sé que eres una mujer hermosa"* v 11.**

El motivo de la belleza se encuentra al inicio de varias narraciones y funciona como un indicador que anticipa el peligro: Betsabé, poseída por David, era una mujer "muy bella" (2 Sam 11,2); Tamar, violada por su hermano Amnón, era una mujer "bella" (2 Sam 13,1). Susana, avasallada por dos jueces, era una mujer "muy bella" (Dan 13,2). Estos casos tratan de historias de violencia sexual en donde media el poder político en la ejecución. Algo que se presenta incluso en el caso del "apuesto" José (Gen 39,6).

La superioridad simbólica del vencido: la humillación causada por la condición de refugiados busca una compensación simbólica. Por ello, subyace en Gen 12 el sentimiento de que aunque lleguen en condición de inmigrantes, sus mujeres son más hermosas. En contextos de guerra, la belleza de las mujeres del pueblo vencido era considerada un indicio de su superioridad final sobre sus vencedores. A pesar de la fuerza de los ejércitos de Holofernes que aterrorizan a los pueblos enemigos, sus soldados quedan paralizados frente a la belleza de Judit: "y por ella admiraban a los israelitas diciéndose unos a otros: ¿Quién puede menospreciar a un pueblo que tiene mujeres como ésta?" Jdt 10,19. Según el narrador de Gen 12 sus antepasados eran más astutos que faraón, a quien no sólo engañaron sino de quien lograron obtener al final valiosos regalos (v 16).

Su Dios es más poderoso. El Dios del patriarca no sólo logra actuar fuera de Canaán, sino que logra herir al faraón egipcio en su mismo territorio. En el relato paralelo de Gen 20, Abimelek rey de Gerar y los suyos, sólo se recuperan cuando Abraham intercede por ellos ante su Dios (v 17), cf. Dan 4.

El regateo de la humanidad propia: En la estela funeraria del general egipcio Hor-em-eb se dice acerca de los pueblos vecinos: "Faraón los ha puesto en tus manos para que vigiles sus fronteras (..) Al igual que sus antepasados hicieron, ellos han venido aquí cuando no sabían como sobrevivir. Sus países mueren de hambre y ellos viven como bestias del desierto .." (Pritchard, *ANET* 251). Este texto refleja un estereotipo tradicional. En Génesis 46,34 encontramos un ejemplo similar: "Los egipcios detestan a todos los pastores de ovejas". Josué 9 brinda un interesante ejemplo de la astucia como arma de la persona/ comunidad débil. Los gabaonitas engañan a los israelitas, figura fuerte en este caso, para poder sobrevivir.

Nómadas de la región de Palestina ruegan al Faraón Tutankhamen que les permita asilarse en Egipto.

El motivo del éxodo:

Tanto Abraham como sus descendientes:

- sufren inicialmente una severa hambruna (Gen 12,10; 43,1).
- por este motivo bajan a Egipto (Gen 12,10; 42,3).
- la idea era asilarse allí por un tiempo (Gen 12,10; 47,4).
- se enfrentan ante la disyuntiva de vivir o morir (Gen 12,12; Ex 1,16).
- Dios interviene y castiga a los egipcios con plagas (Gen 12,17; Ex 11,1).
- faraón llama a Abraham/Moisés y les habla (Gen 12,18; Ex 12,31).
- la orden de faraón es doble: "toma y márchate .." (Gen 12,19; Ex 12,32).
- ambos salen, finalmente, con numerosas posesiones: Gen 12,16; Ex 12,35s.

Al emplear vocabulario e imágenes del éxodo en la composición de su texto, Gen 12,10-20 establece una conexión profunda entre estos dos eventos. Los paralelismos señalados no son casuales. No se trata de una curiosidad lingüística sino de una intención de fondo: en la experiencia de los ancestros se anticipaba la vida de sus descendientes. Sus vidas no estaban a la deriva. El Dios que intervino en tiempos de Abraham podría hacerlo en tiempos de Moisés. En el momento oportuno Dios sabría liberarlos como lo había hecho antes, cf. pág. 111.

3. *Pentateuco: Génesis 12-50*

5. Génesis 16

"Saray, mujer de Abrán, no le daba hijos y dijo a Abrán: « Llégate a mi esclava. Quizá podré tener hijos de ella.» Se llegó él a Agar, que concibió y al verse encinta, miraba a su señora con desprecio. Saray dio en maltratarla y ella huyó. La encontró el Ángel de Yahvé junto a una fuente en el desierto y le dijo: darás a luz un hijo. Dio Agar a Yahvé, que le había hablado, el nombre de «Tú eres El Roí», por eso se llamó aquel pozo «Pozo de Lajay Roí»" Gen 16,1ss.

De acuerdo con H. Gunkel, lo que encontramos en el libro del Génesis es la forma final escrita de un largo proceso de tradición oral. Esto lo ilustra bien la historia de las tradiciones que se encuentran tras un texto como Gen 16.

En un **primer momento** tenemos una narración que habla acerca de un pozo de agua entre dos estaciones en medio del desierto (Kadesh y Bared). Piedras, árboles y pozos eran considerados espacios privilegiados para las revelaciones divinas (Gen 18,1; 28,10-19). En este pozo, el dios El (אל), principal divinidad de las culturas semíticas, se había manifestado en tiempos inmemoriales. Esta manifestación local del dios fue llamada "El - Roi".

El evento dio origen a una breve leyenda oral en la cual esta divinidad *El*, se manifestó a una esclava embarazada. El nombre del niño por nacer, "Ishma-*el*", confirma la identidad del dios que se había revelado. Es el mismo dios que se encuentra en nombres como el de Jo*el*, Dani*el*, Ezequi*el*, etc.

Segundo momento: antes de que los patriarcas entraran en Canaán, existía ya una antiquísima *geografía religiosa* de la que formaban parte no sólo santuarios locales, sino también infinidad de relatos de milagros, teofanías y leyendas de personas sagradas. Con la llegada de los patriarcas, se inicia un proceso gradual de adaptación de los recién llegados a la cultura autóctona de Canaán; como parte de ese proceso se adapta el núcleo de esta historia religiosa local. Lo que era originalmente una leyenda local sobre El-Roi, se transforma ahora en una experiencia ligada al ciclo de Abraham. El dios local El se convierte en "Yahvé" en el v 13, algo que se evidencia fácilmente: si el dios involucrado originalmente hubiese sido Yahvé, el nombre del niño habría sido "Ishma-Yah" [siendo "Yah" un diminutivo de "Yahvé" y dando el nombre de "Isma*ías*" en forma latinizada, como en el caso de Isa*ías*, Jerem*ías*], y no "Ishma-*el*".

Tercer momento: en un estadio más avanzado en la historia del relato (*J), se consideraron inapropiadas las manifestaciones antropomórficas de Dios (aceptadas en estratos anteriores, Gen 2, cf. pág. 100s). La divinidad que se aparece, habla y actúa no será más Yahvé mismo, sino *su mensajero* ("el Ángel de Yahvé" v 7. 9-11), cf. Gunkel, *Genesis* 183-192.

Finalmente, en el estadio en que esta leyenda local es adaptada literariamente, los nombres de "El - Roi" (divinidad cananea) y "Yahvé" coexisten lado a lado. Algo así como si el nombre de Yahvé, *en este lugar en particular*, fuese el de "El - Roi" (algo semejante a los nombres locales que asume la Virgen María en los lugares donde se manifiesta: la Virgen *de Lourdes*, la Virgen *de Fátima*, etc.). Estos nombres compuestos a partir de la partícula "El" (אל) son nombres pre-israelitas (*El*-Shaddai Gen 49,25; *El*-Elyon Num 24,16; *El*-Olam Gen 21,33; *El*-Bethel Gen 35,7; *El*-Berith Jue 9,46) y, con excepción de El-Shaddai, son todos nombres que aparecen en conexión con santuarios locales de la antigua religión cananea. Cuando algunos de los antepasados de los israelitas llegaron a Canaán se apropiaron de estos santuarios, así como de las tradiciones religiosas asociadas a ellos, los adaptaron y dedicaron su culto a Yahvé. Como ha dicho A. Lods: "Yahvé sustituyó a las divinidades locales *absorbiéndolas*" (Lods, *Israel* 334).

Secciones relacionadas: # 12 y 28.

Yahvé en tierras de Baal

La religión de Baal es la de la fertilidad, del sexo, de la muerte-resurrección. Tiene sus sacerdotes y sus profetas, sus santuarios y sus mitos. Baal, el fertilizador, el dador de las lluvias, reside sobre las nubes, en las montañas, allí donde se forman las tempestades. ¿Cómo no iba a ser venerado en Israel, zona de montañas, tierra de cereales, olivares y viñedos? (Croatto, Historia 150).

La historia comparada de las religiones muestra que una religión no aparece de pronto en medio de la nada. Le resulta imposible ignorar todo cuanto le precedía como si jamás hubiese existido. Es por ello que personajes religiosos, instituciones, relatos y creencias de diverso tipo de la religión cananea son poco a poco integrados, adaptados y canonizados por la nueva religión yavista. Tomar consciencia de este fenómeno nos permitirá percibir como, sobre la base de antiguas instituciones, emergen nuevas formas religiosas.

"Canaán, la tierra que fluía leche y miel, era la posesión personal de Baal. Y fue a la tierra de Baal a la que llegó Israel. Era Baal quien aseguraba la fertilidad de la tierra y la preservación de la vida. Era Baal quien era el nativo de aquella tierra. Y las personas autóctonas de ella, los cananeos, eran sus adoradores. Entre los dioses y la tierra existía una relación profunda, cálida, psicológica y –podría decirse incluso que– apasionada. No era posible asegurar la fertilidad de la tierra olvidándose de Baal. Él, naturalmente, negaba los frutos a quienes se negaban a reconocer su dominio sobre la tierra, y sus correspondientes privilegios. ¿Cómo se relacionaría Israel con esta nueva tierra y con su culto de la fertilidad? Lo que se habría considerado como lo más natural y correcto en todo el antiguo Oriente, habría sido dar el tributo debido a los correspondientes dioses de la fertilidad. En Canaan, uno respeta y honra a las divinidades locales de la tierra.

Israel dejaba atrás el desierto y entraba a un oasis en donde la agricultura era posible, con viñedos cuidadosamente cultivados, higueras y olivares abundantes y saludables. Estos no eran los terrenos de Yahvé, el dios semi-nómada de Israel. Es probable que muchos israelitas siguieron el camino más razonable, a saber: reconocer a Baal por lo que tenía que dar, y reconocer a Yahvé por lo que tenía que ofrecer en tiempos de guerra y de crisis nacional. ¿Qué de errado podía haber en reconocer divinidades agrícolas en un medio agrícola? La tolerancia era la característica más típica de las religiones antiguas. Sólo una minoría de hombres como Samuel y Elías, creyeron que la naturaleza de Dios era la de un dios celoso. De este modo, el culto a Yahvé y a Baal coexistió sin necesidad de confrontación mutua" (Muilenburg, *History* 307).

En Cholula (México), se levanta la Gran Pirámide de Tlachihuatépetl dedicada al dios de las siete lluvias. En la cima de esta pirámide los españoles construyeron el templo a la Virgen de los Remedios. Superposición arquitectónica ... y superposición religiosa.

6. Ángeles: la cercanía de Dios

"La encontró el Ángel de Yahvé junto a una fuente que manaba en el desierto y dijo: «Agar, esclava de Saray, ¿de dónde vienes y a dónde vas?» Contestó ella: «Voy huyendo de mi señora Saray» .. Añadió el Ángel de Yahvé: Sábete que has concebido y que darás a luz un hijo, al que llamarás Ismael, porque Yahvé ha oído tu aflicción" Gen 16,7-12.

Con este encuentro en el desierto se introduce la escena central de este capítulo (v 7-14), enmarcado por el diálogo entre Sara y Abram (v 1-6) y la conclusión (v 15-16). La escena evoca, intencional-mente, el motivo del éxodo, es decir: al verse maltratado, un esclavo huye al desierto, el ángel de Yahvé sale a su encuentro, le hace saber que ha visto su aflicción y oído su clamor, abriendo con ello la posibilidad de un nuevo futuro. El Ángel de Yahvé, figura distinta a otros mensajeros en el AT, es un *modo de presencia de Dios*; habla y actúa como si fuese Dios mismo (Gen 22,15-17; Ex 3,2-6). El encuentro en medio del desierto, no es casual: el ángel "la encontró", sabía de antemano su nombre. Las preguntas que éste hace a Agar son retóricas ¿Ignora realmente Dios "de dónde viene y a dónde va" ella? Y si no lo ignora ¿por qué entonces lo pregunta? La razón es sencilla: es una forma cálida de iniciar un diálogo con un ser amado. La pregunta no busca información sino *acercamiento*, expresa interés y preocupación.

"Le dijo el ángel: «Partiré con él y no abrigues temor; sanos partimos y sanos regresaremos a ti, porque la ruta es segura.» Le respondió Tobit: «Bendito seas, hermano.» Y, llamando a su hijo, le anunció: «Hijo,

*prepara las cosas para el camino y emprende la marcha
con tu hermano; que el Dios que está en los cielos os
proteja allí y os devuelva a mí sanos; y su ángel os
acompañe con su protección, hijo"» Tob 5,17.*

Tobías es una obra tardía (250-175 a.C.). En este
momento la comunidad judía se enfrasca en una lucha
por contrarrestar la influencia cultural del helenismo,
percibido por muchos judíos de este período como una
amenaza. Esta lucha desigual se refleja en las novelas
de este período: Dios salva a los suyos por medio de
personajes insignificantes (Ruth), débiles (Judith),
perseguidos (Ester) o como en el caso de Tobías, a
través de un mediador no humano (ángel).

Al final de su vida y obligado por presiones
económicas, un padre enfermo envía a su hijo a un
largo viaje en busca de una herencia. Los motivos
del relato son clásicos: peligros y aventuras implicados
en un viaje, separación de un ser amado, reencuentro
(cf. pág. 56). En medio de la incertidumbre aparece
una *fórmula de confianza: 'No abrigues temor' Tob
4,8.21; 5,22; 6,18. El viejo Tobit, como patriarca,
'está a cargo de la situación' y sin embargo, ignora
realmente lo que sucede (!). Fina ironía del narrador
que permite al lector ver *dos niveles* en la narración:
lo que el personaje –desde dentro del relato- *cree* que
está sucediendo, y lo que el lector -desde fuera del
relato- *sabe* que está sucediendo. Tobit define los
detalles del viaje con 'el guía', y pide a Dios que su
ángel los acompañe, ignorando que el guía mismo es
un ángel, hecho que se dará a conocer sólo al final
del relato (12,11-21). Este último dato da unidad a
toda la narración: *Dios estuvo presente siempre*. Estas
dos técnicas crean un arco dentro del cual se
desarrolla la acción.

Secciones
relacionadas:
10 y 32.

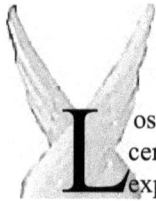

Ángeles: intimidad de la trascendencia

Los seres humanos tenemos una necesidad fundamental de cercanía, de protección, de intimidad, pero ¿es posible expresar la *intimidad* de Dios salvaguardando al mismo tiempo su *trascendencia* divina? Es allí, precisamente, donde surge la figura híbrida de los ángeles, que ha debido abrirse paso entre el ideal de un monoteísmo estricto ("no te harás imagen alguna de lo que hay arriba en los cielos") y la piedad popular, sedienta de figuras de apoyo cercanas que, siendo divinas, tengan al mismo tiempo rostro humano. La imaginación popular ha dado lugar a lo largo de los siglos a todo tipo de especulaciones sobre los ángeles: su apariencia, sus vestidos, sus instrumentos. La historia del arte ejemplifica bien este esfuerzo por imaginar estos instrumentos de la Providencia. Pasamos así de las representaciones de caras sin cuerpo, rodeadas solamente por alas y típicas de la iglesia antigua, a las figuras antropomórficas del Renacimiento, en donde el ángel se ha convertido, simplemente, en un ser humano dotado de alas. Metamorfosis gradual de un ser poderoso en el libro de Tobías, a una figura frágil y vulnerable en la obra del pintor finlandés Hugo Simberg.

Tanto algunas figuras clave en la imaginación popular de antaño (como el Genio de la lámpara y el Hada Madrina), como algunas tecnologías de la sociedad actual (como el Internet y los teléfonos celulares), muestran hasta qué punto la necesidad de *acompañamiento y protección* es una necesidad humana fundamental. Así, elementos folklóricos de la experiencia pasada, se preservan hoy bajo *una nueva forma tecnológica*. Los cupidos tocando arpa del arte Barroco, muestran que cada edad "arropa" sus propios temores y esperanzas según los gustos de su propio tiempo. Las mismas necesidades humanas de fondo van adquiriendo *nuevas formas externas*. Aún en la literatura no religiosa, el folklore está lleno de figuras mediadoras, bondadosas, salvadoras, comprensivas (padrinos, hadas madrinas, duendes, genios, gnomos, animales maravillosos), que intervienen en momentos decisivos y dan forma a la esperanza humana.

¿Has visto tu el ángel de la luz ?
Camina apaciblemente a través de las noches del mundo.
Acerca su mano aquí al que gime
Mira allí, lleno de compasión, el miedo en los ojos ajenos
Y pronuncia una palabra iluminadora
En medio de gritos de desesperación.

¿Has visto tu el ángel de la luz ?
Estuvo aquí y allí
En cada lugar estuvo él
Camina apaciblemente a través de las noches del mundo.
Y siembra en lo más profundo de la oscuridad
Las semillas de un eterno amanecer (..)

¿Has visto tu el ángel de la luz ?
El lleva tu noche en sus manos
Tú le encuentras siempre en ti.

A. Soete.

No tienen que ser hombres con alas, los ángeles
Caminan silenciosamente
No necesariamente deben gritar
A menudo son viejos, feos y pequeños, los ángeles
No tienen espada, ni visten ropas blancas, los ángeles
Tal vez sea alguien que te da la mano
Tu vecino, pared de por medio
A los hambrientos les ha traído pan, el ángel
Al enfermo le ha hecho su cama
Él oye cuando lo llamas en medio de la noche, el ángel
Se para firme en medio del camino y dice: "¡No!"
Alto como un poste, duro como una piedra, el ángel
No, no tienen que ser hombres con alas, los ángeles

R.O. Wiemer (Gesangbuch 525. 857).

Tradición bizantina: figura suspendida en el aire. Lo que hay de humano es lo estrictamente necesario para atender una oración: ojos, oídos, manos para auxiliar y pies para acercarse a la persona en necesidad. Reflejo de una época en la que las concepciones religiosas eran pensadas como realidades celestiales.

Siglo XVIII, Alemania: el ángel se ha convertido en una figura enteramente antropomórfica (mujer). Las alas son aquí un elemento secundario. El cuerpo del ángel protege la niña y la envuelve tiernamente. La pierna derecha separa la figura del mal, encarnado en una serpiente, de la figura de la niña.

Siglo XVII, Italia: los elementos antropomórficos se acentúan aún más en esta obra: la ternura maternal del cuadro anterior, ha sido sustituida por la fuerza (músculos, cadenas, espada); la figura del mal no es ya una serpiente sino un ser humano. El ángel-soldado muestra un dominio total sobre el enemigo.

"Las ideas religiosas: un espejo de los valores de cada época".

Siglo XX, Finlandia: inversión absoluta de las concepciones anteriores: ala rota, rostro caído, pose derrotada. El rostro del niño vestido de negro parece expresar el sentimiento de quien 'carga' con sus sueños rotos. La mirada penetrante del segundo niño parece interrogarnos ¿Somos responsables de la derrota de sus sueños?

7. El Éxodo: motivo fundante

"Cuando el día de mañana te pregunte tu hijo: «Qué son estos estatutos que Yahvé nuestro Dios os ha prescrito?», dirás a tu hijo: «Éramos esclavos del faraón en Egipto, y Yahvé nos sacó de Egipto con mano fuerte. Yahvé realizó a nuestros propios ojos señales y prodigios grandes y terribles en Egipto, contra el faraón y contra toda su casa. Y nos sacó de allí para traernos y entregarnos la tierra que había prometido con juramento a nuestros padres" Deut 6,20.

A menudo encontramos en el AT textos que como éste, recapitulan los acontecimientos principales de la historia salvífica, por ejemplo Deut 26,5b-9 y Jos 24,2b-13. Estos textos siguen el modelo de una confesión y se recitaban solemnemente como parte del culto israelita primitivo. El recuento de los hechos se hace siguiendo un esquema: mención de los *padres*, *opresión* en Egipto, *liberación* realizada por Yahvé y conducción a la *tierra* prometida. En este esquema, salta a la vista la sorprendente omisión de los eventos del Sinaí, que constituyen el centro del Pentateuco (Ex 19 – Num 10). Confesiones similares pero más amplias, *excluyen también* la mención del Sinaí: la letanía del Sal 136 comienza con la creación, Ex 15 menciona detalles de la travesía por el desierto, el Sal 105 alude a la promesa hecha por Dios a Abraham, pero nada sobre el Sinaí se menciona en ellas. Esta observación llevó a Gerhard von Rad a escribir un artículo fundamental en el estudio del AT: *"El problema morfogenético del hexateuco"* (1938). Von Rad planteaba que los acontecimientos del Sinaí constituían una tradición aparte de la del éxodo (en donde el elemento constitutivo era la venida de Dios, y no el peregrinaje del pueblo), que existió independientemente de éste y que no se unió con él hasta fecha muy tardía (Von Rad, *Estudios* 11-28). Diez años más tarde, Martin Noth publicaba su *"Historia de la tradición del Pentateuco"*, ampliando las conclusiones parciales del estudio citado. Von Rad había mostrado cómo ciertas afirmaciones de fe, nacidas del culto y formuladas al estilo de confesiones, constituían las raíces de las cuales, con el correr del tiempo, se desarrollaría el Pentateuco como un árbol frondoso. El contenido de estas confesiones eran ciertos *temas básicos* derivados de la historia de Israel, conducida por Dios de un modo especial. El estudio de Noth precisó –entre otros aspectos- estos cinco *temas básicos*:

(i) guianza fuera de Egipto
(ii) guianza a la tierra prometida
(iii) promesa a los patriarcas
(iv) guianza por el desierto
(v) revelación en el Sinaí

La función de este esquema era la de unificar los distintos orígenes históricos de las tribus (distintas realidades sociológicas de su presente), a partir de *un pasado común*. En un punto dado, este esquema ensambla las distintas tradiciones y las hace *una historia*. La figura de Moisés ocupa una posición central en la unificación de ambas tradiciones (Noth, *History* 46-62). El esquema no responde tanto a hechos históricos como a propósitos religiosos; es decir: los cinco temas básicos son una construcción en la que se resumen los aspectos esenciales de la historia en un todo organizado que, al final, todas las tribus acordaron hacer suyo, aún cuando no todas hubiesen participado realmente (históricamente) en los hechos narrados.

El relato del éxodo, más que la narración de lo sucedido durante una liberación concreta, es el relato de una *experiencia de encuentro* con un Dios que no ignora el dolor humano, y que se revela en medio de la vida, la libertad y la dignidad humanas. Es esto lo que evoca y conmemora la confesión histórica de Deut 6,20.

Secciones relacionadas: # 19.

> *"Fabrícanos un dios que nos guie ...*
> *y fabricó Aarón un becerro. Ellos*
> *exclamaron: «Israel, éste es tu dios,*
> *el que te sacó de Egipto»"* Ex 32,1ss.

> *"Los impulsos más nobles del ser humano, los más ardientes, pronto se vienen abajo ante la instintiva necesidad de seguridad. ¿Cómo fiarnos totalmente de un Dios libre sobre quien no tenemos poder alguno y nos lanza a una aventura sin fin? Queremos tenerle en nuestras manos, disponer de él. Pretendemos hacer de la riqueza que producimos una imagen del poder de Dios y esperamos que esta riqueza ocupe el lugar de Dios"* (Bagot, Biblia 115).

El éxodo: acontecimiento y constelación simbólica

E l dios de los esclavos mostró al faraón su superioridad, pero una vez en el desierto las cosas parecen dar un giro imprevisto: la marcha se torna entonces en una prueba para el mismo Israel. A las diez plagas sufridas por los egipcios, siguen diez pruebas en el desierto para Israel. A las aguas convertidas en sangre (primera *plaga*), corresponde el milagro de las aguas de Mara (primera *prueba*) .. y así sucesivamente. ¿Serán capaces los esclavos mismos de reconocer ahora al Dios que los libró de los egipcios? La pugna entre el temor y la confianza hace que Dios y pueblo se descubran recíprocamente en el camino.

Pronto descubrirá Israel que la desesperación y la necesidad instintiva de seguridad lo lleva a preferir la estabilidad provista por un régimen tiránico, que la incertidumbre que acompaña la aventura de seguir a un dios que no se deja atrapar. Seguir un ideal y aprender a confiar en la providencia divina parece perder pronto el encanto inicial. Vencer sus propios instintos termina siendo más difícil que vencer al faraón de Egipto. La mayor dificultad no parece ser el reto físico de concluir la marcha, sino el frágil sentido de confianza que los lleva a traicionar, cotidianamente, sus propios ideales. El éxodo es, pues, acontecimiento y narración, pero es también constelación simbólica con una función transformante. Es el llamado a una libertad que es preciso conquistar, fuera y dentro de sí, como proyecto histórico, como reto existencial, como evento concreto, como tarea permanente. Camino a la tierra prometida, descubre Israel que la autonomía y la libertad son tareas permanentes que conllevan tensiones, retrocesos, ambigüedades. Han salido de Egipto pero ¿es eso todo?

El éxodo como acontecimiento.

Al relato antiguo de la *huída* del grupo de Raquel (tribus de José y Benjamín), se adjunta posteriormente la tradición independiente del ciclo de las plagas (Ex 7-12: plagas 4.5.7.8/J; 3.6/P), en donde la salida es interpretada como una *expulsión* ordenada por faraón a raíz de la décima plaga (P). Numerosos documentos egipcios como el Papiro Anastasi VI.51-61 (*ANET* 258s), dan testimonio de movimientos regulares de beduinos en la frontera oriental del imperio egipcio, cf. Dossier 1. Estos inmigrantes buscan mejores pastos para sus ganados durante los períodos de sequía.

El éxodo como mediación narrativa.

Numerosos relatos del AT, en principio sin conexión alguna con el "evento éxodo", responden a su matriz simbólica: la dialéctica *servidumbre - liberación*. Esto es algo que encontramos: (1) en la ley (experiencia de Jacob con Labán, Gen 30-31); (2) en los profetas ("Así dice el Señor Yahvé: Yo el Señor te llamé para abrir los ojos a los ciegos, para sacar prisioneros de la cárcel, y del calabozo a los que viven en tinieblas" Is 42,6s), y (3) en los escritos ("habitantes de tiniebla y de sombras, cautivos de la miseria y de los hierros .. Yahvé lo sacó de la tiniebla y la sombra, rompió sus cadenas" 107,10ss) . El esquema fundamental del éxodo funciona pues, como una *estructura subyacente* a muchos relatos del AT: Gen 16; Rut 1-4; Esd 1; Is 40.

El éxodo como constelación simbólica.

Más que *un símbolo*, el éxodo es toda una *constelación de símbolos* que incluye temas como el de la nutrición, el camino y la protección. En cuanto símbolo, el éxodo tiene una función transformante, a saber: el llamado a una libertad que es preciso conquistar, fuera y dentro de nosotros mismos y que es, al mismo tiempo, proyecto histórico y reto existencial. El éxodo es la lucha contra la incertidumbre, contra la comodidad de lo conocido, contra el miedo a la libertad y por ello, una tarea permanente que conlleva tensiones y ambigüedades a cada paso. El éxodo es parte de nuestra *geografía espiritual*, es el llamado a una existencia en transición, a un peregrinaje vital.

8. Espíritu y demonios

> "El espíritu de Yahvé se había apartado de Saúl y
> un espíritu malo que venía de Yahvé le infundía
> espanto. Le dijeron pues los servidores de Saúl:
> «Mira, un espíritu malo de Dios te infunde espanto;
> permítenos, señor, que tus siervos que están en tu
> presencia te busquen un hombre que sepa tocar la
> cítara, y cuando te asalte el espíritu malo de Dios
> tocará y te hará bien» .. Cuando el espíritu de Dios
> asaltaba (בהיות) a Saúl, tomaba David la cítara, la
> tocaba, Saúl encontraba calma (ורוח) y bienestar y el
> espíritu malo se apartaba de él" 1 Sam 16,14-16.23.

Esta es la primera de las dos tradiciones que narran
la entrada de David en la corte de Saúl. Esta venida
del espíritu malo sobre Saúl es una especie de puente
narrativo para posibilitar el primer encuentro de
David con Saúl, cf. Schökel, *Biblia* 1: 555.

La idea que el AT tiene acerca de los sentimientos y
las emociones, difiere mucho de la que existe en la
cultura occidental moderna. En nuestro medio, se
utiliza una metáfora en donde el cuerpo es visto como
una especie de "recipiente" que *contiene* los
sentimientos: una persona puede 'estar llena' de odio
o de amor, se habla de sentimientos que están 'en lo
profundo' de nosotros, y que es necesario 'sacar' para
des-ahogarnos. Esto explica la idea que tenemos de
auto-control, a saber: estar en la capacidad de
'contener' nuestros sentimientos. Debemos impedir
que nuestro interés por algo/alguien 'se nos salga' y
se haga demasiado evidente. Nada de esto existe en
el AT en donde los sentimientos y las emociones no

son algo que viene *de dentro,* sino por el contrario algo que viene *de fuera,* como lo ilustra bien el texto en discusión. Una curiosa ley sobre los celos dice sobre el marido: "Si un espíritu de celos pasa sobre él y él se torna celoso .." Num 5,14. Aquí se habla de *la sospecha* como algo que viene del exterior, se posa sobre el marido, se apodera de él y lo atormenta, cf. Wagner, *Mensch* 3.c.

Aunque la narrativa bíblica se concentra más en el análisis de la acción que en los motivos psicológicos de los personajes, en algunos casos da muestras de gran sensibilidad, como al hablar de David, de José y de Ruth; si bien, la explicación de las *causas* psicológicas que se da en el texto, es más bien de tipo folklórico. Distintos estados de ánimo en el AT son provocados por la acción de un *agente externo*: "Al día siguiente se apoderó de Saúl un espíritu malo de Dios y deliraba en medio de la casa" 1 Sam 18,10. Así, actuar con impaciencia es estar "corto de רוח" (*ruah* = espíritu) Ex 6,9 Miq 2,7. Al ignorar la idea de *causas* en la conducta humana (aspecto analizado por primera vez por Aristóteles *De Anima* ii.1, 412), el estado de ánimo personal, bueno o malo, se remite directamente a *Dios.* Es él quien 'envía un espíritu bueno o malo' y quien es -en última instancia, la causa de dicho estado anímico. No existen causas segundas, Dios es el autor de todo estado psicológico. Así, si una persona está triste se dice que está "atribulada de רוח" 1 Sam 1,15. El contraste entre el ascenso de David y la caída de Saúl ilustra esto claramente. "A partir de aquel día el espíritu del Señor *entró en David* .. el espíritu del Señor *se retiró de Saúl*" 16,13s.

Secciones relacionadas: # 30.

Cilindro acadio (2200 a.C.). Se creía que la enfermedad y la curación eran causadas por fuerzas distintas. Al lado izquierdo, un demonio alado ataca a dos figuras humanas. A la derecha, un asistente divino trae frente al dios Shamash un hombre para ser curado.

Lo demoníaco ¿un vestigio superado?

La época moderna ha eliminado la creencia en los demonios en la medida en que la ha considerado ridícula y la ha incluido en la esfera de la superstición. Pero no ha logrado desterrar el temor subterráneo ante determinados fenómenos y sucesos incomprensibles que antaño, eran considerados como obra de los demonios, ni, por otra parte, ha podido eliminar del lenguaje los modismos que aluden a todo aquello que amenaza la vida humana en términos personificados: así se habla, por ejemplo, del «poder del alcohol», de la «lucha contra el cáncer», del «triunfo de una idea», como si se tratase de un ser personal. El concepto de «demonio» es, evidentemente, una «clave», un símbolo de aquellos poderes ante los cuales el ser humano, aún conociendo la amenaza que para él suponen, se muestra impotente, de tal manera que

no puede ponerlos ni bajo el control de su conocimiento ni bajo el de su voluntad, y que incluso le
hacen realizar actos completamente contrarios a
lo que piensa y quiere: el estar obsesionado por
una idea, el tener una idea fija, es un fenómeno del
que puede ser perfectamente conciente aquel a
quien le afecta, e incluso puede condenarlo en vista
de las consecuencias nefastas que puede tener para
él y para quienes le rodean; puede incluso llegar a
conocer, tanto los factores desencadenantes del
proceso como el mecanismo opresor puesto en
marcha por aquel fenómeno; sin embargo, continúa
permaneciendo indefenso ante él.

Así pues, lo «demoníaco» no puede dominarse
simplemente a partir de una toma de conciencia y
de una explicación racional o, en todo caso, ello
no basta. Las causas y manifestaciones físicas y
psíquicas de la enfermedad han sido ampliamente
«desmitizadas» hace mucho tiempo, y ya no hay
necesidad de explicarlas a partir de fuerzas
demoníacas, pero ¿queda aclarado sin más con
ello el fenómeno de las influencias sobrehumanas,
irreductibles y no manipulables, sobre la vida
humana? ¿No nos encontramos más bien de nuevo
con factores cambiantes, incontrolables, a los que
damos nombres que en realidad son como un
lenguaje cifrado que, más que aclarar la cuestión,
la oscurecen?

¿Y no ocurre algo semejante en la esfera de las
relaciones humanas, de la política, de la historia?
Y el ser humano, que ya se creía libre y autónomo,
y pensaba poder pasar por alto los motivos y las
consecuencias de su obrar ¿no se encuentra de
nuevo como un esclavo, como un juguete a merced
de ciertas fuerzas? (Coenen, *Diccionario* I: 406).

Biblia de Oriente 2

Carta al dios personal

Documento babilonio,
segundo milenio a.C.

"Al dios, mi padre, así dice Apiladad, tu siervo:
¿Por qué me has abandonado?
¿Quién te va a dar otro que ocupe mi lugar?
Escríbele al dios Marduk, que es tu amigo,
Para que él me libere de este cautiverio.
¡Yo podré ver de nuevo tu rostro y besar tus pies!
Piensa en los de mi familia,
en los pequeños y en los grandes.
Ten compasión de mí por tu misericordia.
Haz que tu auxilio llegue hasta mí".
(Jacobsen, *Treasures* 160)

El gran dios
y el dios personal.

Del mismo modo que un siervo muy raramente se relacionaba a nivel personal con el dueño de las tierras en donde vivía, la persona individual en Babilonia veía a los grandes dioses como fuerzas remotas, a quienes ella sólo podía apelar en momentos de crisis con la ayuda de intermediarios. Relaciones de tipo cercano y personal, del tipo que la persona tenía con su padre, madre o hermanos, las tenía el individuo solamente con un dios que era su dios personal.

El interés del dios
en la persona.

El dios personal aunque era una divinidad menor en la sociedad de los dioses babilonios, mostraba interés particular en una persona dada y en su familia. Se creía que el hecho de que las cosas resultasen bien en la vida, no dependía siempre de la persona, sino que influían en ello muchos factores. No es la habilidad de una persona la que le va a garantizar el éxito. Los seres humanos son débiles y difícilmente pueden influir el curso de los acontecimientos en el universo, sólo un dios puede hacer eso. Por eso, para que las cosas salgan del modo deseado, se necesita que un dios logre tomar interés en el caso de uno, y haciendo a su vez uso de sus influencias con otros dioses superiores, haga prosperar nuestro proyecto.

La fraseología de esta carta pertenece al lenguaje de la oración en el antiguo Oriente:

- empleo de la pregunta retórica "¿Por qué me has abandonado?", igual que el Sal 22,2: "¡Dios mío! ¿Por qué me has abandonado?".

Si muero
¿Quién te alabará?

- insinuación del orante de que si él muere "¿Quién va a ocupar su lugar alabando al dios?"; como en el Sal 6,6: "Yahvé, restablece mi vida, que después de morir nadie te recuerda, y en el Seol ¿quién te alabará?"; cf. Bar 2,17.

- petición de salvación basada en el amor y la compasión del dios, como en el Sal 6,5: "Vuélvete, Yahvé, restablece mi vida, ponme a salvo por tu misericordia" y Sal 27,7-10: "Escucha, Yahvé, el clamor de mi voz, ¡ten piedad de mí, respóndeme!"; cf. Sal 90,13.

¿Por qué escribir
al dios personal?

¿Por qué escribir una carta al dios? Durante el enfrentamiento de Elías con los profetas de Baal, ellos claman a su dios pero éste no parece oír. Elías les dice: "¡Griten más fuerte! Baal es dios, pero quizás esté ocupado con negocios o tal vez ande de viaje, tal vez esté dormido y se despertará" (1 Re 18,27). Aunque Elías dice estas palabras en tono burlesco, lo cierto es que (de modo particular en los textos fenicios de Ugarit), se concebía a los dioses como teniendo este tipo de ocupaciones. Uno no podía estar del todo seguro de encontrar al dios personal siempre en su casa, por ello, era mejor escribirle una carta. Lo que sí era seguro era que él revisaría su correo. En otros casos, la razón para estas cartas consistía en que la persona estaba tan enferma, que no podía ir en persona al templo y debía por lo tanto, enviarle una carta a su dios personal.

El buen siervo es difícil de encontrar.

Como es común en las oraciones del antiguo Oriente, la persona enferma se siente herida debido al desinterés del dios en su enfermedad, y sugiere que es poco prudente de parte del dios actuar así ya que siervos fieles son difíciles de encontrar y sustituir (Cf. Sal 30,9-10; 6,6). Una oración babilonia dice: "Marduk presta atención, piensa en ello, no destruyas a tu siervo, criatura de tus manos. El que se ha vuelto polvo ¿Qué ganancia hay en él? Un siervo vivo respeta a su amo; el polvo muerto ¿Qué proporciona de más a un dios?" (Cahiers, *Oraciones* 22). Pero si el dios accede a su petición, él estará inmediatamente allí de nuevo para servirle y adorarle como antes.

Quien ora hace un recordatorio: el dios debe considerar que la persona enferma no está sola. Él tiene familia y hay niños pequeños que están sufriendo también por causa de su enfermedad. La enfermedad, como era común en el antiguo Oriente, era vista como un demonio que lo había atrapado y lo mantenía cautivo, cf. 1 Sam 16,14-16 y sección 8.

Las influencias del dios personal.

La enfermedad del que ora se ha complicado y va más allá de los poderes del dios personal que se ve impotente frente a la acción de este poderoso demonio. El dios personal no tiene poder para librarlo en este caso. El consuelo radica en que él tiene amigos influyentes, se mueve en el círculo de los grandes dioses y los conoce bien. Si él quisiera, podría emplear sus influencias en este caso, escribir al dios Marduk y mover las influencias necesarias para lograr que se haga justicia en este caso, de allí la petición "Escríbele al dios Marduk, que es tu amigo, para que él me libere de este cautiverio".

El vínculo de la persona común con los dioses del nivel superior era distante, como sucedía también en la vida cotidiana con las figuras de poder. Es cierto que la persona común servía a estos dioses, pero no en tanto que individuo sino como miembro de una colectividad. Él junto a sus vecinos y otros compatriotas formaban parte de una comunidad de devotos. Estos dioses daban leyes que las personas obedecían. Ella participaba junto a otros en las festividades y celebraciones, pero sólo como espectador.

La persona común: un mero espectador.

El dios personal es por lo tanto, el vínculo de la persona con las fuerzas del universo, él es el motor que puede moverlo todo. No es una figura imponente y remota como 'los grandes dioses', sino alguien cercano y familiar que se preocupa realmente por uno. Cualquier persona podía recibir favores a cambio de los servicios y la obediencia rendida al dios personal. Pero cuando un demonio logra su propósito (la persona enferma, una cosecha se pierde, el granero se incendia, el ganado no pare, se produce una sequía), esto significa que el dios personal está enojado (cf. pág. 61) y ha abandonado a su protegido a su propia suerte. (Frankfort, *Philosophy* 217-221).

El dios personal como mediador.

4. *Pentateuco: Legislación*

9. Levítico 24,10-16

"Había entre los israelitas uno que era hijo de una mujer israelita, pero su padre era egipcio. El hijo de la israelita y un hombre de Israel riñeron en el campo, y el hijo de la israelita blasfemó y maldijo el Nombre. Y fue llevado ante Moisés. Su madre se llamaba Selomit, hija de Dibrí, de la tribu de Dan. Lo tuvieron detenido hasta que se decidiera el caso por sentencia de Yahvé" Lev 24,10ss.

Durante el período post-exílico, se tomaron diferentes medidas para completar y adaptar las leyes del Sinaí en aquellos aspectos en los cuales estas leyes resultaban insuficientes para las nuevas necesidades de la comunidad. El número de inmigrantes viviendo en Israel en esta época aumentó significativamente, y la comunidad judía enfrentó nuevos problemas para los cuales no tenía solución. Uno de estos nuevos problemas era, por ejemplo, el de la blasfemia. Una antigua ley prescribía "No maldecirás contra Dios" Ex 22,27; en hebreo tres palabras "אלהים לא תקלל".

Esta antigua ley no indicaba exactamente a quiénes se incluía, ni tampoco especificaba el castigo respectivo. Esto explica el origen de la ley adicional de Lev 24,10-23, en donde se incluye a los inmigrantes/גרים (v 16. 22). La principal preocupación de esta ley es el castigo a la blasfemia *en la nueva situación*; es decir, en el caso particular de que la falta fuese cometida por un inmigrante. La condición mixta del matrimonio (madre israelita, padre egipcio), levanta la pregunta de si en dichos casos, la ley de Ex 22,27 era aplicable.

La legislación complementaria de Lev 24,10-23 viene a dejar en claro que en las nuevas circunstancias: (a) la blasfemia sería castigada con la pena de muerte, (b) la comunidad entera participaría en la ejecución del trasgresor, y (c) esta ley tendría validez tanto para el israelita como para el inmigrante. En este período, la expresión "en Israel" (בישראל) no tenía ya un sentido espacial o territorial, sino un sentido religioso: *se es parte de Israel*, en cualquier lugar.

Adaptaciones similares a esta ley sobre la blasfemia se hicieron en el caso de homicidio (Ex 21,12: *código de la Alianza), y en el de sacrificio de animales (Deut 12,15-16. 20-28: *código deuteronómico). El *código de Santidad (Lev 17-26), posterior a éstos citados, reconsideró estas leyes y las adaptó a las nuevas circunstancias del período persa.

Así, incorporando en sus leyes la *fórmula de inclusión "אזרח - גר" ("inmigrante o nativo"), estas leyes antiguas fueron ampliadas para incluir a los inmigrantes, quienes venían a estar ahora sujetos a las mismas normas que los nativos (Lev 17,1-16; 24,21b-22). El sustantivo גר evolucionó posteriormente convirtiéndose en el término técnico para *prosélito*. Encontramos casos similares a esta ley de Lev 24 en Num 9,6-14; 15,32-36; 27,1-11; 36,1-12. Todos estos textos siguen un mismo patrón básico:

(1) una situación concreta presenta un problema para el cual no había precedente legal.

(2) El caso se dirige a Moisés y queda suspendido de momento.

(3) Moisés hace la consulta a Dios en el santuario.

(4) Dios le habla y comunica la nueva norma que se convierte en la referencia para futuros casos (Ex 25,22).

El carácter tardío de estas leyes se evidencia por estar introducidas, todas ellas, por una narración "histórica" que enmarca la nueva legislación.

Secciones relacionadas: # 23.

Evolución histórica de la legislación en el AT

	Números 9,6-14	Números 27,1-11	Levítico 24,10-16
Una situación concreta plantea un problema	Pero sucedió que algunos hombres estaban impuros por contacto con cadáver humano y no podían celebrar la Pascua aquel día. **Se presentaron a Moisés y a Aarón y dijeron:**	Entonces se acercaron las hijas de Selofjad … **se presentaron a Moisés y al sacerdote Eleazar,** y a toda la comunidad, a la entrada de la Tienda del Encuentro, **y dijeron:**	Había entre los israelitas uno que era hijo de una mujer israelita, pero su padre era egipcio. El hijo de la israelita y un hombre de Israel riñeron en el campo, y
Problema	*«Estamos impuros por contacto con cadáver.*	3 *«Nuestro padre murió sin tener hijos varones.*	*el hijo de la israelita blasfemó y maldijo el Nombre.*
	¿Por qué hemos de quedar excluidos de presentar la ofrenda a Yahvé a su tiempo con los demás israelitas?»	4 *¿Por qué ha de ser borrado de su clan el nombre de nuestro padre, sólo por no haber tenido hijos varones?*	
Moisés consulta a Yahvé	8 Moisés les respondió: « voy a consultar a Yahvé»	5 Moisés expuso su caso ante Yahvé.	Y fue llevado ante Moisés hasta que se decidiera el caso por sentencia de Yahvé.
Respuesta de Yahvé	Yahvé habló a Moisés y dijo	6 Respondió Yahvé a Moisés:	Entonces Yahvé dijo a Moisés:
			14 «Saca al blasfemo fuera del campamento; todos los que lo oyeron pondrán las manos sobre su cabeza, y toda la comunidad lo apedreará.
Principio general	*«Di a los israelitas: … si uno de vosotros o de vuestros descendientes se encuentra impuro por un cadáver, o está de viaje en tierra lejana, también celebrará la Pascua en honor de Yahvé.* Pero el que, encontrándose puro y no estando de viaje, deje de celebrar la Pascua, ese tal será extirpado de su pueblo, cargará con su pecado, por no haber presentado su ofrenda a Yahvé.	8 Y **dirás a los israelitas**: *Si un hombre muere y no tiene ningún hijo varón, traspasará su herencia a su hija. 9 Si tampoco tiene hija, daréis la herencia a sus hermanos. 10 Si tampoco tiene hermanos, daréis la herencia a los hermanos de su padre. 11 Y si su padre no tenía hermanos, daréis la herencia al pariente más próximo de su clan, el cual tomará posesión de ella.*	15 Y **dirás a los israelitas**: Cualquier hombre que maldiga a su Dios, cargará con su pecado.16 Quien blasfeme el Nombre de Yahvé, será muerto; toda la comunidad lo apedreará.
Status de la nueva norma	14 Uno mismo será el ritual para vosotros, tanto **para el forastero como para el nativo del país.»**	Ésta será norma de derecho para los israelitas, según lo ordenó Yahvé a Moisés	Sea **forastero o nativo**, si blasfema el Nombre, morirá.

10. Evolución del pensamiento en el AT.

"La encontró el Ángel de Yahvé junto a una fuente
que manaba en el desierto .. y dijo: «Agar, esclava de
Saray, ¿de dónde vienes y a dónde vas?» .. Añadió
el Ángel de Yahvé: Sabe que has concebido y que
darás a luz un hijo, al que llamarás Ismael, porque
Yahvé ha oído tu aflicción." Gen 16,7-12.*

"Las relatos más antiguos del Génesis hablan despreocupadamente sobre apariciones de Dios: Yahvé aparece en persona, uno oye sus pasos, ve su figura, oye su voz. En un período posterior sin embargo, se consideró una profanación hablar de Dios en términos tan humanos, y se hicieron las correcciones del caso: *no fue Yahvé mismo quien se apareció*, sino la figura de un personaje celestial subordinado a él, su 'mensajero'. De acuerdo a un punto de vista antiguo, fue Yahvé mismo quien actuó la noche de las plagas en Egipto (Ex 11-12); pero según una perspectiva posterior, fue su mensajero quien actuó (2 Re 19,35). Originalmente se consideraba que Yahvé inspiraba a los profetas; los profetas posteriores sin embargo, son inspirados por su ángel. En los tiempos antiguos se solía decir que Yahvé liberaba (Ex 6,6: גאל), posteriormente se decía que quien liberaba era su ángel (Gen 48,16). Originalmente Jacob peleó con un dios en Betel; en una perspectiva posterior se dirá que éste había peleado con un ángel (Os 12,5). Este cambio es particularmente claro en Ex 4,24 ("Y sucedió que en el camino le salió al encuentro *Yahvé* en el lugar donde pasaba la noche"); mientras que el texto hebreo conserva aún el término יהוה (Yahvé), la *Septuaginta traduce ἄγγελος κυρίου (= *el ángel del Señor*)" (Gunkel, *Genesis* 186). Esto ilustra como, en una época en la que existía un mayor pudor religioso, se retocan los textos para salvaguardar la dignidad y trascendencia de un Dios considerado ahora más espiritual y por lo tanto, indigno de tales hechos. Este es un proceso similar al que sufrieron algunas pinturas del Renacimiento sobre temas bíblicos con desnudos, y que posteriormente, por pudor, se enviaron a retocar, pintándoles hojas y mantos que cubrieran su desnudez; véase por ejemplo "La expulsión de Adán y Eva" de Tommaso Masaccio (1401-1428).

> *"Se encendió otra vez la ira de Yahvé contra los israelitas e incitó a David contra ellos diciendo: «Anda, haz el censo de Israel y de Judá.» El rey dijo a Joab, jefe del ejército, que estaba con él: «Recorre todas las tribus de Israel desde Dan hasta Berseba y haz el censo para que yo sepa la cifra de la población."* 2 Sam 24,1-2.

> *"Se alzó Satán contra Israel, e incitó a David a hacer el censo del pueblo. Dijo, pues, David a Joab y a los jefes del ejército: «Id, contad los israelitas desde Berseba hasta Dan, y volved después para que yo sepa su número."* 1 Cron 21,1-2.

La actitud de las culturas antiguas frente a un hecho siniestro era siempre la misma: se busca una causa que lo explique. "En tiempo de David hubo hambre por tres años consecutivos. David consultó a Yahvé, que respondió así: «Hay sangre sobre Saúl y sobre su casa, porque mató a los gabaonitas" 2 Sam 21,1. El procedimiento es claro: (a) hay un mal, (b) se consulta a Yahvé la razón del mismo, (c) se determina la causa; en nuestro ejemplo, la acción previa de Saúl (asesinato de los Gabaonitas). Siempre hay una acción previa de la cual el mal es el resultado, la acción puede haber sido desencadenada por un ser humano o por Dios mismo.

En 2 Sam 24,1 el mal es un censo *"incitado por Yahvé"*; en 1 Cron 21,1 el mismo censo es *"incitado por Satán"* (!). En 2 Sam "la ira de Yahvé" es responsable del hecho. En un momento posterior, la responsabilidad de causar el mal es considerada impropia de Yahvé, aún cuando esto haya sido ejecutado por mediación de *su ira*. Surge así una entidad distinta de Dios a quien se responsabiliza de la acción, en este caso: Satán. Éste no es aún, *el enemigo de Dios* que encontraremos más tarde en la literatura apocalíptica sino, simplemente, un intermediario a quien se traslada la responsabilidad de lo sucedido. Yahvé queda así libre de toda responsabilidad o culpa. El Cronista se resiste a atribuir a Dios *al mismo tiempo*, la incitación al mal y el castigo que le sigue. No debe olvidarse que en el judaísmo postexílico, *el nombre mismo de Yahvé* (יהוה), va retrocediendo cada vez más hasta llegar a desaparecer del todo en el judaísmo tardío, cuando es sustituido por expresiones como el nombre, la gloria, la sabiduría, o bien por expresiones sustitutas como Adonai (אדני).

Secciones relacionadas: # 5. 26 y 28.

Adaptación y transformación de una creencia religiosa

"El antiguo Israel representaba a Yahvé ingenuamente, interviniendo en los asuntos del mundo a la manera de un ser humano, descendiendo a la Tierra, comiendo con Abraham. A partir de la época del exilio, estas viejas concepciones empiezan a parecer chocantes e irrespetuosas. Ezequiel, al referirse a su visión inaugural dice haber visto sobre un trono, solamente algo *"como* una figura de hombre puesta encima" (Ez 1,26). El autor de la historia sacerdotal no describe jamás el modo de las apariciones divinas. En esta época no se pensaba de ningún modo que Dios, siendo espíritu, pudiese tener ninguna relación con el mundo de la materia o con el universo visible. Yahvé es mirado entonces como dotado de un poder, de una sabiduría y de una santidad infinita, aplastante, sin proporción alguna con las del ser humano. El relato sacerdotal de la creación expresa, en términos convertidos justamente en clásicos, la idea de la soberanía de Dios sobre el universo: "Dios dijo: "Hágase la luz *y la luz fue hecha"*.

En esta pintura del siglo XVI, Giorgione representa tres momentos en la vida de la misma persona. Tres expresiones externas de una misma realidad personal, subyacente a lo largo del tiempo. De igual modo en el A.T., una misma idea religiosa puede adquirir diversas expresiones a través del tiempo.

La noción de Dios adquiere así en la conciencia judía, una dimensión de majestad. Yahvé aparece desde este momento mucho más lejos del fiel: "Dios está en el cielo y tú estás en la Tierra." (Qoh 5,1). La ley y el culto, tal como se les comprendía entonces, recordaban incesantemente al judío la distancia que lo separaba de su Dios.

En el antiguo Israel, para conocer la voluntad de Yahvé, se le consultaba a él mismo; pero ahora, según la concepción judía, la voluntad de Yahvé se hacía representar por un libro, la Ley. El culto, que tiende a preservar al santuario de las profanaciones que lo amenazan sin cesar, es ahora de una santidad temible, inabordable.

De aquí los escrúpulos crecientes que se experimentan para designar a Yahvé con su propio nombre, costumbre que parecía suponer una familiaridad, juzgada ahora excesiva, del ser humano con Dios. En su lugar se empleaban con preferencia términos como *elohim*, el Dios del cielo, el Dios Altísimo (אל עליון), el Señor, el Cielo, el Nombre. Los judíos llegaron a prohibir hasta la enunciación del nombre de Yahvé, prohibición que fue introducida en el mismo texto de la Ley. Un pasaje del Levítico prohibía bajo pena de muerte *maldecir* el "nombre" (Lev 24,11). No solamente los masoretas sino también los traductores griegos, han interpretado o corregido las formas del verbo קבב "maldecir", transformándolas en derivados de la raíz נקב "pronunciar distintamente" (Lods, *Profetas* 273ss).

> *Como sucede corrientemente cuando Dios parece lejano, el sentimiento religioso intenta compensar esta lejanía recurriendo a seres intermediarios que sean más accesibles al ser humano.*
>
> *Esto explica el puesto creciente que se concedió en esta época y más aún en los períodos siguientes, a los ángeles y a otras personificaciones de atributos divinos (hipóstasis) tales como la Sabiduría, el Espíritu o la Palabra de Dios.*
>
> (Lods, *Profetas* 275ss).

11. Extranjeros en el AT

La idea del extranjero en el antiguo testamento es
polémica, ya que presupone una diferenciación clara
entre Israel y "los otros". Las reconstrucciones
históricas hechas hoy día sobre los orígenes de Israel
sugieren, sin embargo, que en un principio no había
una distinción clara entre los israelitas y sus vecinos
en términos de tecnología, cultura y religión, cf. págs.
17-20. La idea de una cultura o historia "israelita",
separada y distinta de la de sus vecinos es más bien
una idea artificial y tardía. Algo que surgió a raíz
del exilio babilónico, como una necesidad de
afirmación cultural *por oposición* frente a un entorno
percibido como amenazante. Dado que los textos
del AT fueron editados precisamente durante esta
época, la idea de separación que vemos en los libros
de Esdras y Nehemías, *se proyectó hacia el pasado*, y se
incluyó en textos antiguos *como si esa distinción
hubiese estado presente desde un inicio.*

> "Así dice el Señor Yahvé a la tierra de Israel:
> Llega el fin sobre los cuatro extremos de esta
> tierra .. Lo entregaré como botín a los *extranjeros*
> (זרים), como presa a los *malvados* de la tierra,
> para que lo profanen .. los *invasores* penetrarán
> en él y lo profanarán" Ez 7,1.21-22.

El término *zar*/זר (extraño, extranjero), es usado en
el AT para designar una persona de otra nación
distinta a Israel. En los profetas, designa a los pueblos extranjeros con los que Israel está relacionado,
especialmente a sus enemigos políticos: los asirios o

egipcios (Os 7,9; 8,7; Is 1,7). El término se usa en amenazas proféticas, (Ez 11,9), o en descripciones de sufrimientos relacionados con situaciones de guerra (Lam 5,2; Jer 51,51). Nótese el uso paralelo de los términos "extranjero / malvado" en Ez 7,21. La forma femenina de este sustantivo es *zara*/זרה.

"No comeréis ninguna bestia muerta. Se la darás al forastero (גר) que vive en tus ciudades para que él la coma, o bien véndesela a un *extranjero* (נכרי)" Deut 14,21.

El término *nokri*/נכרי designa a una persona no israelita, un extranjero de paso a quien se veía con cierta reserva. Diversos textos lo describen como viniendo de un país lejano: Deut 29,21; 1 Re 8,41. Sus actividades en Israel son fundamentalmente de tipo económico. Es un comerciante e intermediario de productos entre Palestina y los países vecinos (algo similar al caso descrito en Gén 37,25-28). No se trata entonces del pobre indefenso en busca de ayuda, sino más bien de alguien capaz de emprender actividades económicas, por ello al hermano israelita se le perdonan las deudas en el año sabático, al extranjero/נכרי no; al hermano se le presta sin interés, al extranjero/נכרי sólo con interés, cf. Deut 14,21; 15,3. En la oración puesta en labios de Salomón que encontramos en 1 Re 8, 41-43, el rey pide como deseo que Yahvé escuche también la oración del extranjero "que no es de tu pueblo Israel".

"Amaréis al forastero (גר), porque forasteros
fuisteis vosotros en el país de Egipto" Deut 10,19.

El término *ger/*גר (inmigrante, forastero, extranjero)
designa el status legal concedido a aquellas personas
foráneas que viviendo dentro de una comunidad
israelita, eran regidos por las reglas de dicha
comunidad.   El גר era entonces, el forastero
inmigrante o refugiado, fuera éste un Israelita de un
pueblo ajeno o un extranjero.   En beneficio de él, los
diferentes códigos legislativos de Israel habían
previsto:

(1) *leyes que lo protegían* de diversas formas de
abuso legal (Ex 22,20), o de explotación económica
de patrones inescrupulosos (Deut 24,14,17).

(2) *leyes que proveían* para ellos ayuda material, ya
fuera el dinero correspondiente de ciertos diezmos
(Deut 14,28-29), o bien ayuda en especie: las uvas,
los olivos y las espigas que quedaban en los árboles
y sobre el suelo después de la cosecha (Lev 19,10).

(3) *leyes que lo integraban* en la comunidad (Lev
19,33-34; Deut 10,19). El sustantivo גר es entonces
un término que designa el status de un varón
inmigrante. Es interesante notar que no existe
forma femenina de este término técnico del
derecho israelita como sí existe de los sustantivos
anteriores. Es decir: al hablar de normas que dan
estatus jurídico de igualdad y que giran sobre el
tema de la integración social, la mujer no es
tomada en cuenta. Ruth, por ejemplo, es designada
como 'extranjera' (נכריה) 2,10. El término técnico
inmigrante (גר), no aparece en el libro de Ruth.

Secciones
relacionadas:
3 y 16.

La progresiva teologización del término extranjero

En la antigüedad el extranjero era a menudo un forajido a quien se exterminaba o se neutralizaba con prácticas mágicas. En Israel, curiosamente, el extranjero no fue visto siempre con hostilidad. El inmigrante/גר, por ejemplo, no era considerado un enemigo sino que se instaba a amarlo (Deut 10,19). La razón de esta apertura se encuentra en su propia historia: antes del exilio babilónico existían en Israel textos a favor de las viudas y los huérfanos (Is 1,17.23; Sal 68,5-7), pero éstos no incluían al inmigrante. La mayor parte de las leyes que incluyen al inmigrante fueron escritas o editadas a partir del exilio en Babilonia, momento en que Israel tomó consciencia propia de lo que significaba vivir como inmigrante; el Sal 137 es un buen ejemplo de ello. La experiencia en Babilonia es vivida como una nueva versión de la esclavitud en Egipto: "No oprimáis al forastero, *sabéis lo que es ser forastero, porque forasteros fuisteis en la tierra de Egipto*" (Ex 23,9). Esta conciencia hizo posible una nueva sensibilidad hacia 'el otro', hacia el inmigrante que vivía en medio de ellos. Esto explica por qué las leyes en favor de los inmigrantes se fundamentan en la historia misma de Israel. Ya no se trata solamente de 'el extranjero en Israel' sino de 'Israel mismo como extranjero'.

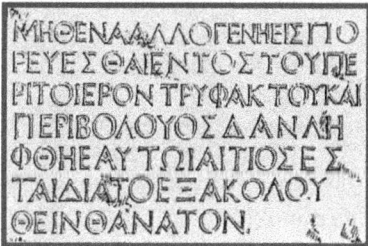

Inscripción del templo de Herodes, siglo I a.C.

"Ningún extranjero penetre en el interior de las columnas ni del recinto que rodean el santuario. El que sea sorprendido, a nadie deberá acusar más que a sí mismo de la muerte que será su castigo".

Se va produciendo así una *progresiva teologización* del término:

> • inicialmente es empleado con un sentido sociológico *para referirse a otras personas* como los inmigrantes que vivían en medio de ellos.

> • posteriormente es empleado *para referirse a sí mismos*: Israel como extranjero en medio de las naciones.

> • se utiliza luego en fórmulas litúrgicas en las que el orante se confiesa *extranjero frente a Yahvé*: "Porque forasteros y huéspedes somos *delante de ti* (לְפָנֶיךָ), como todos nuestros padres" 1 Cron 29,15.

> • aparece también en lamentos individuales: "Escucha mi súplica, Yahvé, presta atención a mis gritos, no te hagas sordo a mi llanto. Pues soy un forastero *junto a ti* (עִמָּךְ), un huésped como todos mis padres" Sal 39,13.

> • finalmente el término adquiere en los Salmos un nuevo significado: *el creyente como peregrino en el mundo*: 'Soy un forastero *en la tierra* (בָאָרֶץ), no me ocultes tus mandamientos' Sal 119,19; cf. v 54.

Se pasa así de un sentido sociológico del término (el extranjero en la sociedad israelita), a un sentido teológico del mismo (Israel en el mundo). La vida misma es entendida entonces como un peregrinaje. En 78 ocasiones la Septuaginta traduce el término hebreo גֵּר por medio del sustantivo προσήλυτος (*prosélito*), que fue el sentido que el término adquirió en tiempos del NT.

12. Composición de un texto bíblico

"Cuando un forastero resida entre vosotros, en vuestra tierra, no lo oprimáis. Al forastero que reside entre vosotros, lo miraréis como a uno de vuestro pueblo y lo amarás como a ti mismo; pues también vosotros fuisteis forasteros en la tierra de Egipto. Yo, Yahvé, vuestro Dios."

Lev 19,33-34.

Lev 19 es un capítulo central en el AT. La tradición rabínica lo ha considerado un resumen de toda la Torah. En el *Midrash de Levítico (XXIV.5), Rabbi Hiyya afirma: "Esta sección fue pronunciada en presencia de toda la Asamblea porque ella contiene la mayoría de todos los preceptos esenciales de la Torah". A continuación, Rabbi Levi muestra como los diez mandamientos, por ejemplo, están presentes en esta sección de la Torah (llamada en hebreo *Kedoshim* y que incluye Lev 19-20):

(1) Yo, Yahvé, vuestro Dios = v 3.

(2) No os volváis hacia los ídolos = v 4.

(3) No profanarías el nombre de tu Dios = v 12.

(4) Guardad mis sábados = v 3.

(5) Respete cada uno a su madre y a su padre = v 3.

(6) No demandes contra la vida de tu prójimo = v 16.

(7) cf. Lev 20,10.

(8) No hurtaréis = v 11.

(9) No andes difamando entre los tuyos = v 16.

(10) Amarás a tu prójimo como a ti mismo = v 18.
  (Israelstam, *Midrash* 307s).

En esta sección pondremos en relación Lev 19,33-34 con otros dos textos legislativos de la Torah: Ex 22,20 y Deut 10,19. Analizaremos así, ejemplos de los principales códigos legislativos del AT. (a) Ex 22,20 pertenece al *código de la alianza; (b) Deut 10,19 proviene de la tradición deuteronómica y (c) Lev 19,33-34 pertenece al *código de Santidad. Es necesario decir que la historia de la composición de estos textos sigue, cronológicamente, este mismo orden: Ex 22,20 → Deut 10,19 → Lev 19,33.

Los versos 33-34 son un apéndice añadido tardíamente a Lev 19 y tienen la finalidad de ampliar el mandato de amor al prójimo ("Amarás a tu prójimo como a ti mismo" v 18, en donde se asume que el prójimo/רע no es más que otro compatriota judío *igual que él*), para incluir al inmigrante viviendo en su medio.

Aunque algunos autores/as modernos tienden a ver *estructuras concéntricas en muchos textos, éstas son más bien algo ocasional. Lev 19,33-34 es un ejemplo *real* de ellas:

A - Cuando un extranjero resida junto a ti en la tierra,

    B - no lo molestéis

        C - el será para vosotros como uno mas de vuestro pueblo

    B' - lo amarás como a ti mismo,

A' - pues extranjeros fuisteis vosotros en la tierra de Egipto.

Analizando este texto podemos ver que:

- La frase A, al inicio del versículo, nos habla de *un extranjero en Israel*, tal como lo encontramos en Deut 24, 19-22, una ley anterior a ésta de Lev 19.

- La frase A', al final del versículo, nos habla de *Israel como extranjero*. Aquí la situación se ha invertido totalmente. Israel no aparece ya como el hospedador (es decir 'quien acoge' a un extranjero), sino como 'quien es acogido'. Ahora es Israel *como nación,* quien se ha convertido en extranjero en medio de otros pueblos. Esta es la situación que encontramos en un texto como el Salmo 137.

- Note como las frases A y A' se corresponden mutuamente:

  A: "cuando un extranjero viva junto a ti en la tierra ..."

  A': "cuando vosotros vivisteis como extranjeros en tierra de otros ...".

- La frase B nos remonta a otra ley anterior dada con el fin de *proteger* a los extranjeros. No se trata de un mandato sino de una prohibición: "no explotarás ni maltratarás al extranjero" (Ex 22,20).

- La frase B' nos remite a una ley distinta a la anterior, aún cuando ambas tienen que ver con extranjeros. La ley dada aquí no es una prohibición (es decir, una orden negativa "no harás .."), sino un mandato ("harás .."), con el fin de *integrar* a los extranjeros: "Amad al extranjero" Deut 10,19.

- Resumiendo: las afirmaciones B y B' incluyen leyes que ya existían en Israel en favor de los extranjeros. Entre estas dos leyes se nota una interesante *progresión*: la primera ley es, simplemente, una prohibición ("no explotarás ni maltratarás al extranjero"). Lo que pretende es evitar un abuso. La segunda ley hace avanzar los derechos del extranjero un paso más y plantea un mandato positivo: "amarlo", es decir, integrarlo. La estructura de v 33-34 muestra un *desarrollo histórico* de las leyes en favor del extranjero. La ley más reciente, la más avanzada desde el punto de vista social, será la que ocupa la parte central, es decir, el punto C.

• La frase C es la afirmación central de esta ley, a saber: dar un trato *igualitario* para el extranjero. Esta ley representa el punto culminante de la ética del AT respecto al extranjero: se lo debe tratar *como si no fuese extranjero*. Se lo debe ver como alguien del mismo pueblo. Aquí se diluye la categoría de extranjero.

• Lev 19,33-34 combina legislación anterior (Ex 22,20 y Deut 10,19), y le añade un elemento *nuevo*. Con el fin de destacar esta novedad, su autor la coloca en el centro de la estructura: "él será para vosotros como uno más de vuestro pueblo". Esta posición destaca también su importancia. La frase constituye el elemento novedoso y central: *ver al extranjero como a un semejante, con los mismos ojos que esperaríamos que nos vieran a nosotros si estuviéramos en esa situación* (Ramírez, *Extranjero* 44-52).

Secciones relacionadas: # 5 y 28.

La alusión literaria en el AT

La alusión es una semejanza entre dos textos en donde uno de ellos evoca conscientemente su modelo, por medio de la similitud más o menos explícita en el vocabulario, las frases o las imágenes empleadas. Un ejemplo de ello lo tenemos en Jos 2. Cuando los israelitas llegan a Jericó, Rahab los deja entrar a su casa y explica la razón de su acción:

"Rahab les dijo: «Ya sé que Yahvé os ha dado esta tierra, que *nos habéis aterrorizado* y que **todos los habitantes de esta región** han temblado ante vosotros ..*" Jos 2,9.

Estos mismos elementos (1) *terror* infundido a (2) las *gentes* (3) que *temblaron* frente a ellos, los encontramos presentes en una frase del cántico de victoria de Ex 15, que celebra el cruce del mar Rojo en su huída de Egipto:

"Los príncipes de Edom se estremecieron, se angustiaron los jefes de Moab y **todas las gentes de Canaán** temblaron. *Pavor y espanto cayeron sobre ellos ..*" Ex 15,15s.

El texto de Josué fue redactado después del texto de Éxodo y funciona a varios niveles:

(1) establece una conexión entre los primeros capítulos de Josué y la experiencia del éxodo de Egipto; vínculo fortalecido por otras similitudes como el paso del río Jordán con Josué (Jos 3-4) y el paso del mar Rojo con Moisés (Ex 14-15).

(2) Esta alusión le permite al autor destacar un punto central: el acto de salvación que Dios realizó para los esclavos israelitas en el pasado no fue el último. En cada generación los israelitas deben verse a sí mismos como participando del mismo milagro.

(3) Al repetir el vocabulario de Ex 15, el autor de Josué establece un paralelo entre dos momentos en el tiempo: la historia se repite. *Las experiencias de generaciones anteriores son un signo de lo que sucederá con sus descendientes.* (Sommer, *Interpretation* 1834). Cf. pág. 67.

Biblia de Oriente 3

Cilindro de Ciro

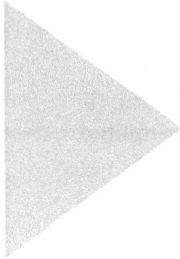

*Documento persa
mediados del siglo VI a.C.*

1. "[...] Nabonido pronunció a diario (oraciones inapropiadas), interrumpió de modo perverso las ofrendas regulares y cambió en abominación el culto a Marduk, soberano de la asamblea divina en Babilonia [...]; cotidianamente hacía el mal contra su ciudad (la de Marduk).

2. También esclavizó a los habitantes de Babilonia y les hizo trabajar para el estado durante todo el año [...]

3. Marduk, el soberano de la asamblea divina, escuchó los gritos de los habitantes de Babilonia y se enfureció.

4. Por ello él y los otros miembros de la asamblea divina abandonaron los santuarios que habían sido construidos para ellos en Babilonia.

5. Marduk [...] buscó por todos los países un rey justo que presidiera la procesión de año nuevo.

6. Escogió a Ciro, el rey de Anshan, y lo ungió como soberano de toda la tierra. [...]

7. Marduk, el gran señor, el que cuida de sus gentes, vio con alegría sus buenas acciones y su recto corazón. Le ordenó ir a Babilonia, le hizo tomar el camino de Babilonia.

8. Caminó a su lado como un amigo y compañero. Sus tropas numerosas, incontables como (las gotas de) agua de un río, avanzaban a su lado ceñidas con sus armas.

9. Marduk permitió a Ciro entrar en Babilonia sin una sola batalla [...]

10. y puso a Nabonido, el rey que no iba a presidir la procesión de año nuevo en honor de Marduk, en manos de Ciro.

11. "Cuando entré en Babilonia como amigo [...] en medio de júbilo y regocijo, Marduk, el gran señor, [indujo] a los magnánimos habitantes de Babilonia [a amarme], y procuré a diario reverenciarle.

12. Mis numerosas tropas anduvieron por Babilonia en paz. No permití que nadie aterrorizara (lugar alguno) del [país de Sumer] y Akkad. Me esforcé por lograr la paz en Babilonia y en todas sus ciudades sagradas.

13. A los habitantes de Babilonia [...] que contra la voluntad de los dioses habían arrastrado una cuerda que no les correspondía, (les) procuré alivio a su cansancio, aflojé sus ataduras y les ayudé a reconstruir sus casas que estaban arruinadas.

14. Marduk, el gran señor, se alegró por mis [buenas] acciones y a mí, Ciro, rey que le venera y a Cambises, mi propio hijo, y al conjunto de mis tropas bendijo con benevolencia, y caminamos venturosamente ante él en bienestar.

15. Todos los reyes desde el mar superior hasta el inferior, los reyes que habitan en palacios a oriente y los reyes que viven en tiendas a occidente, acudieron a Babilonia para entregarme el tributo y besar mis pies.

16. Devolví las estatuas de los dioses de todos los países [...] a sus santuarios. Cuando encontraba sus santuarios en ruinas, los reconstruía. También repatrié a los habitantes de esos países y reconstruí sus casas.

17. Por último, con el permiso de Marduk, permití que las estatuas de los dioses de Sumer y Acad, que Nabonido había trasladado a Babilonia, fueran devueltas a sus santuarios [...] que yo reconstruí.

(Pritchard, *Sabiduría* 243ss).

Las semejanzas entre el dios nacional Marduk y su rey escogido, y el dios nacional Yahvé y su rey escogido son varias:

• oye los lamentos de su pueblo.

• su enojo inicial se convierte en misericordia al ver los sufrimientos de los suyos.

• busca entre todos los pueblos un rey justo.

• cuando lo ha encontrado, lo llama, lo comisiona, lo envía.

• marcha lado a lado junto al rey escogido en el campo de batalla, dándole la victoria.

• le permite vencer a sus enemigos, que son los enemigos de Marduk y del rey al mismo tiempo, cf. Ex 23,22b: *"tus* enemigos serán *mis* enemigos, *tus* adversarios *mis* adversarios".

• se complace en las obras de justicia del rey y en su fidelidad y devoción.

• su ungido trae la paz y el bienestar a los pueblos y libera a los cautivos.

• hace que las naciones y los reyes le respeten y le traigan tributos desde lejos.

Comentario

Castigo divino a un mal rey.

1-2: El dios nacional Marduk toma medidas contra la figura responsable del rey Nabonido, que es su representante. Los cargos son de tipo religioso, específicamente haber introducido cambios en el culto. Esta idea corresponde a la *fórmula empleada por la literatura deuteronomista del AT para censurar a los reyes de Israel: "Hizo lo malo a los ojos de Yahvé";

1 Re 16,26, "no hizo lo que agradaba a Yahvé" 2 Re 16,2. Ésta es igualmente la crítica hecha a Salomón: "Yahvé se enojó contra Salomón por haber desviado su corazón de Yahvé, Dios de Israel y le había dado instrucciones sobre esta cuestión: que no marchara en pos de otros dioses" 1 Re 11,9s.

La crítica al rey por razones sociales es común en el AT: 1 Sam 8 es un buen ejemplo de ello. 1 Re 12,4 recuerda incluso el lenguaje del cilindro de Ciro "Tu padre hizo pesado nuestro yugo; aligera tú ahora la dura servidumbre de tu padre y el pesado yugo que cargó sobre nosotros, y te serviremos".

La asamblea divina.

3: La idea de que el dios nacional preside una asamblea de dioses está presente en el libro de Salmos: "Dios se alza en la asamblea divina, para juzgar en medio de los dioses (..)" Sal 82,1. (1) Ex 3,7 dice: "Yahvé le dijo (a Moisés): «He visto la aflicción de mi pueblo en Egipto, he escuchado el clamor ante sus opresores y conozco sus sufrimientos". (2) Marduk, al igual que Yahvé, escucha el clamor de su pueblo oprimido. (3) El cilindro afirma que Marduk: "escuchó los gritos de los habitantes de Babilonia y se enfureció".

Marduk: un dios misericordioso.

Una antigua oración babilonia al dios Marduk emplea expresiones similares a las que utiliza el AT para hablar de Yahvé: "Marduk, el gran Señor, dios misericordioso, que tomas de la mano al caído, que desatas al que está atado, que haces revivir al muerto (..) que tu atención afectuosa, tu gran perdón, tu indulgencia ponderada sean posesión mía (..)" (Cahiers, *Oraciones* 27. 22).

4: La idea de que el dios nacional abandona su santuario también está presente en el AT. Es conocida la descripción que hace Ezequiel del momento en el que la gloria de Yahvé abandona el Templo de Jerusalén: "La gloria del Señor salió levantándose del umbral del templo (..) los querubines levantaron sus alas y las ruedas se pusieron en movimiento con ellos (..) La gloria del Señor se elevó en medio de la ciudad (..)" cf. Ez 10,18-22; 11,22-25. Al igual que en el caso de Marduk, son las faltas cometidas contra la gloria del dios nacional lo que lo obligan a dejar su santuario. En Ez 8 se describen en detalle estas faltas. Yahvé dice al profeta: "Me dijo: «Hijo de hombre, ¿ves lo que hacen éstos? La casa de Israel comete aquí grandes abominaciones para alejarme de mi santuario" 8,6.

Cuando dios abandona su santuario.

5: La búsqueda de un rey justo, conforme al corazón del dios es un tema conocido en el AT: es por ejemplo el caso de Saúl (1 Sam 9,14-26a) y de David (1 Sam 16,1-13). Marduk, el dios nacional de Babilonia, unge a un monarca extranjero (Ciro de Persia), como 'soberano de toda la tierra'. Este hecho, que desde el punto de vista religioso es una paradoja, lo encontramos igualmente en Israel. Yahvé, dios de Israel, elige a Nabucodonosor rey de Babilonia: "Así dice Yahvé Sebaot, el Dios de Israel: Yo he puesto todos estos países en manos de mi siervo Nabucodonosor, rey de Babilonia, y también los animales del campo le he dado para servirle (..) Así que las naciones y reinos que no sirvan a Nabucodonosor, rey de Babilonia los visitaré hasta acabar con ellos por medio de él" Jer 25,4-8.

El ideal de un rey justo.

La procesión de la que habla la línea 5 recuerda la liturgia de entrada al templo que encontramos en algunos salmos reales, donde se presenta el regreso de Yahvé como rey victorioso a su morada: "¡Puertas, alzad los dinteles, levantaos, antiguos portones, y que entre el rey de la gloria! ¿Quién es el rey de la gloria? Yahvé, el fuerte, el valiente, Yahvé, valiente en la lucha. ¡El es el rey de la gloria!" Sal 24,7-8.

6: Marduk escoge al rey Ciro de Persia para llevar adelante sus propósitos, exactamente lo que encontramos en el AT: "Así dice Yahvé a su Ungido Ciro, a quien he tomado de la diestra para someter ante él a las naciones (..) Escúchame, Jacob, Israel, a quien llamé (..) Mi amigo (Ciro) cumplirá mi deseo contra Babilonia (..) Yo mismo le he hablado, le he llamado, le he hecho que venga y triunfe en sus empresa" Is 45,1; 48,12-15.

Ciro, escogido de los dioses.

7-9: La relación del dios Marduk con el rey Ciro es muy similar a la de Yahvé con el rey David: Dios lo elige, es un hombre de recto corazón, lo guía en sus campañas, le da la victoria, camina junto a él: "Yahvé te ha dicho: Tú apacentarás a mi pueblo Israel, tú serás el caudillo de Israel" (2 Sam 5,2), "Yahvé hizo triunfar a David dondequiera que iba" (2 Sam 8,14), "Tomó la palabra uno de los servidores (de Saúl) y dijo: «He visto a un hijo de Jesé el belenita que sabe tocar; es valeroso, buen guerrero, de palabra amena, de agradable presencia y Yahvé está con él" 1 Sam 16,18.

10: La desaprobación del dios Marduk pone fin al reinado del rey Nabonido a quien Marduk 'pone en manos' de Ciro. Es la misma medida tomada por Yahvé respecto a Salomón "Yahvé dijo a Salomón:

"Por haber actuado así y no haber guardado mi alianza y las leyes que te ordené, voy a arrancar el reino de tus manos y lo daré a un siervo tuyo. Pero no lo haré en vida tuya, en atención a David tu padre. Lo arrancaré de mano de tu hijo" 2 Re 11,11s, cf. 2 Re 13,3.

11-14: El rey Ciro se esfuerza por lograr la paz y librar a sus súbditos de la esclavitud, acciones que son bien vistas por el dios Marduk. Estas palabras recuerdan las medidas benefactoras tomadas por Ciro a favor de los judíos (reconstrucción del templo, repatriación de los cautivos, retorno de propiedades, Esd 1). Recuerdan también el entusiasmo con el que el *segundo Isaías hablaba también de Ciro: "Así dice Yahvé a su Ungido Ciro, a quien he tomado de la diestra para someter ante él a las naciones y desceñir las cinturas de los reyes, para abrir ante él los batientes de modo que no queden cerradas las puertas. Yo marcharé delante de ti y allanaré las pendientes. Quebraré los batientes de bronce y romperé los cerrojos de hierro. Te daré los tesoros ocultos y las riquezas escondidas, para que sepas que yo soy Yahvé, el Dios de Israel, que te llamo por tu nombre." Is 45,1-3.

El tributo de las naciones al pueblo escogido.

15: La imagen de reyes lejanos que vienen a pagar tributo al rey escogido del dios nacional es un motivo común en todo el antiguo Oriente: "Abiertas estarán tus puertas de continuo; ni de día ni de noche se cerrarán, para dejar entrar a ti las riquezas de las naciones, traídas por sus reyes .. Acudirán a ti encorvados los hijos de los que te humillaban .. Te nutrirás con la leche de las naciones, con las riquezas de los reyes serás amamantada, y sabrás que yo soy Yahvé tu Salvador, y el que rescata, el Fuerte de Jacob" Is 60,11. 16.

16-18: Estas acciones de Ciro (repatriación de los exilados, retorno de los objetos religiosos y reconstrucción de los templos), están atestiguadas igualmente en el libro de Esdras: "Así habla Ciro, rey de Persia: Yahvé, el Dios de los cielos, me ha dado todos los reinos de la tierra. Él me ha encargado que le edifique un templo en Jerusalén, en Judá. Quien de entre vosotros pertenezca a su pueblo, sea su Dios con él. Suba a Jerusalén, en Judá, a edificar el templo de Yahvé, Dios de Israel, el Dios que está en Jerusalén. El rey Ciro mandó sacar los utensilios del templo de Yahvé, que Nabucodonosor se había llevado de Jerusalén y había depositado en el templo de su dios. Todo esto se lo llevó Sesbasar, cuando los deportados subieron con él, de Babilonia a Jerusalén" Esd 1,2-3.7.11b.

Repatriación y reconstrucción.

Marduk, el dios nacional, era el mayor de los dioses pero no el único, algo similar a la concepción que prevaleció en la mayor parte del AT en relación con Yahvé, quien es el más grande de los dioses pero no el único: "Porque Yahvé es un Dios grande, rey poderoso más que los otros dioses" Sal 95,3; "más temible que todos los dioses" Sal 96,4); "¿Qué dios hay tan grande como nuestro Dios" Sal 77,13. La imagen que se desprende del cilindro de Ciro, así como de las oraciones babilonias a Marduk, muestran a un dios que, como Yahvé, se relaciona con nociones abstractas como la de soberanía, omnipotencia, realeza, compasión, justicia y atención cuidadosa (Cf. Cahiers, *Oraciones* 16).

El dios nacional ¿el único o el mayor?

En resumen: al igual que Yahvé, Marduk cuida de los suyos, libera los oprimidos, elige a un rey justo, lo unge, le da la victoria y lo hace instrumento de paz.

Política y religión

No debemos olvidar sin embargo, que el Cilindro de Ciro es una inscripción real y por lo tanto, un documento de propaganda oficial con una clara finalidad política: legitimar a un rey persa como monarca de Babilonia.

El rey extranjero es saludado, en un documento ordenado por él mismo, como liberador y benefactor. Se busca "suavizar" la imagen negativa de esta empresa de conquista política y militar, indicando que la iniciativa de la misma no proviene del rey Ciro, sino que éste ha actuado en obediencia a una palabra dada a él por el mismo dios babilonio. Es Marduk quien lo llama y le asigna esta tarea. La religión cumple aquí una función legitimadora de una empresa política.

Algo semejante encontramos en el AT en relación con la conquista de Canaán: Yahvé llama a Josué, le asigna la tarea de la conquista, que se justifica dada la maldad de los habitantes originales, cuyo pecado ha provocado su expulsión, cf. Lev 18,26-30. La frase de Yahvé a Josué "Les doy todos los lugares que pisen sus pies" (Jos 1,3), recuerda la frase dicha por el dios moabita Kemosh al rey Mesha: "Vé y toma Nebo (de las manos) de Israel .. Baja y combate contra Hawronen" (Estela de Mesha línea 14 y 32; cf. p. 148ss.). Estas ideas forman parte de la ideología de guerra santa, común en todo el antiguo Oriente. Una ideología que forma parte vital de toda empresa de conquista y colonización, en el pasado y en el presente, y que asigna a Dios la responsabilidad e iniciativa del dominio político sobre otros. El estereotipo de la maldad de los pueblos vecinos, funciona como una armadura que aísla de un entorno percibido como amenazante y peligroso. Es la separación simbólica entre lo propio y lo ajeno. Un texto sapiencial egipcio dice de los beduinos que llegan a sus fronteras: "No viven en un lugar fijo sino que sus piernas están hechas para deambular. Son gentes que han estado peleando desde los tiempos de Horus. No conquistan pero tampoco pueden ser conquistados. No anuncian el día de la batalla sino que son como ladrones. Pueden despojar a una persona aislada, pero no atacan a una ciudad bien poblada" Instrucción de Merikare 93-98 (Pritchard, *ANET* 416).

El beduino es pues, esa figura indescifrable que simboliza lo ajeno, lo hostil. Es "el otro" en quien se encarna todo aquello que es contrario a lo propio, a lo seguro, a lo familiar.

Cilindro de Ciro

Dossier 2: David, el póster y la historia

Un comentario reciente a 1-2 Samuel incluye un recuadro titulado "David: historia personal", en el que se lo presenta en los siguientes términos:

"David no sólo era inteligente y hábil sino también bello, sano y descrito como una persona 'de buena presencia'. La palabra 'presencia' significa literalmente 'forma' o 'contorno'. David era físicamente capaz y atractivo. El atributo final de David, era el mejor: 'Yahvé estaba con él'. Lo que Saúl no logró comprender es que era el espíritu de Yahvé que estaba en David era lo que lo confortaba, y no simplemente la música" (Cartledge, *Samuel*: 270). Esta valoración de David, en una prestigiosa obra académica publicada en 2001, muestra hasta qué punto la idealización de este personaje ha calado, tanto en la cultura popular, como incluso en los círculos académicos.

Con un acercamiento distinto, encontramos en la *Biblia Latinoamericana* una nota a 1 Samuel 29 titulada "David, el póster y la historia", en la que se incluye lo siguiente:

"... las páginas que se acaban de leer ¿son objetivas cuando lo presentan como la esperanza de los israelitas y como la noble víctima de un Saúl envidioso y maníaco?

Se podría dar a toda esa historia una interpretación muy diferente: frente a Saúl que, torpemente tal vez, trata de realizar la unidad de las tribus, David juega su propia carta como campeón de la gente del Sur. Con sus guerrillas realiza la unidad de la tribu de Judá, al mismo tiempo que paraliza los esfuerzos de Saúl para unificar a Israel. Quien tendrá éxito en la tarea será David, y Judá, el nuevo advenedizo, desplazará a los que hasta entonces preservaban el ideal de Israel en gestación. David recibirá para su dinastía las promesas de Dios, pero habrá contribuido a arraigar fuertemente los rencores mutuos del norte y del sur, preparando así el cisma, sesenta años después.

Esto nos invita a reflexionar sobre la acción de Dios y la de los hombres en la historia del pueblo de Dios, y sobre la parte también que les toca a los escritores inspirados en la fabricación de la historia santa" (Hurault, *Biblia* 494).

Ciertas obras recientes sobre David, han llamado la atención sobre un hecho pasado por alto hasta ahora: el trillo de

La calma que precede la tormenta
en las luchas por el poder
(Brueggemann, *1 & 2 Kings* 227).

muerte que conduce al joven pastor desde sus inicios hasta su coronación como rey de Israel. El estudio de esta dimensión de la carrera de David habría sido imposible en el pasado, aún cuando los textos bíblicos que daban testimonio de ello, estuvieron siempre allí. El aura idílica que rodeaba su figura, impedía la distancia psicológica necesaria para una empresa de este tipo. Esto ilustra hasta qué punto los estudios bíblicos son hijos de su tiempo, y en que medida reflejan los valores propios de cada época.

En la actualidad, no se ve inapropiado mirar la trayectoria de David desde una perspectiva política; por el contrario, se considera algo necesario e imperativo. Pero al ver las cosas desde este punto de vista, emergen detalles sorprendentes que aunque siempre estuvieron allí, el pudor había impedido ver. Un libro que ilustra bien este "nuevo espíritu" que impera en la investigación bíblica, es la obra de Baruch Halpern, del Departamento de Estudios Judaicos de la Universidad de Pennsilvania. La obra se publica en 2001 con el título de "Los demonios secretos de David" y en su capítulo 4, el libro "penetra el velo textual" de 2 Samuel, reconstruyendo algunos aspectos poco conocidos de la carrera del rey-salmista:

David, que había entrado a la corte de Saúl como músico, aparece luego como escudero, y termina acaparando las simpatías del pueblo, que decía: "Saúl mató a mil, David mató a diez mil" 1 Sam 29,5. Este incidente produjo una ruptura entre ambos. En 1 Sam 24,7 David, teniendo la oportunidad de matar a Saúl quien lo persigue, dice a su acompañante: "Yahvé me libre de hacer tal cosa a mi señor, al ungido de Yahvé, y de alzar mi mano contra él, porque es el ungido de Yahvé". Un poco más adelante, David dice al mismo Saúl: "Acabas de ver que Yahvé te ha puesto en mis manos en la cueva, y han hablado de matarte, pero te he perdonado, pues me he dicho: No alzaré mi mano contra mi señor, porque es el ungido de Yahvé" 24,11. Estas dos afirmaciones a favor de la inocencia de David, se vuelven a repetir en 26,9-11 y 26,22-2. Esta insistencia del narrador en mostrar la inocencia de David, levanta sospechas.

Poco después, Saúl muere a manos de los filisteos, *aliados de David* (1 Sam 31). De nuevo, se nos provee una información conveniente: el narrador deja en claro en el capítulo anterior (1 Sam 30), que al momento de este hecho, David se encontraba librando una campaña contra los amalecitas, lejos de donde se produjo esta muerte. Más aún, al saber que estaba con vida el único hombre que sabía lo que realmente había sucedido, David, aparentemente indignado por el hecho, lo manda a matar, 2 Sam 1,13-16. Con esta persona moría también la posibilidad de cualquier incriminación de David en dicha muerte. Había muerto Saúl, y también la única persona capaz de levantar sospechas sobre la inocencia de David en este hecho. Con esto quedaba libre el camino para que David se convirtiera, finalmente, en rey de Judá.

El camino estaba libre, o para decirlo más correctamente, *casi libre*, ya que Saúl había dejado un heredero: Ishbaal. Pronto correría, él también, la suerte de su padre. Una noche, dos hombres entran a su habitación, lo sorprenden dormido y le cortan la cabeza. "Llevaron la cabeza de Ishbaal a David, en Hebrón, y dijeron al rey: «Aquí tienes la cabeza de Ishbaal, hijo de Saúl, tu enemigo, el que buscó tu muerte. Hoy ha concedido Yahvé a mi señor el rey venganza sobre Saúl y sobre su descendencia»" 2 Sam 4,8. David, actuando de igual modo que lo había hecho antes al enterarse de la muerte de Saúl, responde –aparentemente– indignado: "Al que me anunció que Saúl había muerto, creyendo que me daba buena noticia, lo agarré y ordené matarlo en Sicelag, dándole este pago por su buena noticia, ¿cuánto más ahora que hombres malvados han dado muerte a un hombre justo en su casa y en su lecho, no os voy a pedir cuenta de su sangre, exterminándoos de la tierra? Y David dio una orden a sus muchachos y los mataron" 2 Sam 4,10-12.

◆ En el camino de David hacia el trono quedaba aún alguien más, Abner. La historia de este militar encargado del ejército de Saúl, y figura de poder detrás del trono durante el corto reinado de Ishbaal, termina como las anteriores: con un asesinato y con noticias que –con un estilo sobrecargado, se esfuerzan por demostrar *nuevamente* la inocencia de David en el hecho. Tras una ruptura con Ishbaal, Abner hace un pacto con David prometiéndole el apoyo de las tribus de Israel. El relato termina con la frase: "Despidió David a Abner que se fue en paz" 2 Sam 3,21b. Al enterarse de esto Joab, jefe militar de David: "lo tomó aparte en la misma puerta, como para hablarle en

secreto; y le hirió en el vientre allí mismo y lo mató .. Lo supo David inmediatamente y dijo: "Limpio estoy yo, y mi reino, ante Yahvé para siempre de la sangre de Abner .. El rey alzó su voz y lloró junto al sepulcro de Abner" 2 Sam 3,27-28.32.

◆ El asesinato de Urías no fue diferente. Un militar de elite, miembro del selecto grupo de "los treinta héroes de David". Su nombre cierra, precisamente, esta lista de hombres leales a David a costa de todo, 2 Sam 23,39. Es a él, a quien manda a matar David para encubrir la violación de su esposa, que sucede cuando Urías andaba en una misión ordenada por el rey. Después de una estratagema fallida en la que David lo hace venir a Jerusalén, lo envía de regreso al campo de batalla, haciéndole llevar en su mano (¡sin que Urías mismo lo supiera!), la orden secreta que ordenaba su ejecución: "En la carta –David- había escrito: «Poned a Urías en primera línea, donde la lucha sea más reñida, y retiraos de detrás de él para que sea herido y muera»" 2 Sam 11,15. Al anunciarle Joab a David que Urías había muerto, el rey responde a su general: "No te inquietes por este asunto, porque la espada devora unas veces a unos y otras veces a otros" 2 Sam 11,25.

ھ

*"La espada había
dado en Urías.
Había sido
una espada amonita,
guiada por la estrategia de David,
pero empuñada por nadie,
al fin y al cabo.
Fue una espada
que actuó
remotamente,
pasivamente,
sin ningún agente
detrás de ella".*
*(Brueggemann,
Abuse p. 22).*

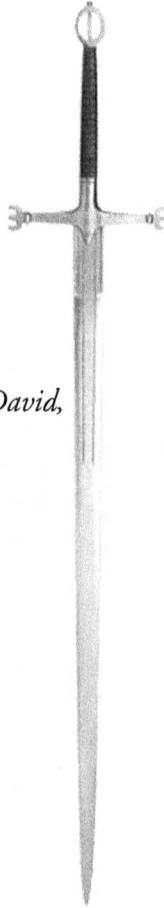

"La espada había dado en Urías. Había sido una espada amonita, guiada por la estrategia de David, pero empuñada por nadie, al fin y al cabo. Fue una espada que actuó remotamente, pasivamente, sin ningún agente directo detrás de ella. No hubo en realidad actores reales, solamente Amonitas, a quienes difícilmente se podía culpar de este hecho" (Brueggemann, *Abuse* 22).

Las muertes, sin embargo, no terminan allí sino que continúan. Seguirían luego los descendientes de Saúl (2 Sam 21), Amasa (2 Sam 20,4-13), e incluso el mismo Absalom, hijo de David, quien muere a raíz de una revuelta (2 Sam 15 y 18).

Los inicios de esta historia de muertes se hundían en el pasado. En 1 Sam 25 tenemos el caso de Nabal, quien se niega a pagar protección a los hombres de David. En respuesta ante tal negativa "David dijo a sus hombres: «Que cada uno ciña su espada.»" 25,13. Abigail, la mujer del hacendado, intenta impedir la masacre y encarnando un guión sapiencial ("la respuesta amable calma el enojo" Prov 15,1), ofrece a David lo pedido e impide la masacre.

Nuevamente se nota la insistencia del narrador en demostrar la inocencia de David. Ante la iniciativa de Abigail, David renuncia a tomar venganza de Nabal. El narrador coloca en labios de Abigail la siguiente frase: "Yahvé te ha impedido derramar sangre y tomarte la justicia por tu propia mano" 25,26. La frase se repite dos veces más en el mismo capítulo: v 31. 33. Lo cierto es que, misteriosamente: "al cabo de unos diez días *Yahvé* hirió a Nabal y murió" 25,38. Cuatro versos más adelante Abigail aparece convertida en mujer de David, quien gana con esta relación no sólo una posición estratégica para sus fines políticos en la región de Judá, sino una considerable fortuna personal. Quizás algo más que mera providencia.

Sería sin duda un error de juicio entender estos hechos citados en el marco de la *conducta individual*, como si se tratase solamente de la maldad personal de un individuo. "Lo que tenemos aquí no son sino casos particulares de una cultura militar, que no ve en estos hechos sino *acciones necesarias* y propias de un entorno de violencia, y de una lógica que legitima el poder. Lo que se desea señalar aquí es, precisamente, que es en este *entorno cultural* en el que se ubican muchos relatos de la Biblia. David vivía en una atmósfera de violencia legitimada y requerida. Esta atmósfera no restringe

el uso de la violencia al enemigo, sino que involucra a cualquiera que se atraviese en su camino (Brueggemann, *Abuse* 24).

Como indica W. Brueggemann: "El contexto inmediato de la cultura militar es sostenido por un entorno mayor de codicia y explotación, brutalidad y promiscuidad económica que no tiene límites. Una cultura a la que todos nos vemos, en mayor o menor grado, inducidos. David, Urías y Joab no eran actores en el vacío, sino participantes de una cultura militar a la que el narrador nos permite entrar y ver con su relato" (Brueggemann, *Abuse* 24).

La diferencia que encontramos entre el narrador de los libros de Samuel y un autor como B. Halpern, radica en que para el narrador bíblico Dios es, por decirlo así, la *causa primera* que lo explica todo. Lo que sucede, cómo sucede y cuándo sucede, es algo que Dios mismo determina –aparentemente- sin intervención de nada más. Esta forma de ver las cosas es típica de la visión antigua del mundo Un autor moderno como Halpern, considera que, independientemente de la intervención que Dios haya podido tener en el desarrollo de los acontecimientos (y sin negar esto), existen causas de tipo económico, psicológico y político (llamadas tradicionalmente *causas segundas*), que explican el desarrollo de los acontecimientos.

Los autores bíblicos saben de estos factores humanos, pero al narrar sus historias dejan estas causas de lado y hablan *como si* no hubiese habido otra causa más que Dios mismo. Así, los ancianos y el pueblo de Israel al verse derrotados por los filisteos dicen: "¿Por qué *nos ha derrotado hoy Yahvé* delante de los filisteos?" 1 Sam 4,3. En caso contrario, de victoria, la explicación era la misma. En su discurso de despedida al pueblo Josué le recuerda al pueblo que: "Uno solo de vosotros perseguía a mil, *porque Yahvé mismo, vuestro Dios, peleaba por vosotros*" 23,10.

Los pueblos del entorno de Israel compartían esta misma visión de mundo. En una inscripción cuneiforme que celebra una victoria militar, al rey vencedor no le interesa que sus enemigos hayan peleado con el sol de frente, a él solo le interesa afirmar: "el brillo del dios Assur, mi señor, los aterró". Es por ello que en el AT, incluso los enemigos de Israel eran capaces de ver en los problemas mecánicos de sus carros de batalla, la mano del dios israelita: "Yahvé .. sembró la confusión en el ejército egipcio. Enredó las ruedas de sus carros, que a duras penas podían avanzar. Entonces los egipcios dijeron: Huyamos ante Israel, porque Yahvé pelea por ellos contra Egipto" Ex 14,25s.

Pero no sólo fenómenos militares sino todo tipo de hechos eran explicados por la acción directa de Dios. El origen de las distintas lenguas se explica, según el libro de Génesis, porque Dios decidió confundir el lenguaje de los pueblos "de modo que no se entendieran entre sí" 11,7. Esto explica por qué los autores bíblicos son capaces de afirmar cosas que nos sería imposible afirmar hoy. Amós, por ejemplo, pregunta: "¿Sobreviene una desgracia a una ciudad sin que la haya provocado Yahvé?" 3,6. El profeta no ve problema alguno al afirmar esto, porque para él Dios es la causa directa de todo, incluso de lo malo. Isaías resume esto en términos categóricos: "Yo soy Yahvé, no hay ningún otro, yo modelo la luz y creo la tiniebla, yo hago la dicha y creo la desgracia, yo soy Yahvé, el que hago todo esto" Is 45,6-7. Para estos autores, para quienes no había aún economía, ni política, ni psicología en razón de su escaso desarrollo cultural, todo se explicaba recurriendo a Yahvé como causa primera.

La palabra inspirada: garante de legitimidad política

Tras leer el dossier anterior, resultan algo paradójicas las palabras colocadas en boca de David para Abigail: "Bendita tú que me has impedido derramar sangre y tomarme la justicia por mi mano" 1 Sam 25,33; cf. v 26 y 31. Esta afirmación busca, evidentemente, un efecto. Efecto que se hace explícito en unas palabras colocadas esta vez en labios de Abigail: "el Señor concederá ciertamente a mi señor una dinastía estable, porque mi señor combate las batallas del Señor y en toda tu vida no se encontrará en ti nada malo" 1 Sam 25,28. David mostraría durante su reinado que era capaz de conquistar a sus enemigos externos, de unificar el país internamente, de establecer importantes socios comerciales, de reformular la vida religiosa .. pero no bastaba *el éxito*; era necesaria *la legitimidad*.

"Defenderá a los humildes del pueblo, aplastará al opresor, florecerá la justicia, la tierra dará trigo abundante". Esta descripción del salmo 72 ilustra lo que la mayoría del pueblo creía acerca de la figura del rey: detrás de él estaba Dios mismo como Rey.

Si el rey no era legítimo, el pueblo no tendría asegurada la prosperidad, ni la justicia, ni la paz. No habría orden en el país, las lluvias no caerían a tiempo, serían pasto de sus enemigos. La legitimidad del rey era un asunto vital ya que sólo ésta garantizaba el vínculo Dios → rey → pueblo. Esto explica el interés del narrador en reafirmar la legitimidad de David, a pesar del recorrido de sangre que lo había llevado al trono: "A partir de aquel día el espíritu del Señor *se retiró de Saúl .. y entró en David* " (1 Sam 16,13s).

5. *Historia*

13. 2 Reyes 3

> *"Mientras el músico tañía, la mano de Yahvé vino sobre Eliseo que dijo: este torrente se llenará de agua y beberéis vosotros, vuestros ejércitos y vuestros ganados.' Y Yahvé no se contenta con esto, pues entregará también a Moab en vuestras manos .. Viendo que la batalla arreciaba en su contra, el rey de Moab tomó a su hijo primogénito y lo ofreció en holocausto sobre la muralla. Una cólera inmensa se desató entre los israelitas, que se retiraron apartándose de él y regresaron a su país"* 2 Re 3,15-18. 26-27.

Este texto corresponde al género de *relato profético de una batalla*, tipo de narración basada en un encuentro militar en donde un profeta asume un rol dramático importante. Las palabras puestas en boca del profeta, ofrecen al lector la interpretación y la perspectiva teológica buscada por el redactor final del relato, cf. 1 Re 20,1-34; 2 Re 19,1-37. Esto último distingue a este género del *reporte de batalla* (organizado a partir de la tríada: confrontación de fuerzas, batalla y resultados, Num 21,21-24; Jue 3,26-30), o del *relato de batalla*, más elaborado literariamente que el *reporte*, y en el que encontramos: desarrollo narrativo, caracterización de personajes y argumentación, cf. Jos 8,1-29; Jue 9,34-41.

En 2 Re 3 Israel enfrenta dos amenazas: la sequía y un inminente encuentro militar con su vecino Moab. La forma de enfrentar estos asuntos vitales es, desde el punto de vista religioso, similar en ambos pueblos: recurso al profeta, oráculos, ofrendas, sacrificios, y la esperada presencia del dios nacional en medio de la batalla, con el fin de decidir finalmente la situación en beneficio de su pueblo. El temor en cada pueblo y las expectativas frente a su dios nacional, es decir el hecho humano, es en cada caso el mismo, pero la experiencia de Dios va encontrando en cada pueblo un rumbo distinto. En Israel se dudará cada vez más de la conexión cuasi-mágica entre ofrenda y beneficio divino, cf. Jer 11,15. En el pasado, las preguntas religiosas tradicionales (¿de qué modo poner a Dios de nuestro lado? ¿Qué hacer para que nos sea propicio?), parecían fáciles de responder. Pero, tras fracasos militares como el narrado en 1 Sam 4, en donde ni siquiera la presencia del arca en medio de la batalla garantizó la victoria, las cosas dejaron de parecer tan sencillas. En 2 Re 3 encontramos una interesante transición.

Toda la sección relacionada con Eliseo (9b-19), es un bloque tardío perteneciente al ciclo de *leyendas sobre Elías y Eliseo. Este material se adjunta secundariamente al relato original de redacción pre-deuteronomista (4-9a + 20-27). En 9b-19 Eliseo pronuncia dos oráculos (sequía y batalla), introducidos con solemnidad por la *fórmula profética del mensajero "Así dice Yahvé" (17a). En el primero se promete resolver el problema de la sequía (16-17); en el segundo se afirma tajantemente: *"Yahvé no se contenta con esto, pues entregará también a Moab en vuestras manos"* v 18. La respuesta divina al primer oráculo es inmediata: "A la mañana siguiente comenzó a llegar agua .." 20a; y lo mismo se da en el segundo caso "los israelitas atacaron a los moabitas, avanzaron con ímpetu y derrotaron a Moab" 24. Euforia, confianza en la superioridad de Yahvé, confirmación de la autoridad profética .. hasta que en los últimos dos versos las cosas dan un giro totalmente inesperado: tras una acción final del rey Mesha, Moab se impone e Israel huye del campo de batalla *derrotado.*

Secciones relacionadas: # 3 y Biblia de Oriente 4.

Eliseo: artífice de una guerra mal calculada

Yahvé no iba a resolver el problema del agua solamente. *¡Él daría la victoria!* El milagro del agua llegaría a parecer insignificante en comparación con el milagro militar que estaba a punto de ocurrir. El oráculo de confianza dado por el Señor está profundamente marcado por una especie de resentimiento devastador y sed de venganza, que llevaría la brutalidad militar más allá de lo requerido por una simple victoria. Los reyes israelitas habían sido autorizados por su Dios para devastar Moab: cortar sus árboles (en abierta violación a las leyes de guerra de Deut 20,10-20), arruinar los pozos de agua (y esto tras haber experimentado ellos mismos una crisis de agua), y arruinar la tierra empedrándola. Estos daños iban, claramente, más allá de una victoria.

¡Qué victoria! ¡Esto era exactamente lo que Eliseo había predicho! ¡Yahvé se ha reivindicado, Israel ha triunfado! ¡Moab ha aprendido la lección! Eliseo es un profeta confiable. ¡Todo ha sido maravilloso! Habría sido magnífico para todos en Israel, incluyendo Yahvé y Eliseo, si la narración hubiese concluido con el ataque a Quir Jeres en el v 25 .. pero la historia no termina allí. En un esfuerzo final por lograr la victoria, el rey moabita sacrifica a su propio hijo como ofrenda a su dios, un acto de piedad extrema (Miq 6,6s). Extrañamente, el texto no dice el nombre del dios al cual el hijo es ofrecido, aunque seguramente se trata de Kemosh, el dios moabita. El sacrificio es reportado sin comentario alguno por parte del narrador, v 27. Y entonces, se produce lo inesperado. El texto da un giro gigantesco y, sin explicación alguna, dice: "Una *Cólera inmensa* se desató entre los israelitas, que se retiraron y regresaron a su país". Todo da un giro de 180 grados. Israel, que celebraba la victoria como lo había predicho el oráculo profético, se ve ahora aplastado. La única conclusión posible es que Kemosh, el dios moabita, alentado por el sacrificio, le ha demostrado al invasor quien es el verdadero dios en este territorio. El hecho más notable en todo este relato es que, todo lo que nos interesaría saber, *queda sin decir.* En realidad puede afirmarse que *lo no dicho,* es el elemento teológico más decisivo y apremiante de esta narración.

De cara a este enigma, es posible que el dios moabita haya derrotado al Dios de Israel, y el narrador no haya encontrado la

Ningursu, dios sumerio de la ciudad de Lagash, lleva cautivos en una red a los enemigos del rey que él protege. Los enemigos del pueblo son enemigos de su dios. El águila con que cierra la red es un símbolo divino. La maza es el instrumento de ejecución.

forma de decir esto abiertamente. O quizás, Yahvé mismo se había vuelto contra Israel y había peleado, en el último momento, a favor de Moab; aunque no hay indicación de esto. De cualquier modo es importante hacer notar que no se indica en el texto, en qué consiste esta "cólera inmensa". Quizás el narrador mismo está tan perplejo como nosotros. El relato nos deja colgando, sin solución. Eliseo parece haber desaparecido, justo en el momento en que más necesitábamos de él.

El extraño resultado del v 27 indica que el oráculo de Eliseo en v 16-19 estaba equivocado, o que ha sido desbancado por alguna otra cosa. Al final, los hechos no han dado la razón a Eliseo. Quizás desde un inicio debimos haber tenido sospechas de su oráculo,

que se distanciaba tanto de lo que en circunstancias similares Miqueas y Elías habían hecho. De hecho, el oráculo de Eliseo se orienta en la misma línea de los profetas de 1 Re 22,6 quienes, rápida y fácilmente, se inclinan por apoyar la guerra. En nuestro caso, no se dice que Eliseo fuese un falso profeta, pero quizás es uno de esos casos en donde este profeta fue contagiado por una especie de *"fiebre de guerra"*. Quizás la música, que lo había puesto en trance, era una de esas piezas que nos hacen hervir la sangre de patriotismo. De cualquier modo, el texto tampoco entra a discutir ¿cómo es posible que, repentinamente, nuestro heroico profeta se convirtiera en alguien en quien difícilmente podemos confiar" (Brueggemann, 1 & 2 *Kings* 311-317).

14. Conflictos entre grupos

> *'María habló con Aarón contra Moisés a propósito*
> *de la mujer cusita que había tomado por esposa:*
> *porque se había casado con una cusita. Decían: ¿Es*
> *que Yahvé no ha hablado más que por medio de*
> *Moisés? ¿No ha hablado también por medio de*
> *nosotros?' Num 12,1-2.*

Existen textos en donde la naturaleza del conflicto entre grupos sociales es clara. En otros textos esto no es tan evidente a primera vista, son textos en donde lo que aparece es un 'conflicto personal', como aquí en Num 12. Para muchos autores el carácter 'personal' de estos relatos es sólo una especie de revestimiento literario. La pregunta implícita en Num 12 sería: ¿puede la revelación profética invalidar la revelación de Moisés? ¿Está la profecía subordinada a Moisés y a la tradición mosaica? El episodio anterior de Num 11,26-30, en donde dos personas profetizan en el campamento, abre la posibilidad de legitimar experiencias de revelación fuera del círculo oficial o institucional de las tribus. María es descrita en Ex 15,20 como una profetisa.

Se ha sugerido que tras esta historia de Num 12, subyace un conflicto entre grupos de tradición sacerdotal (representados por la figura de Moisés), y grupos de tradición profética (representados por la figura de María), al interior de la historia de Israel (Olson, *Numbers* 191). La independencia de la profecía respecto de la institución se habría definido finalmente por el episodio que relata la inspiración de Eldad y Medad (Num 11,26-28), cuestionado por Josué, pero aprobado por el mismo Moisés (11,28-30).

Para M. Noth por ejemplo, lo que tenemos aquí son los resabios de controversias históricas provenientes de un período histórico posterior proyectado al período de Moisés recurriendo a la personificación (Noth, *History* 127).

Otros autores van más lejos y plantean que el desencadenante histórico del relato es una democratización del liderazgo. El biblista judío D. Sperling sugiere que la sección Num 11,35-16,16 está dirigida a una audiencia judía del período persa, un período en el cual la Ley *escrita*, una novedad entonces, estaba en competencia con la profecía *oral*, una antigua forma de revelación divina. Al componer una narración en la cual Yahvé mismo afirma la superioridad de su mensaje a Moisés sobre su mensaje a otros profetas, el autor de esta narración busca afirmar que, aquella *Escritura* que contenía la palabra divina en su forma más clara, era más confiable que la profecía revelada *oralmente*. (Sperling, *Rivalry* 39-55.

Secciones relacionadas: # 15. 31 y 33.

El revestimiento literario de un hecho político

Existen diversos tipos de registro de un acontecimiento en el mundo antiguo. Algunos son inscripciones, otros son estelas funerarias, cilindros que conmemoran una victoria, ostraca que hablan de asuntos personales, fragmentos de cerámica con textos. Algunos de ellos, que parecen ser documentos objetivos que describen simplemente lo sucedido en un momento dado, son escritos altamente cargados políticamente. Lo que se ha escogido para relatar es una victoria militar, la toma de ciudades, la obra constructora del rey vencedor, el apoyo explícito del dios nacional al rey vencedor, la toma de cautivos, el desfile del dios vencido al templo del dios vencedor, etc. Estos detalles se notan claramente en la estela de Merneftá, la estela de Mesha o el registro de Ramsés II de la batalla de Karkemish. Pero es algo que encontramos también en los libros de Reyes acerca del rey Salomón.

Existe otro tipo de registros, indirectos podríamos decir, tanto en el antiguo Oriente como en el AT. En estos casos un acontecimiento social (una pugna por el trono, una lucha política entre facciones, tensiones entre partidos religiosos y otros), queda plasmado literariamente bajo la forma de un relato que habla, aparentemente, de temas personales o familiares. Esto es lo que sucede en el relato de "Lot y sus hijas" (Gen 19,30-38), en donde el narrador quiere dar razón del origen de dos pueblos "emparentados" de Israel: Moab y Amón, vecinos y enemigos a la vez. Es el caso, también, de las tensas relaciones entre Jacob y "su suegro Labán" (Gen 29-32), en donde se expresan por medio de estos personajes, las tensas relaciones entre Israel y su vecino Aram.

Los relatos patriarcales no son pues *una biografía* de los patriarcas, sino la expresión metafórica de antiguas relaciones (y conflictos!) entre pueblos vecinos que, en la narración, aparecen como familiares emparentados.

Otro ejemplo de ello lo tenemos en el relato de Miriam en Num 12,1-10. Más que un personaje histórico, lo que tenemos aquí es *la personificación de un movimiento* que cuestiona la autoridad única de Moisés en la conducción del grupo. Se trata en realidad del registro literario de una lucha política. Otro interesante ejemplo de descripción metafórica de un conflicto entre grupos, lo encontramos en el poema de Qumrán "La mujer demoníaca":

> *"(la mujer) es el comienzo de todos los caminos de impiedad, (...) sus caminos son caminos de muerte, sus pistas descarrían hacia la iniquidad, (...) sus puertas son las puertas de la muerte, y en la entrada de su casa se avanza el sheol. Todos los que van a ella no volverán.. Se esconde en emboscada en lugares secretos. Sus ojos escudriñan aquí y allí, para torcer el camino de los rectos, (...) para hacer a los sencillos rebelarse contra Dios, para torcer sus pasos fuera de los caminos de justicia, (...) para extraviar al hombre en los caminos de la fosa, y seducir con lisonjas a los hijos del hombre"* 4Q 184,8-17* (García, *Qumrán* 406s).

En la literatura especializada se discute sobre el sentido que tiene este poema. ¿De qué mujer se habla aquí: de una prostituta? ¿De la mujer en general, vista aquí como la fuente misma de toda impureza y peligro? Importantes autores entienden este texto como alegoría, y ven en él un ataque velado contra algún enemigo: Roma u otros grupos judíos hostiles a su propia comunidad (cf. Gaster, *Scriptures* 496; Carmignac, *Poème* 361-374; Moore, *Personification* 505-519). En todos estos casos, una situación histórica ha sido revestida literariamente.

15. Política y Religión

"Hijo de hombre, los que habitan esas ruinas, en el suelo de Israel, dicen: Uno solo era Abrahán y obtuvo en posesión esta tierra. Nosotros somos muchos; a nosotros se nos ha dado esta tierra en posesión .. De cada uno de tus hermanos, de tus parientes (en el exilio) dicen los habitantes de Jerusalén: Seguid lejos de Yahvé; a nosotros se nos ha dado esta tierra en posesión" Ez 33,24; 11,15.

La división que hacemos hoy entre política y religión era desconocida en el antiguo oriente. De igual modo como pensamos hoy que la economía está presente en todas las dimensiones de la vida, se creía entonces que la religión era parte fundamental de todas las dimensiones de la existencia. Hoy hablamos de estado secular, de separación entre iglesia y estado. En el antiguo Israel, templo y palacio formaban parte de la misma unidad arquitectónica. El dios nacional nombraba al rey, que era su hijo, su representante. El templo del dios nacional era una capilla real. Debe recordarse que en hebreo, como en otras lenguas semíticas, las palabras 'templo' y 'palacio' eran una sola: היכל.

Aunque este texto de Ez se nos presenta hoy como una *pugna teológica literaria,* lo cierto es que éste fue en su momento un *conflicto social real.* En el fondo de esta disputa se encuentra el derecho de posesión a tierras. Textos como estos de Ez representan dos interpretaciones de un mismo hecho. Jerusalén ha sido conquistada por los ejércitos babilonios. La clase gobernante es llevada al cautiverio, el pueblo permanece en Palestina. Muchos campesinos que habían perdido sus tierras por deudas, las recuperan. Para ellos lo sucedido es claro: Dios ha castigado a los acaparadores y explotadores expulsándolos de su patria (Is 5,8; Miq 2,2). Ellos, que se consideran el verdadero rebaño, han quedado en la tierra para recuperar las propiedades que les habían quitado.

El profeta Ezequiel pertenece al grupo de los deportados y ve las cosas de un modo distinto. El sostiene que, contrariamente a lo que los campesinos en Palestina creen, la *distancia* de los exilados de Jerusalén no significa *alejamiento* de Dios. Esta nueva interpretación dada por Ezequiel acerca del lugar de habitación de Dios, debió parecerles sorprendente a muchos campesinos, que por años habían escuchado que Jerusalén era "la ciudad de nuestro Dios (עיר אלהינו)" Sal 48,2.9; "la ciudad de Yahvé (עיר יהוה)" Is 60,14». Al irse conformando la tradición escrita de la Biblia (una tarea que se inicia en el exilio), la interpretación que representa el punto de vista de Ez y del grupo más poderoso (el del exilio), termina imponiéndose. La interpretación del grupo marginal de campesinos en Palestina se convirtió a la postre, en un fenómeno igualmente marginal, cf. Jer 24. El fin de esta historia lo encontramos en Esd 1-6 y Neh 5.

> *"Cuando Yahvé tu Dios te haya introducido en la tierra que ha de darte: ciudades grandes y hermosas que tú no has edificado, casas llenas de toda clase de bienes, que tú no has llenado, cisternas excavadas que tú no has excavado, viñedos y olivares que tú no has plantado, cuando comas y te hartes, cuídate de no olvidarte de Yahvé" Deut 6,10-13.*

Los versos 10-11 son parte de una oración subordinada que prepara la exhortación de *"No olvidar"*, cf. 8,7-11. Los dioses en la antigüedad se regían por un principio de jurisdiccionalidad: a cada dios un territorio y un pueblo, de quien él es pastor. Su poder es eficaz dentro de dicho territorio: Jue 11,24; 1 Sam 26,19; 1 Re 20,28. Contrariamente a esta idea, aceptada universalmente en el mundo antiguo, el dios de los patriarcas da a sus descendientes el derecho de posesión sobre una propiedad que –en principio– no le pertenece. La conquista del territorio y los bienes de otros pueblos, se convierten en promesa y mandato religioso para el pueblo invasor. El hecho de que esta acción violentaba aspectos fundamentales de la dignidad y la justicia humanas lo demuestra el mismo AT. Cuando el pueblo conquistado fue Israel, el clamor no se dejó esperar: "Oh Dios, los gentiles han invadido tu heredad, han dejado en ruinas Jerusalén .. Derrama tu furor sobre los pueblos que no te reconocen. Porque han devorado a Jacob y han devastado sus dominios .. ¡Devuelve siete veces a nuestros vecinos la afrenta con que te afrentaron, Señor!" Sal 79. Llama la atención la normalidad con la que el redactor cita el hecho de este despojo (¡a renglón seguido del "Shema" v 4-9!), sin percatarse al parecer de la profunda contradicción implicada en ello. La práctica docente nos muestra que el lector/a modernos *tampoco* ve nada que le perturbe en este texto, ni siquiera aún después de sugerir el hecho y tras repetidas lecturas. Algo que *tampoco* ven los comentarios a Deuteronomio, como puede comprobar fácilmente cualquier lector/a.

Secciones relacionadas: # 14. 33-35 y Biblia de Oriente 3.

Canaán y América: La Biblia ante la conquista

Cuando los israelitas le pidieron a Gedeón que reinara sobre el pueblo, él declinó el honor con estas palabras: «No seré yo el que reine sobre vosotros ni mi hijo; vuestro rey será Yahvé» Jue 8,23. Con el establecimiento de la monarquía se introdujo el factor dinástico, pero los reyes seguían siendo elegidos por Dios. En Israel se era «rey por la gracia de Dios». Esta concepción teocrática afectaba al resto de las instituciones del Estado, tanto sociales y políticas como judiciales y militares. Las guerras eran guerras santas, lo mismo que la tierra. La concepción teocrática del Estado era asimismo, una de las características de la cultura medieval. El papa era el Vicario de Cristo, a quien le había sido otorgado todo poder en el cielo y en la tierra. Se consideraba al pontífice de Roma como soberano de todo el orbe. La imagen de las dos espadas, tomada de Lc 22,38, es bien expresiva. El Imperio estaba subordinado al Pontificado, como la mujer al varón; como el cuerpo al alma, como la tierra al cielo; como la luna está sometida al sol. Lo mismo que en el Antiguo Testamento, también en la teología medieval lo religioso invade todos los ámbitos de la vida social, económica y política. Dentro de este contexto se entienden perfectamente las bulas pontificias otorgando tierras a portugueses y españoles.

Discriminación de los infieles. En una sociedad teocrática los únicos que tienen valor son los argumentos religiosos. En el caso concreto de la tierra, los cananeos no tienen derecho a seguir ocupando un suelo que han profanado con sus idolatrías y abominaciones: «No por tus méritos ni por la rectitud de tu corazón vas a tomar posesión de la tierra, sino que sólo por la perversidad de estas naciones las desaloja Yahvé tu Dios ante ti» Deut 9,5 (Cf. Lev 18,24-25; 20,22-24). *Algunos pasajes de la Biblia dejan traslucir en los israelitas, un sentido de culpabilidad y remordimiento por estar ocupando la tierra de los cananeos, una tierra que no les ha costado fatiga, unas ciudades que no han construido, unas viñas y unos olivares que no han plantado (Jos 24,13).* Los mismos sentimientos se esconden siglos más tarde detrás de estas palabras de Simón Macabeo: «Ni nos hemos apoderado de tierras ajenas ni nos hemos apropiado de bienes de otros, sino de la heredad de nuestros padres. Por algún tiempo la poseyeron injustamente nuestros enemigos y nosotros, aprovechando una ocasión favorable, hemos recuperado la heredad de nuestros padres» (1 Mac 15,33-34).

Pero, todos los derechos sobre la tierra de Canaán que los cananeos hubiesen podido hacer valer, basados en el derecho internacional del momento, se volatilizan en las plumas de los teólogos bíblicos, para los cuales los únicos válidos son los argumentos religiosos. Y la religión mal entendida degenera en discriminación. Los creyentes tienen todos los derechos y los supuestos infieles ninguno. No se encuentran muy lejos del Antiguo Testamento los teólogos medievales cuando invocan la infidelidad, las abominaciones y los crímenes contra naturaleza, cometidos por los indios, como argumentos para justificar la ocupación de sus tierras. Si esto es así con relación a la teología medieval, ¿qué habría que decir de los autores que actualmente, dentro o fuera del pueblo judío, siguen invocando unos títulos antiguotestamentarios, superados no sólo por el derecho público internacional, sino por la teología misma? Es algo así como si portugueses y españoles, se presentasen en el foro de las Naciones Unidas con las bulas de Nicolás V y Alejandro VI reclamando las tierras del Nuevo Mundo. (González, *Escritos* 343-346).

16. "Enemigos": la alteridad en el AT.

"Yahvé está en guerra con Amalec de generación en generación" Ex 17,16.

Esta frase surge a raíz de un ataque: "Vinieron los Amalecitas y atacaron a Israel en Refidim" 17,8. Este ataque se produce en un momento de debilidad, cuando "Israel" iba en camino a la tierra, cuando no poseían ni siquiera territorio. A partir de este momento, Amalec se convertirá junto a Egipto ("la casa de servidumbre" Deut 5,6), en un *enemigo paradigmático* de Israel. Este sentimiento queda expresado en la *fórmula que citamos. Según una antigua creencia, el enemigo de Israel es enemigo de Dios: "*tus* enemigos serán *mis* enemigos y tus adversarios mis adversarios" Ex 23,22, cf. Num 10,35. De allí que los grandes enemigos de Israel se asimilarán a Amalec, como el caso de Amán en Est 3,1. Este es un ejemplo de una hostilidad ancestral.

"el moabita no será admitido en la asamblea de Yahvé .. No buscarás jamás mientras vivas su prosperidad ni su bienestar" Deut 23,4.7.

El verso citado expresa *una* de las posturas del AT frente a los moabitas. Moab tiene con Israel una relación de "amor y odio". El relato de Gen 19,30-38 sobre el origen de los moabitas, refleja la intención de mostrar tanto el *vínculo* histórico como la *distancia* moral que los separa. La relación entre ellos es un ejemplo de esa constante lucha entre hermanos que encontramos a través del AT. Tensiones en el *campo militar*: "Los israelitas estuvieron sometidos a Eglón, rey de Moab" Jue 3,14 .. "Los moabitas quedaron sometidos a David" 2 Sam 8,2; y en el *campo religioso*: "Salomón edificó un altar a Kemosh, abominación de Moab" 1 Re 11,7 .. "El rey Josías profanó también los altozanos que Salomón, rey de Israel, había construido a .. Kemosh, abominación de Moab" 2 Re 23,13. Las repetidas escaramuzas militares entre estos dos pueblos provocaron un profundo resentimiento mutuo que, del lado de Israel, se expresa en los oráculos proféticos *contra* Moab (Is 15,1-17; Jer 48,1-47; Ez 25,8-11); pero de nuevo, incluso en estos textos, encontramos importantes expresiones de acogida y afecto hacia los moabitas, cf. Is 16,2-4. 8-11. Por ello, Moab es un ejemplo de una relación ambivalente.

> *"Pues la nación y el reino que no se sometan a ti perecerán, esas naciones serán arruinadas por completo .. Acudirán a ti encorvados los hijos de los que te humillaban, se postrarán a tus pies todos los que te menospreciaban, y te llamarán la Ciudad de Yahvé, la Sión del Santo de Israel" Is 60,12.14.*

Estos versos pertenecen a un poema en que se describe el triunfo final de la nueva Jerusalén. Muchos autores ven aquí un ejemplo de "universalismo", es decir, de la apertura de Israel a las naciones. Pero la frase *"Acudirán a ti encorvados los hijos de los que te humillaban"*, aclara el sentido de la unidad: en el futuro tendrá lugar una inversión. Los que los humillaban se convertirán en sus esclavos y servidores. El lenguaje es evidente, se trata de los antiguos *enemigos* (גוים), a quienes el profeta se refiere por medio de un lenguaje sublimado. Frente a la incapacidad de vencerlos militarmente, se produce una victoria simbólica sobre ellos en el futuro. Esta técnica es una variante de las matanzas (igualmente simbólicas y con valor compensatorio), que tenemos en el libro de Josué, arropadas en lenguaje "histórico".

Secciones relacionadas: # 15 y 33.

Esta pintura egipcia muestra a Tutmosis IV niño, sentado en los regazos de su tutor, con los símbolos egipcios de la vida y el poder en sus manos. A sus pies yacen sus enemigos derrotados. La derrota del enemigo era una muestra del favor divino. En el Sal 110,1 Yahvé dice al rey: "Siéntate a mi derecha hasta que ponga a tus enemigos como estrado de tus pies".

La persistencia del "conflicto" como motivo en el AT

Las problemáticas básicas del AT plantean todas ellas conflictos con el otro, con el prójimo: el relato de Caín y Abel, el éxodo en Egipto, la conquista de Canaán, el motivo de la rivalidad entre hermanos, los oráculos contra las naciones, el papel de los enemigos en los salmos (איב), el tema del malvado en la literatura de la sabiduría (רשע), y la derrota final de las naciones enemigas (גוים), en la escatología profética entre otros. Las expresiones para designar la enemistad, tanto verbales (באש Ni.; צור; איב; שורר; צרר II; שנא; קום Q.), como nominales (איב; עָר; צַר), son numerosas. Entre las realidades concretas percibidas como *enemigas*, están los adversarios personales, los contrarios en un proceso legal, los rivales políticos, los miembros de sectas religiosas opuestas, los opresores (compatriotas y extranjeros), los gentiles, los adversarios de Dios y los hechiceros.

Israel se siente oprimido por Egipto y Babilonia, amenazado por Asiria y por todos los pueblos vecinos. Esta percepción de amenaza se refleja con claridad en los oráculos proféticos contra las naciones. Jer 49 se dirige contra Ammón (v 1-6), contra Edom (v 7-22), contra las ciudades sirias (v 23-27), contra las tribus árabes (v 28-33) y contra Elam (v 34-39). El profeta Amós (cap. 1) se dirige contra: Damasco, Gaza, Filistea, Tiro, Fenicia, Edom y Ammón. La amenaza, en otras palabras, se percibe 360 grados en torno a ellos. En 1 Macabeos se dice: "Los Gentiles que nos rodean se han unido para exterminarnos" (1 Mac 5,10); "Todas las naciones vecinas se propusieron exterminarlos diciendo: luchemos contra ellos y borremos su memoria de entre los hombres" (1 Mac 12,53). Si bien estos temores surgen de algunas experiencias concretas, éstas eran igualmente una constante para *todos* los pueblos de la época.

Al describir a *otros*, Israel se describe a *sí mismo*. En muchas ocasiones al describir a otros, lo importante no son las personas de las que se habla, sino la palabra que acerca de ellas se dice. En el AT esto es particularmente cierto en el caso de la poesía. J.H. Kraus en su estudio sobre *los enemigos* en el libro de los Salmos dice: "los Salmos no ofrecen 'descripciones de hechos' ni nada parecido. Lo que sucede en ellos más bien, es que el temor de la persona oprimida es *objetivado* tanto en el lenguaje como mediante el empleo de metáforas. Las imágenes de los enemigos deben entenderse probablemente como 'proyecciones'. El *'enemigo'* es la amenaza que surge bajo la figura de la muerte, la amenaza que experimenta una encarnación concreta en la persona de sentimientos hostiles (Kraus, *Salmos* 151).

Por ello debemos ser precavidos al pensar que, a través de los textos del AT vamos a llegar a descubrir 'la realidad histórica' de otros pueblos. Lo que aparece ante nosotros es, en buena medida, la forma en la que Israel/los israelitas percibían su entorno. Las grandes culturas de la antigüedad (egipcios, babilonios, asirios, griegos), quedan caracterizados meramente, como enemigos paradigmáticos, puntos de referencia para marcar su propia marcha.

> *Lo importante, realmente, no es ese otro que se coloca en la escena, sino el discurso que sobre él se pronuncia, (Poirier, Histoire 551).*

Biblia de Oriente 4
La estela de Mesha

Documento cananeo del siglo IX a.C.

Los vecinos de Israel también han escrito. Aunque esto parece algo evidente, lo cierto es que muchos lectores/as de la Biblia pasan por alto este hecho fundamental. Esto significa que la Biblia, vista como literatura, representa la herencia cultural de *un* pueblo, y para comprenderlo, es necesario comprender su entorno cultural. "Quien sólo conoce la Biblia, no conoce la Biblia", se ha dicho con toda razón. La familiaridad con la literatura egipcia, mesopotámica, hitita y cananea, amplía y enriquece significativamente nuestra comprensión de los textos bíblicos. Algunos de los pueblos vecinos de Israel los conocemos únicamente a través del testimonio de la Biblia, que representa, evidentemente, *un punto de vista* sobre estos pueblos. De allí la importancia de conocer, cuando sea posible, la perspectiva 'del otro'. La estela de Mesha nos permite conocer la perspectiva moabita sobre un conflicto entre Israel y Moab, descrito también en 2 Re 3.

Estela de Mesha

1. Yo soy Mesha, hijo de Kemosh... rey de Moab de Dibón.

2. Mi padre reinó treinta años sobre Moab y yo reiné

3. después de mi padre. Yo construí este *lugar alto* [= *bamah*] como muestra de gratitud a Kemosh en [la ciudad de] Qeriho,

4. pues me salvó de todos los reyes y me permitió triunfar sobre todos mis enemigos.

5. En cuanto a Omri, rey de Israel, oprimió a Moab durante muchos días, pues Kemosh se había enojado contra su país.

6. Y su hijo [Ajab] le siguió y se dijo: "¡Yo oprimiré a Moab!". Así habló en mis días pero

7. he gozado de su vista [= he triunfado sobre él] y sobre su casa ¡Israel se ha arruinado para siempre! Omri había ocupado la tierra de

8. Madaba [= Israel], había habitado allí en su tiempo y la mitad de los días de su hijo [Ajab]; en total cuarenta años; pero Kemosh

9. moró allí durante mis días. Y yo edifiqué a Baal Meón, haciendo un estanque en ella y construí

10. Quiryaten. Las gentes de Gad [= Israel] habían habitado siempre en la tierra de Atarot [= Moab], pues el rey de

11. Israel había construido Atarot para ellos; pero yo combatí contra la ciudad y la tomé; y maté a toda la gente

12. de la ciudad como sacrificio para Kemosh y para Moab. De allí yo traje a Ariel, su caudillo y

13. lo arrastré delante de Kemosh en Qeriyot. Y establecí allí gentes de Sharón y gentes de

14. Maharot. Y Kemosh me dijo: ¡Vé y toma Nebo [de las manos] de Israel!

15. Yo me fui de noche y combatí contra ella hasta el mediodía.

16. Y la conquisté, matando a todos: a siete mil hombres en pleno vigor, jóvenes, mujeres

17. y esclavas, pues las había consagrado como anatema [= *herem*] a Ashtar Kemosh. Y tomé de allí [objetos dedicados]

18. a **Yahvé** y los transporté ante Kemosh. Y el rey de Israel había edificado

19. Yahas; y allí vivía cuando luchaba contra mí, pero Kemosh lo sacó delante de mí.

20. Yo tomé de Moab doscientos hombres, todos guerreros diestros y los puse contra Yahas; y la conquisté

21. con el fin de incorporarla a [el distrito de] Dibón. Fui yo el que edificó Qerihó, el muro de los bosques y el muro

22. de la fortaleza. Fui yo quien construyó sus puertas y edificó sus torres. Fui yo

23. quien edificó el palacio del rey e hice los muros del estanque para las aguas en el interior

24. de la ciudad, pues no había estanque para el agua en medio de la ciudad en Qerihó. Por lo que dije a todo el pueblo: "Haga

25. cada uno de vosotros para sí una cisterna en su casa". Y mandé a cortar vigas para Qerihó con prisioneros

26. de Israel. Edifiqué Aroer y construí la carretera en el valle del [río]Arnón.

27. Edifiqué [la ciudad de] Bet Bamot que había sido destruida. Edifiqué a [la ciudad de] Betser porque estaba en ruinas

28. con cincuenta hombres de Dibón. Porque todo Dibón estaba bajo mi obediencia. Y reiné [en paz]

29. sobre las cien ciudades que yo había anexionado al país [de Moab]. Y edifiqué

30. también a Madaba y a Bet Diblatem y a Bet Baal-Meón, y puse allí el [...]

31. de la tierra. Y en cuanto a Hawronen moraron allí...

32. Y Kemosh me dijo: "¡Baja y combate contra Hawronen!". Y descendí [y luché contra la ciudad y la tomé]

33. y así Kemosh residió en ella durante mis días..."

(Pritchard, *ANET* 320s).

Elementos comunes entre la cultura moabita y sus vecinos israelitas, a partir de la estela de Mesha

* Kemosh es el dios nacional de los moabitas del mismo modo que Yahvé es el dios nacional de los israelitas. Jeremías se refiere a los moabitas como "el pueblo de Kemosh" Jer 48,46.

  el dios nacional

* Tanto Israel como Moab tienen una capital en la que se encuentra el santuario central del dios nacional: el templo de Yahvé en Jerusalén y el templo de Kemosh en Dibón.

  la capital: santuario central del dios nacional

* Kemosh no era sólo una divinidad local de Moab. Un dios llamado Kamish aparece en las listas de divinidades de Ebla [Fenicia], Babilonia, Ugarit y Karkemish [norte de Siria]; al igual que Yahvé, en un período tardío, fue visto como un dios que traspasaba las fronteras de Israel.

  más que una divinidad local

* El nombre del dios Kemosh se usa en nombres de personas [usualmente reyes moabitas: *Kemosh*unabdi, *Kemosh*altu], del mismo modo que el nombre de Yahvé forma parte de nombres israelitas: Yesha*yahu* [Isaías], Yirme*yahu* [Jeremías], Malki*yahu* [Malaquías].

  El nombre del dios Kemosh se usa en nombres de personas

* Antes de empezar a describir sus logros personales como rey [líneas 21-30], Mesha se concentra en la actividad liberadora del dios Kemosh, a quien -al igual que en el caso de Yahvé, se acredita la verdadera victoria militar del pueblo. Primero, el dios es honrado por medio de sacrificios [líneas 11-13], luego comunica al rey Mesha la orden de ataque [línea 14]. El rey ataca pero es Kemosh quien da la victoria: "Yo me fui de noche y combatí [al rey de Israel].. pero fue Kemosh quien lo sacó delante de mí" [líneas 15, 19]. Este verso de la estela nos recuerda Prov 21,31: "Se prepara el caballo para el combate, pero la victoria la da el Señor."

  la actividad liberadora del dios

* Los moabitas, al igual que los israelitas, creían que las victorias militares dependían directamente del favor de su dios respectivo. Así, en una ocasión el rey Mesha se enfrenta contra Israel, esta batalla está mencionada en 2 Re 3. En un momento crucial de la batalla, Mesha ofrece a Kemosh un sacrificio especial para pedirle su favor: sacrifica a su propio hijo. El segundo libro de Reyes narra este hecho: "Viendo que la batalla arreciaba en su contra, el rey de Moab tomó consigo setecientos hombres que empuñaban espada y trató de abrir brecha hacia el rey de Aram, pero no lo consiguieron. Tomó entonces a su hijo primogénito, el que había de reinar tras él, y lo ofreció en holocausto sobre la muralla. *Una cólera inmensa se desató entre los israelitas, que se retiraron apartándose de él y regresaron a su país*" 2 Re 3,26s. Lo mismo que sucedía con los enemigos de Yahvé. Cf. Jos 2,8ss.

victorias militares dependían directamente del favor del dios respectivo

* La estela presenta el tiempo de humillación que sufre el pueblo de Moab como un signo del enojo de su dios Kemosh: "Omri, rey de Israel, oprimió a Moab durante muchos días, *pues Kemosh se había enojado contra su país*" [línea 5]. Algo semejante a lo que encontramos en el Antiguo Testamento: "Se encolerizó Yahvé contra Israel y los dejó a merced de Cusán Risatáin, rey de Edom", Jue 3,8. Moab cayó en problemas porque el dios Kemosh estaba enojado con su pueblo. Pero cuando el dios moabita se contentó, le permitió al rey Mesha recuperar los territorios perdidos. Al igual que la teología deuteronomista del libro de Jueces 2,11-15: el Señor entrega a Israel en manos de sus opresores, y levanta jueces que lo liberan cuando éstos se han arrepentido.

la derrota militar como castigo divino

* El tiempo de la salvación de Moab es visto como el momento en que la cólera de su dios Kemosh pasa y las cosas vuelven a la normalidad: "Así habló [Omri rey de Israel] en mis días, pero he triunfado sobre él y sobre su casa. ¡Israel se ha arruinado para siempre! ..y Kemosh moró allí durante mis días." [líneas 6-8]. Algo semejante a lo que encontramos en el Antiguo Testamento: "Los

el tiempo de la salvación como resultado del perdón divino israelitas clamaron a Yahvé y Yahvé suscitó a los israelitas un libertador que los salvó: ..el espíritu de Yahvé vino sobre él.. Yahvé entregó en sus manos a Cusán Risatáin, rey de Edom y triunfó sobre Cusán Risatáin." Jue 3,9s.

- La descripción comienza con la opresión de Moab por parte de Israel [Omri, rey de Israel, oprimió a Moab durante muchos días], y termina con la destrucción total de Israel [he triunfado sobre él y sobre su casa]. Esta inversión de la situación [de opresión a victoria], se debe al hecho de que durante su reinado, el dios Kemosh cesó su enojo contra Moab. Este hecho realza la gloria de Mesha como rey.

inversión de la situación: de opresión a victoria

- Según el rey Mesha, el dios Kemosh habló con él dándole instrucciones de ir y tomar una ciudad: "Y Kemosh me dijo: ¡Vé y toma Nebo [de las manos] de Israel! Yo me fui.. y la conquisté" [líneas 14-15]. Algo semejante a lo que encontramos en Israel: "Yahvé dijo entonces a Josué: "Tiende hacia Ay el sable que tienes en tu mano, porque en tu mano te la entrego .. corrieron y entraron en la ciudad, se apoderaron de ella y a toda prisa la incendiaron." Jos 8,18s.

dios habla con el rey y le da instrucciones

- En líneas 14-18, después de conquistar la ciudad de Nebo [el lugar donde según Deut 32 estaba enterrado Moisés], el rey Mesha toma las posesiones pertenecientes a Israel y Yahvé, así como a todos los habitantes de la ciudad de Nebo, y los presenta frente al altar de su dios Ashtar-Kemosh: "Y tomé de allí [objetos dedicados] a Yahvé y los transporté ante Kemosh". Algo similar a lo que hizo el rey de Babilonia cuando conquistó Jerusalén: "..llegó a Jerusalén Nabucodonosor, rey de Babilonia, y la sitió. El Señor entregó en su poder a Joaquín, rey de Judá, y parte de los objetos del templo de Dios. Se los llevó al país de Senaar y depositó los objetos en el tesoro del templo de sus dioses." Dan 1,1s.

el rey Mesha toma las posesiones pertenecientes a Israel y Yahvé

❖· El botín de guerra es consagrado al dios Kemosh en dos ocasiones: "Israel había construido Atarot pero yo combatí contra la ciudad y la tomé; y maté a toda la gente de la ciudad como sacrificio para Kemosh [líneas 11s] .. la conquisté, matando a todos .. pues los había consagrado como anatema [*herem* / חרם: ofrenda separada] para Ashtar Kemosh [línea 16s]". Algo semejante a lo que encontramos en Israel: "Cuando Yahvé tu Dios te haya introducido en la tierra en la que vas a entrar para tomarla en posesión .. cuando Yahvé tu Dios te entregue sus ciudades a tu llegada y tú las derrotes, las consagrarás al anatema [*herem* cf. Jos 7]. No harás alianza con ellas, no les tendrás compasión." Deut 7,2ss. Al obtener una victoria militar, el rey Mesha dedica el botín como sacrificio al dios Kemosh, exactamente igual que como se hacía en Israel. Josué, por ejemplo, dedica la ciudad de Jericó como ofrenda a Yahvé [Jos 6,17-21].

el botín de guerra es consagrado al dios

• Los sacrificios religiosos, tanto los de animales como los sacrificios humanos, son conocidos en ambos reinos: 2 Re 3,26s narra el sacrificio que hace el rey Mesha de su propio hijo. 2 Re 16,3 narra el sacrificio del hijo de un rey israelita: "Tenía Ajaz veinte años cuando comenzó a reinar y reinó dieciséis años en Jerusalén. Siguió el camino de los reyes de Israel; incluso arrojó a su hijo a la pira de fuego, según la costumbre abominable de las naciones que Yahvé había expulsado ante los israelitas." Jue 11 narra el sacrificio que hace Jefté de su propia hija: "Jefté hizo un voto a Yahvé: "Si entregas en mis manos a los amonitas, el primero que salga de las puertas de mi casa.. será para Yahvé y lo ofreceré en holocausto.. Cuando Jefté volvió a su casa, he aquí que su hija salía a su encuentro bailando al son de las panderetas.. Al cabo de los dos meses él cumplió en ella el voto que había hecho." Jue 11,30.34.39.

los sacrificios religiosos

• Para el dios moabita Kemosh se construyen altares en lugares altos o cerros: "Yo construí este lugar alto [*bamah* / במה] como muestra de gratitud a Kemosh en Qeriho"

se construyen altares en lugares altos o cerros

[línea 3]. Algo semejante a lo que encontramos en Israel: "Judá obró el mal a los ojos de Yahvé.. construyeron santuarios, estelas y cipos en toda colina elevada y bajo todo árbol frondoso." 1 Re 14,22s.

◆ Tanto en la estela moabita como en el texto hebreo del Antiguo Testamento se utilizan los mismos términos semíticos comunes para designar la *ofrenda* hecha al dios [*herem* / חרם, línea 17] o el *altar* construido en su nombre [*bamah* / במה, línea 3]; para la transcripción del moabita al hebreo, cf. Driver, *Notes* lxxxv.

se utilizan los mismos términos semíticos

◆ La frase utilizada por el rey Mesha en la línea 7 de la estela para referirse a su victoria sobre el rey Ajab de Israel: "he gozado de su vista" [expresión idiomática que quiere decir *"he triunfado sobre él"*], corresponde a la expresión hebrea "ראה ב" ["mirar con placer"], utilizada comúnmente en el libro de los Salmos: "Me has librado de todas mis angustias y *he visto* a mis enemigos derrotados." Sal 54,9; "El Dios fiel vendrá a mi encuentro, y *me hará ver* la derrota de mis adversarios." Sal 59,11; "El Señor esta conmigo, él es mi auxilio, *triunfaré* sobre mis adversarios." Sal 118,7.

se utilizan las mismas expresiones idiomáticas

◆ La estela utiliza la técnica del paralelismo sinonímico muy común en el Antiguo Testamento, según la cual la misma idea es expresada con términos similares, en dos líneas sucesivas. La estela dice: me salvó de todos los reyes ... *me hizo triunfar sobre todos mis enemigos* [línea 4]. El Sal 18,41, por ejemplo, dice: "pones en fuga a mis enemigos ... *exterminas a los que me odian"*.

uso del paralelismo sinonímico

◆ Al igual que la información contenida en los libros históricos del Antiguo Testamento acerca de los Reyes de Israel, esta estela contiene información acerca de victorias militares y construcciones llevadas a cabo por el rey, así como información religiosa, indicando como el dios respectivo aprueba o desaprueba las acciones de su pueblo y se dirige al rey dándole indicaciones sobre las acciones

información acerca de victorias militares y construcciones llevadas a cabo por el rey

a seguir. Se mencionan los reyes de los pueblos enemigos [en este caso Israel], así como sus herederos al trono. Algo muy similar a las descripciones hechas en los libros de los reyes acerca de los diferentes reyes de Israel.

♦   Una comparación entre el oráculo contra Moab de Jer 48,1ss y la estela del rey Mesha de Moab, muestra un interesante paralelismo de lugares geográficos:

paralelismo de lugares geográficos

"He aquí que vienen días en que.. se avergonzará *Moab* de Kemosh.. Decid: «párate en el camino y mira, población de *Aroer*; Anunciad en el *Arnón* que ha sido saqueada Moab.. la sentencia ha llegado a Jolón, a *Yahas* y a Mefaat, a *Dibón*, a *Nebo*, a *Bet Diblatáin* y a *Bet Meón*.. Se partió el cuerno de Moab y su brazo se rompió". Jer 48,12ss.	"Yo soy Mesha, rey de *Moab*.. Kemosh me dijo: ¡Vé y toma *Nebo* [de las manos] de Israel! ..Y el rey de Israel había edificado *Yahas*; y la conquisté con el fin de incorporarla a [el distrito de] *Dibón*. Edifiqué *Aroer* y construí la carretera en el valle de [el río] *Arnón*.. edifiqué.. también a Madaba y a *Bet Diblatem* y a *Bet Baal-Meón*.."

De la estela de Mesha se deduce que:

Kemosh es un dios que se enoja.

Permite que los enemigos de su pueblo triunfen sobre ellos.

Da instrucciones al rey para recuperar los territorios perdidos.

La obediencia del rey le permite obtener de nuevo la independencia.

La gloria del dios nacional es restituida: mora de nuevo en la ciudad.

Se le consagra el botín, se le construyen altares y ofrecen sacrificios.

¿Eran -realmente- tan distintos los mundos en los que se movían moabitas e israelitas?

El dios nacional: tanto Israel como Moab contaba con su respectivo dios nacional, cuyo santuario central se encontraba en la capital del reino. El nombre del dios era utilizado en ambos pueblos para formar nombres personales.

La actividad de dios: los logros políticos y las victorias militares se acreditaban, en última instancia, a la actividad liberadora del dios nacional [Kemosh o Yahvé]. Era él quien daba al rey respectivo las instrucciones para salir y conquistar una ciudad. La función del rey consistía, simplemente, en la ejecución de este mandato. El listado de los logros reales se hacía siguiendo un patrón similar.

Alternancia entre períodos de bienestar y de adversidad: los períodos de opresión sufridos por la comunidad a manos de sus enemigos eran vistos como un signo del enojo de su dios. La vuelta a la tranquilidad y al bienestar eran signos del apaciguamiento de la cólera divina.

La gratitud hacia el dios nacional se expresaba, en ambas comunidades, consagrando al dios vencedor el botín de la guerra [*herem*]. En su honor se erigían altares y se celebraban sacrificios. Las actividades religiosas y los instrumentos empleados en ellas se designaban con los mismos términos, tomados del fondo semítico común. El templo y el santuario tenían formas similares y las actividades realizadas en ellos eran prácticamente las mismas.

La concepción de la historia: los documentos oficiales comenzaban con una descripción de la miseria actual, y concluyen con el triunfo sobre los enemigos que terminan derrotados. Se producía una inversión de la situación. Con la ayuda de su dios, el rey conducía al pueblo de la opresión a la victoria.

Los lugares geográficos mencionados en los documentos oficiales eran en su mayoría, como es de esperar en el caso de pueblos vecinos, los mismos. Algunas de las técnicas literarias empleadas en los documentos, como los listados, las descripciones o el uso del paralelismo, eran también las mismas.

Israel y Moab

Gen 19,30-38 contiene un relato acerca de "los orígenes" de Moab. En él se refleja, por una parte, la intención de mostrar el *vínculo histórico* entre israelitas ("hijos de Abraham") y moabitas ("hijos de Lot"); y por otra parte, el deseo de mostrar la *distancia moral* que los separa. La relación entre ellos es un ejemplo de esa constante lucha entre hermanos que encontramos a través del AT (cf. págs. 51s). Este relato, a pesar de su tono derogatorio, muestra claramente que los moabitas eran percibidos en Israel, como un *pueblo emparentado con ellos.*

Vale la pena mencionar que el relato de la separación entre Abraham y Lot que tenemos en Gen 13, utiliza en dos ocasiones el verbo פרד (separarse, apartarse): "Abram dijo a Lot: ¿No tienes todo el país delante de ti? Pues bien, *apártate* de mi lado ... y así *se separaron* el uno del otro" Gen 13,9.11. Lot *se separa* de Abraham y se va al otro lado del Jordán.

En un interesante contraste con este relato de Génesis, Ruth "la moabita", de modo semejante a como lo había hecho antes de ella

Abraham, viene *del otro lado del Jordán.* Este hecho podría explicar a la distancia, el uso del verbo "regresar" en Ruth 1 en doce ocasiones (!). Nos preguntamos entonces: *¿Es el relato de este regreso en el libro de Ruth, la historia del reencuentro de aquellos parientes que una vez se habían separado? ¿Es la historia de Ruth una especie de parábola acerca de la reconciliación de la familia de Lot con la familia de Abraham?* Quizás a ello se deba el interesante detalle, nada casual, de que en 1,17, Ruth utilice el mismo verbo empleado en Gen 13 (פרד), pero con un sentido totalmente diferente, cuando Ruth (hablando por primera vez en el libro), dice a Noemí: "Juro hoy solemnemente ante Dios que sólo la muerte nos ha de *separar* ..".

Lo sucedido entre Abraham y Lot (padre de los moabitas) en Gen 13, es la historia de un *des-encuentro.* Lo sucedido entre "Ruth la moabita" y Noemí de Belén en Ruth 1, es la historia de un *encuentro.* Encuentro que el narrador resume con una poderosa imagen: "Caminaron, pues, las dos *juntas* hasta Belén" Ruth 1,19.

6. *Poesía*

17. Salmo 107

> *"Por el desierto erraban, por la estepa, no acertaban con lugares habitados; hambrientos y sedientos se sentían desfallecer. Pero clamaron a Yahvé en su apuro, y él los libró de sus angustias. Los condujo por el recto camino, hasta alcanzar un lugar habitado. ¡Den gracias a Yahvé por su amor, por sus prodigios en favor de los hombres!"* Sal 107,4-8

Este es un salmo mixto, compuesto por un himno comunitario de acción de gracias (v 1-32), y una conclusión de carácter sapiencial en forma de himno añadida posteriormente (v 33-43).

Un grupo de mercaderes parte de Jerusalén. Camellos, viajeros y productos se internan en el desierto. Bajo una tormenta de arena pierden el rumbo y los asalta el pavor de perderse en ese vasto mar de arena. Frente a la muerte, cada uno apela instintivamente a lo más sagrado. Milagrosamente la tormenta se detiene. Al recobrar la calma, se orientan nuevamente y llegan al oasis previsto, cansados pero con un profundo sentido de gratitud. De regreso en Jerusalén, van al templo a cumplir con el voto prometido en el momento de su angustia: "¿Cómo pagar a Yahvé todo el bien que me ha hecho? Cumpliré mis votos a Yahvé en presencia de todo el pueblo. Te ofreceré sacrificio de acción de gracias e invocaré el nombre de Yahvé." Sal 116,12ss.

La esplanada alrededor del templo está llena de otras personas que al igual que ellos, fueron salvados. Durante la liturgia, el sacerdote intenta poner orden en aquel mar de personas; organiza la multitud en cuatro grupos según el motivo de su acción de gracias: los salvados en desierto (4-9), los sanados de una enfermedad (17-22), los liberados de la prisión (10-16), los rescatados en el mar (23-32). Cada grupo, colocado en uno de los cuatro puntos cardinales, sigue la liturgia. Un sacerdote se dirige primero en dirección a la salida del sol, hacia el este, al grupo de mercaderes y proclama: "Por el desierto erraban .. se sentían desfallecer". El grupo de mercaderes le responde con el primer estribillo: "Pero clamaron a Yahvé en su apuro y él los libró de sus angustias" v 6.13.19.28. Otro sacerdote invita a todos los presentes: "Den gracias a Yahvé por su amor", segundo estribillo v 8.15.21.31. El liturgo da vuelta y se dirige ahora al segundo grupo, los sanados de la enfermedad, toda la ceremonia se repite nuevamente hasta completar el círculo en el punto donde empezó.

Usualmente, el canto de acción de gracias precedía el sacrificio mismo, y era realizado en forma individual, o bien entonado por el coro de los participantes en la celebración (familiares y amigos). El sacerdote repartía entre los invitados la carne que según las prescripciones, les correspondía (cf. Lev 7,11-21). La descripción de lo sucedido y las palabras de gratitud de la persona, creaban entre los asistentes una atmósfera de temor (cf. Sal 40,4) y alegría (cf. Sal 69,33), y profundizaban su sentido de confianza en Dios. Los presentes confirmaban que, cuando se encontrasen ellos mismos en una situación similar, Dios –sin duda alguna, intervendría en su auxilio. Los presentes son invitados entonces a que se alegren con el salmista: "Engrandezcan conmigo al Señor, ensalcemos juntos el nombre del Señor" Sal 44,4.

Desde el punto de vista de su contenido religioso, el salmo tiene tres momentos:

(1) el momento de *gratitud,* v 1-3 es una invitación litúrgica: "Dad gracias a Yahvé por su amor". Representa el *momento presente,* explica la situación concreta en la que surge el salmo. Estamos en el templo después de haber vivido la experiencia de peligro, es un momento de celebración.

(2) El momento de *memoria,* v 4-32 es un testimonio de lo sucedido: "que lo digan los rescatados por él". Representa el *momento pasado,* cuenta la historia vivida por las personas, las razones que las han motivado a venir a Jerusalén y presentarse en el templo. Es el momento del recuerdo y del recuento.

(3) El momento de *reflexión,* v 33-43 es una meditación: "Guarden estas cosas, mediten en su amor". Representa el *momento de interioridad,* cf. Sal 8,4s. Las personas no sólo narran lo sucedido, sino se preguntan por el significado de estos hechos en la vida de la comunidad. Esta sección muestra que el hecho de salvación por si sólo no basta, a menos que la persona/comunidad sea capaz de ver tras él, el gesto gratuito de Dios y su cuidado misericordioso.

Secciones relacionadas: # 19 y 20.

Estela en gratitud al dios egipcio Upuaut (representado en forma de perro o chacal), por salvar a la persona de las fauces de un cocodrilo, cuando ésta se bañaba en el Nilo. En la estela, el cocodrilo es una encarnación de Apofis, monstruo en forma de serpiente o cocodrilo que representa las fuerzas maléficas y que reina en las tinieblas. De abajo hacia arriba: nivel I, el espacio de lo cotidiano, en donde se vivió el peligro y el auxilio del dios que salva; nivel II: ofrenda de aceite ante el altar del dios salvador. Se realiza privadamente y se ofrece de rodillas; nivel III: participación de la persona en una procesión comunitaria al dios. Obsérvese el lenguaje gestual de las manos en cada nivel.

Los Salmos

"Las obras literarias de épocas y ambientes arcaicos se distinguen de las de los pueblos desarrollados precisamente por el hecho de que no son concebidas puramente como obras escritas, sino que *proceden de la vida real de las personas y tienen su realización en esa vida:* un grupo de mujeres entona un canto triunfal ante el ejército que vuelve victorioso; las plañideras entonan, junto al ataúd, la conmovedora canción de los muertos; en el atrio del santuario, un profeta hace oír su voz atronadora ante la asamblea.

¿Cuál pudo ser el contexto existencial *(Sitz im Leben) de los salmos? Como su mismo nombre indica (*tehillim* = himnos), el judaísmo los introdujo en el culto. Los salmos babilónicos están relacionados también con ciertas celebraciones litúrgicas. Los mismos salmos de la Biblia, en su versión original, en traducciones o en composiciones inspiradas en ellos, fueron introducidos en la liturgia. Este hecho nos permite aventurar la hipótesis de que *los salmos tienen su origen en el culto de Israel.*

Esta hipótesis se verá confirmada inmediatamente con una observación que no puede escapar a un lector atento del salterio: el carácter de fórmula, no de todos, pero sí de muchos de estos poemas. La semejanza entre ellos es tal que a veces es casi imposible distinguirles. Y en consecuencia, el elemento personal, la aportación peculiar del autor pasa a un segundo plano. Encontramos muy pocos detalles concretos en los salmos. Muchos autores se contentan con alusiones o indicaciones muy generales. La misma naturaleza de la lírica explica esta forma de expresión. Pero ésta no es la única explicación. David, en su elegía, menciona a Saúl y a Jonatán expresamente: ¿por qué los salmos no se refieren a ningún personaje contemporáneo del autor citándolo por su nombre? Este hecho tan curioso obedece a que estos cantos no son considerados como una simple expresión de la piedad personal. Este carácter generalizante sólo puede explicarse por su contexto cultual. Se ha de considerar, por tanto, que originariamente eran formularios del culto o, al menos, que proceden de él. Esta conclusión es indudablemente cierta, pues también los poemas babilónicos muestran el mismo carácter formulista, aunque de forma más acentuada. Este fenómeno según han reconocido ya muchos autores, se explica en ambos casos por una misma causa: su utilización con fines cultuales.

Sin embargo, al afirmar esta vinculación al culto, no pretendemos negar o minusvalorar la dimensión personal de los salmos. Lo que hemos dicho no excluye que con frecuencia aparezcan rasgos de originalidad e, incluso, una auténtica cordialidad de tipo personal. Pero en estos casos, hemos de considerar que se trata de un cierto impulso religioso y poético muy elevado que se sale del esquema. (Gunkel, *Introducción* 24-26).

**L
o
s

S
a
l
m
o
s**

"El salterio se presenta como una colección de ciento cincuenta salmos.
Pero el *número* no es exacto. Hay salmos divididos en dos que son uno,
como 9-10 y 42-43; otros están repetidos, como 14 y 53, 70 y la segunda
parte del 40. En el salmo 9-10 la numeración griega se separa de la hebrea
y continúa con un número menos hasta coincidir de nuevo en el 147. La
gran colección se divide en *cinco colecciones* desiguales, cómo una especie
de pentateuco de la oración: 1-41, 42-72, 73-89, 90-106, 107-150.

Los hebreos han dado a la entera colección el título de *tehillim*, privile-
giando el himno o la alabanza, aunque sean más numerosas las súplicas.
Globalmente se han atribuido a David, aun contra títulos particulares.

Casi todos los salmos llevan, en la Biblia hebrea, un *título* que indica el autor, la
circunstancia y una instrucción musical. Son obra de eruditos, que han intentado
muchas veces historificar el salmo correspondiente. No pertenecen al salmo
original. Otras tradiciones ofrecen títulos diversos.

Hoy es corriente la clasificación de los salmos por *géneros literarios*. Un género
está definido por el tema, el desarrollo, recursos formales y la situación en que
nace o para la cual es compuesta. No todos los comentaristas coinciden en la
lista completa de géneros y mucho menos en la clasificación de cada salmo. En
esta tarea hay que evitar el rigor y el reduccionismo. Los poetas no hacían voto
de rigor, y más importante que el género es el individuo. Propongo la siguiente
lista de géneros con ejemplos.

1. Himno: 65; 148. Del que son especificaciones:
   a) canto de entronización o realeza de *Yhwh*: 93-99
   b) canto de / para Sión: 48; 122
2. Acción de gracias: 18; 116
3. Súplica nacional o comunitaria: 74; 79
4. Súplica individual
   a) de perseguido: 22; 35
   b) de enfermo: 6; 38
   c) de inocente acusado en falso: 17; 26
5. Canto de confianza: 4; 23
6. Por o para el rey: 45; 72
7. Liturgia: 118
8. Penitenciales: 50-51; 130 149
9. Sapienciales
   a) históricos: 78; 105
   b) meditaciones: 49; 73

Algunas observaciones. El himno y la acción de gracias fácilmente se confunden o entremezclan. Los cantos de Sión se agrupan por el tema genérico, difieren en el desarrollo; un grupo particular lo forman los cantos de peregrinación. La súplica individual puede ser ampliada o acogida por la comunidad. La confianza es parte de la súplica, no siempre se independiza del todo. Los salmos reales coinciden en el tema genérico, nada más; varía mucho su tema específico: boda, batalla, gobierno. Las liturgias incluyen en el texto indicaciones para la ceremonia. En los penitenciales podemos distinguir la acusación, la confesión, la demanda de perdón. La situación de estos salmos es raras veces histórica, de ordinario es típica. Puede ser real o de imitación literaria; quiere decir que el salmo está estilizado a la manera de notas.

Muy importante es el estudio del *lenguaje* de los salmos. Se ha dicho, con razón, que el salterio es una síntesis de todo el AT. De ahí la necesidad de leer los paralelos en su contexto próximo y en su relación con el salmo. Después hay que remontarse a un punto desde donde abarcar la validez general y aun universal de sus abundantes símbolos. Por otra parte, el *individuo* debe ser comprendido en su estructura de superficie o profunda; de aquí la importancia de estudiar la composición y sus relaciones internas.

El *texto* hebreo de los salmos es con frecuencia deficiente o dudoso. El intérprete tiene que recurrir a hipótesis o conjeturas; o presenta alternativas probables. Más importante que lo diferencial es un factor común: los salmos son *oración*, fueron compuestos para ser rezados: ¿por quién?, ¿por quiénes?

Lo primero es definir quién pronuncia el salmo en la intención original. Más aún, dentro de algunos salmos hablan diversos personajes, y hace falta identificar sus voces; p. ej. Sal 2; 27; 55. Pasa el tiempo y otros pronuncian el salmo en circunstancias nuevas, con otro horizonte mental. Y así sucede la transformación profunda, sin cambiar el texto. Esto significa un cambio de horizonte que afecta profundamente al sentido.

Para rezar sinceramente hay que *apropiarse* el salmo. A saber, sus sentimientos y su expresión. A veces sentimientos ajenos, por compasión, por experiencia vicaria: p. ej. el salmo de un moribundo, Sal 88. La expresión es todo un lenguaje: concreto, rico, simbólico. Unas veces el salmo da expresión a sentimientos ya existentes; otras veces la recitación nos comunica y excita los sentimientos adecuados." (Schökel, *Biblia* II: 571-573).

18. El alimento:
providencia y gratitud.

> *"¡Bendice, alma mía, a Yahvé! ¡Yahvé, Dios mío,*
> *qué grande eres! .. Riegas los montes desde tu alta*
> *morada, con la humedad de tus cámaras saturas la*
> *tierra; haces brotar hierba para el ganado, y las*
> *plantas para el uso del hombre, a fin de que saque*
> *pan de la tierra, y el vino que recrea el corazón del*
> *hombre, para que lustre su rostro con aceite y el pan*
> *conforte el corazón del hombre .. Todos ellos esperan*
> *de ti que les des su comida a su tiempo; se la das y*
> *ellos la toman, abres tu mano y se sacian de bienes. Si*
> *escondes tu rostro, desaparecen, les retiras tu soplo y*
> *expiran, y retornan al polvo que son."*
> Sal 104,1. 13-15. 27-29

Este himno celebra el cuidado providencial de Yahvé para su creación y describe el ciclo del año agrícola en Palestina: *trigo, uvas, aceitunas* .. productos que el salmista percibe como don gratuito de Dios, cf. Deut 26,5-9. Este modo de ver las cosas no es automático ni evidente, sino conciencia profunda de un vínculo. La construcción להוציא *'a fin de que saque'* (pan de la tierra) y להצהיל *'para que lustre'* (su rostro con aceite), en ambos casos ל + inf. const., muestra una finalidad intencionada del Creador, a saber, el bienestar de la criatura. Las cosas están allí *con el fin de que* por medio del trabajo, las personas vivan y disfruten sin carecer de nada. Pan / vino / aceite, tríada fundamental de la dieta. *No* se mencionan los elementos naturales "trigo / uva / aceituna" como se hace en la tríada de Deut 24,19-21, sino los productos que resultan del trabajo humano. Las tareas agrícolas siguen este orden de cosecha a lo largo del año. El salmista ve la combinación armoniosa entre el don divino y la actividad humana, para alcanzar el *sustento* (pan), la *alegría* (vino) y la *salud* (aceite). Es esto, precisamente, lo que despierta su sentido de gratitud, cf. Deut 8,7-10. Estos productos se perciben como un *don*, porque son muchos los peligros que amenazan su existencia: sequías, plagas, inundaciones, guerras, robo.

Las actividades humanas más importantes están ligadas a ellos: el trabajo de la siembra, el cuidado de los plantíos, la alegría de la cosecha, la presentación de las ofrendas en el templo en señal de gratitud. Todo ello marca los ciclos de la vida personal, familiar, comunitaria. Disfrutar de ellos presupone un equilibrio difícil de lograr. Es necesario contar con salud, paz, trabajo y cosechas saludables, imagen todo ello de la armonía de la creación.

El salmo muestra, por otra parte, la sacramentalidad de las cosas, los elementos de la creación y el trabajo humano se convierten en signos de vida: sustento, alegría, salud. La imagen del mundo en este salmo es típica de las concepciones míticas del antiguo Oriente: un universo en tres pisos con Dios viviendo en el nivel superior "tu alta morada .. tus cámaras", cf. Am 9,6. El sentido profundo del salmo conserva, sin embargo, un valor permanente: la vida humana es frágil, el alimento puede escasear. El acceso a él expresa una voluntad benefactora, un vínculo entre criatura y Creador. Este salmo es un gesto de gratitud que rompe con la rutina de lo cotidiano, y reconoce la presencia divina en la cercanía y en el bienestar de la comunidad.

Secciones relacionadas: # 32 y Biblia de Oriente 5.

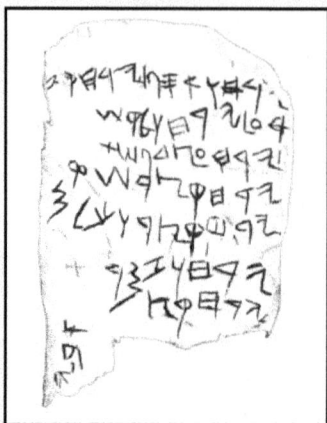

"Agosto y setiembre para recoger la aceituna,
octubre para sembrar la cebada,
diciembre y enero para sembrar el trigo,
febrero para escardar el lino,
marzo y abril para cosechar el trigo y hacer fiesta,
mayo y junio para podar las vides,
junio para recoger el fruto del verano".

Tablilla encontrada en la ciudad de Guézer (siglo X a.C.), identifica los meses del año con las tareas agrícolas correspondientes.

La creación ¿una gigantesca postal cursi?

Anteriormente, cuando las personas vivían inmersas aún en un medio natural, se imaginaban la creación como estática, y al preguntarse: ¿Quién ha hecho todo esto: cielo y tierra, mar y continente, sol y luna, viento y lluvia, plantas y animales? Recibían la respuesta del relato bíblico de la creación: *todo esto lo ha hecho Dios.*

Pero si las personas que viven actualmente en un medio urbano se preguntan: ¿Quién ha hecho todo esto: automóvil, tranvía, asfalto, edificios, máquinas, luz eléctrica, fibras artificiales, materias sintéticas, cerebro electrónico? ya no pueden responder sin más: 'todo esto lo ha hecho Dios', sino que la respuesta es otra: *todo esto lo ha hecho el ser humano.* La causa inmediata y directa de un ambiente tecnificado y artificial ya no es el Dios creador, sino el ser humano.

Esta experiencia existencial tampoco cambia cuando esta persona se pone en contacto con "la naturaleza". Los millones de personas que anualmente se tumban en las playas han llegado a ser incapaces de percibir el mensaje que viene del mar y del cielo, la llamada "revelación natural" de Dios (Sal 8). Ya no hay sentido de admiración, la naturaleza no es para ellos más que una gigantesca postal cursi. (Adaptado de Andrés, *Diccionario* 68).

19. La inversión en el AT

"Comúnmente en la Biblia los personajes experimentan importantes transformaciones: superan dificultades, alcanzan metas, experimentan renovaciones personales. Este rasgo optimista es una característica de la literatura bíblica. Algunos autores han dado a esto el nombre de técnica de la *inversión*, por la inversión de las cosas en su sentido opuesto: "un personaje pasa de la desgracia a la dicha, un pueblo esclavizado alcanza la libertad, un acusado es perdonado, una víctima es salvada .. Jeremías es librado de la condena a muerte por la intervención de los notables [26,16-19]; José, vendido por sus hermanos como esclavo, logra ascender hasta convertirse en consejero de faraón (Gen 37. 39-41); Ruth, llega a Judá como extranjera y viuda. Al final, el rey David descenderá de ella (Rut 4,13-17). Tratándose del relato bíblico, la inversión es más que una técnica narrativa, participa de la experiencia de Dios: "Tu has cambiado mi luto en danza, me quitaste el sayal y me vestiste de fiesta" Sal 30,12" (Ska. *Análisis* 26).

"Él cambia los ríos en desierto, en tierra seca los manantiales. Pero cambia el desierto en estanque, la árida tierra en manantial; asienta allí a los hambrientos, para que funden ciudades habitadas. El que vierte desprecio sobre príncipes, los extraviaba por yermos sin camino. Pero recobra al pobre de la miseria, aumenta sus clanes como un rebaño; los rectos lo ven y se alegran, los malvados se tapan la boca. ¿Quién es sabio? ¡Que guarde estas cosas, y medite en el amor de Yahvé!" Sal 107,33ss.

Este es un salmo mixto compuesto por una acción de gracias comunitaria (1-32) y una reflexión sobre la providencia divina (33-43). La conciencia de las diferencias existentes en la sociedad se refleja en las polaridades mencionadas: "río/desierto, hambriento/príncipe". La naturaleza distingue entre desierto y tierra fértil, la sociedad distingue entre nobles y miserables. Dios *invierte* ambos. Al final el texto dice: quien es sabio, que guarde y medite. Quiere decir que hay aquí un misterio que debe ser descifrado, algo que no es evidente en primera instancia. Por ello, no basta *contar* (v 1-32), es preciso *meditar* (v 33-43) (Schökel, *Biblia II*: 739s). El reconocimiento de este hecho produce un cambio fundamental en el desarrollo de los acontecimientos, un giro en la existencia. Al final se impondrá la justicia divina. Las múltiples muestras del amor de Yahvé en la historia, confirman esto. Lo que la primera parte del salmo (1-32) afirma es, precisamente, que estas acciones del amor de Yahvé no han sucedido *una* vez sino *muchas*. Esta es la garantía que sostiene la esperanza del salmista sobre lo que Dios puede hacer en el presente: recobrar al pobre de su miseria.

"Tres cosas hacen temblar la tierra y cuatro no puede soportar: esclavo que llega a rey, tonto harto de comer, mujer odiada que se casa y esclava que hereda a su señora." Prov 30,21-23.

Este es un proverbio que respondiendo a una visión de mundo aristocrática, describe *un mundo de cabeza* donde "el esclavo llega a ser rey", algo que según él "la tierra no puede soportar" (!). Este texto legitima un orden social según el cual "No *sienta bien* (נאוה) al esclavo dominar a los príncipes" Prov 19,10. Los mismos sentimientos aristocráticos expresa Qohelet cuando habla de un *mal* (רעה), de un *error* (שגגה), que consiste en que "el esclavo ande a caballo y el príncipe a pie, como los esclavos" 10,5-7. Prov espera la restauración del "orden", pero de un orden monárquico. Cree que el caos se supera por el retorno a ese tipo de "orden". El círculo vicioso de este tipo de lógica aristocrática lo muestra bien J. Vílchez al comentar: "En una sociedad como la de Qohelet sólo *los ricos*, los bien acomodados tenían acceso a la instrucción y a la cultura, que era en opinión de los sabios, el único medio que posibilitaba a los ciudadanos un gobierno acertado y justo" (Vílchez, *Eclesiastés* 377). En el Sal 107, por el contrario, se vislumbra la inversión de un orden opresivo para dar paso a uno justo, cf. Is 26,4-6; Ez 21,31.

Secciones relacionadas: # 17 y 31.

El motivo de "El mundo vuelto al revés"

La inversión expresa el anhelo humano fundamental por la justicia y la reivindicación. Esta es una forma de esperanza que adquiere múltiples expresiones a lo largo de la historia. Es, por ejemplo, el motivo de "*El mundo vuelto al revés*" que encontramos en el relato cananeo de Balaam:

> *"Que la hiena se vuelva mansa,*
>> *que los cachorros se vuelvan salvajes.*
> *Que las mujeres pobres se perfumen con mirra,*
>> *que los sacerdotes huelan a sudor.*
> *Que los príncipes vistan harapos;*
>> *que los antes respetados muestren ahora respeto.*
>> *Que los que antes mostraban respeto,*
>>> *ahora lo reciban.*
> *Que los sordos oigan desde lejos;*
>> *que los tontos tengan visiones"*

Existe, claro está, otro ángulo de esta inversión: la amargura de la clase poderosa que lamenta la pérdida de sus privilegios en momentos de revolución política. Numerosos textos, particularmente egipcios, dan expresión al dolor que causa esta "inestabilidad del orden social". En el fragmento que citamos a continuación de las Admoniciones de Ipuwer (escritas en algún momento entre 2300-2050 a.C.), no es la voz de los trabajadores de las pirámides la que escuchamos, sino la voz de desesperación de sus amos:

"Los pobres se han convertido en poseedores de riqueza. El que no es capaz de hacer con sus manos unas sandalias, ahora posee riquezas. Los nobles se lamentan, mientras que los pobres están alegres. Los que han edificado las pirámides son ahora dueños de casas, los hijos de los nobles han sido aplastados contra los muros. Todas las esclavas han soltado sus lenguas. Cuando sus amas hablan, las criadas encuentran esto como un ultraje. Las nobles damas tienen ahora que espigar. El hombre calvo que no tenía aceite, se ha convertido ahora en dueño de jarras de mirra deliciosa. Todo el país se ha vuelto como rueda de alfarero .." (García, Biblia 561).

Es el mismo anhelo de fondo que encontramos en los relatos de carnaval medievales (Saturnalia), o en una novela moderna como "La isla de los esclavos" de Marivaux, en donde los esclavos se convierten en amos y los amos en esclavos. Es un tema importante en el cine contemporáneo, como en el film "El Imperio del Sol" de S. Spielberg.

Lo encontramos también en los movimientos religiosos derivados de la aculturación de América Latina, en donde el sentimiento contra las personas blancas de cultura europea, identificados como opresores y enemigos, es una constante de los movimientos mesiánicos autóctonos. En el grupo mesiánico 'Santidad de Jaguaripe' (Bahia, Brasil 1686), se creía que los blancos iban a convertirse en esclavos de los indios. En la Guayana inglesa el líder religioso Makunaíma (1846), había dicho que sus hijos llegarían a ser superiores a los blancos, serían ricos y usarían armas de fuego. cf. Puech, *Movimientos* capítulo 7.

20. Las fiestas: ruptura con lo cotidiano

> "<u>Contarás</u> tu siete semanas. Desde el momento en que la hoz comience a segar la mies comenzarás a contar estas siete semanas. Y <u>celebrarás</u> en honor de Yahvé tu Dios la fiesta (גח) de las Semanas; la medida de la ofrenda voluntaria que hagas estará en proporción con lo que Yahvé tu Dios te haya bendecido. Y <u>te regocijarás</u> en presencia de Yahvé tu Dios, tú, tu hijo y tu hija, tu siervo y tu sierva, y el levita que vive en tus ciudades, y el forastero, el huérfano y la viuda que viven en medio de ti, en el lugar que elija Yahvé tu Dios para poner allí la morada de su nombre. <u>Te acordarás</u> de que fuiste esclavo en Egipto y cuidarás de poner en práctica estos preceptos." Deut 16,9-12.

Los verbos subrayados (2 sing masc), dejan en claro que las leyes se dirigen a un varón, libre, con propiedades. La mujer no es mencionada, aunque la historia de Ana y Penina muestra que las esposas participaban efectivamente de la peregrinación, cf. 1 Sam 1. El sustantivo גח (fiesta) es el término empleado usualmente para las fiestas de peregrinación. Esta era una actividad importante en la vida, por lo demás rutinaria y difícil, de una familia campesina. Muchos preparativos debían de ser hechos con anticipación para que la familia pudiera realizar esta peregrinación. El viaje a Jerusalén se realizaba a pie y en la mayoría de casos tomaba varios días; por lo cual era necesario hacer arreglos para la alimentación y el hospedaje durante el camino. La visita de una familia campesina a Jerusalén, la asistencia a una celebración en el templo, los edificios de la ciudad y la presencia masiva de cientos de otras familias debió haber dejado una impresión difícil de borrar en la mente de personas acostumbradas a la sencilla vida del campo (Sal 122,1s).

La mención explícita de que la fiesta se celebra *en honor de Yahvé* (y no de Baal), deja ver entre líneas la polémica sobre el 'verdadero origen' de la fertilidad. El referente inicial y final del texto (la actividad de la siega y la experiencia liberación en Egipto), muestran la dirección en la que evoluciona la religión israelita: *de la naturaleza a la historia.*

La fiesta no tenía una fecha fija, ésta dependía del inicio de la cosecha cada año, es decir, de los ciclos de la vegetación. La ley cierra con una *fórmula de recordatorio: "Te acordarás de que fuiste esclavo en Egipto". Si bien este recuerdo de la esclavitud propia (rasgo típico de Deut 5,15; 15,15; 24,18.22), es mencionado como fundamento para beneficiar al esclavo y a las personas débiles de la sociedad, debe recordarse que la experiencia de esclavitud propia no condujo a la abolición de la esclavitud ni siquiera entre ellos mismos (Deut 15,12-18).

La *fórmula "el lugar que elija Yahvé tu Dios para poner allí la morada de su nombre" (12,11; 14,23; 16,2.6; 26,2), indica que el texto es parte de una reforma litúrgica que, interesantemente, debe ser acompañada por una reforma comunitaria: la inclusión de los débiles. La celebración era un sacrificio: una parte de la carne se quemaba en el altar, otra parte era designada como pago al sacerdote, y con el resto se celebraba un banquete familiar en el que se incluían el forastero, el huérfano y la viuda. Esta era quizás la única comida apropiada que estas personas podían tener en mucho tiempo.

Secciones relacionadas: # 17 y 18.

La fiesta: historización progresiva de una herencia cananea

Las fiestas eran un contrapunto religioso a la vida cotidiana, una forma de alterar el ritmo monótono de la vida y ver las cosas desde otra perspectiva: experimentar el poder vivificador del reposo, el juego y la alegría. La fiesta era una especie de subversión de lo rutinario, algo que hacía 'explotar' la comunidad de un modo similar al que la risa hace 'explotar' el cuerpo (Llopis, *Fiesta* 630). "Hay un tiempo para lamentarse y un tiempo para danzar" Qoh 3,4b; es decir, la oportunidad para encontrar el balance apropiado de la existencia. Por ello, sin las fiestas, la comunidad carecería de algo vital que perjudicaría enormemente su potencialidad.

La forma externa de las fiestas está definida por los ciclos agrarios anuales, así como por la observación de los ciclos lunares y solares, aspectos comunes con los pueblos de su entorno. Esto significa que las fiestas en Israel siguen un proceso similar al de la historia misma del pueblo de Israel: emergen de un medio cultural común y, posteriormente, se van diferenciando hasta adquirir un perfil propio, y algunas veces incluso, opuesto al de sus orígenes cananeos. Esto explica que Roland de Vaux, al tratar el tema de las fiestas en las "Instituciones del Antiguo Testamento", hable primero sobre *"El origen de las fiestas"* y luego sobre su *"Conexión con la historia de la salud"*.

Las fiestas agrícolas se historizaron al vincular las distintas actividades de la celebración, no a creencias ligadas con la fertilidad, sino a hechos liberadores de Yahvé en la historia. Veamos dos ejemplos: (1) la pascua (פסח) era un antiquísimo rito de pastores nómadas y seminómadas que tenía lugar en la primavera, y consistía en el sacrificio de un animal joven para asegurar la fecundidad y prosperidad del ganado; (2) la fiesta de los panes sin levadura (מצות), era una fiesta cananea relacionada con la cosecha de las primeras gavillas.

Estas fiestas *anteriores a Israel* se relacionaron, *posteriormente*, con la liberación de Egipto, cf. Ex 12. La tarea de reinterpretación de estas celebraciones, no a partir de criterios agrícolas o astrales sino a partir de eventos históricos, fue un logro de la teología sacerdotal durante el exilio. Las fiestas son pues, un indicador de la capacidad de los teólogos/as de Israel de tomar costumbres autóctonas de su entorno cultural y reinterpretarlas en función de sus propias tradiciones religiosas.

La fiesta: ruptura simbólica de lo cotidiano

"Ante todo, la fiesta es *ruptura* con la vida cotidiana: es algo que resulta inhabitual, extraordinario. Abre un paréntesis en la tensión diaria, y redime de algún modo el desgaste de la vida dándole un sentido liberador. La fiesta comporta un aire de *gratuidad* y *alegría*. La gratuidad es la actitud vital opuesta al utilitarismo pragmático, que suele ser la tónica de la actividad humana. Es la capacidad de contemplación admirativa, de saber «perder el tiempo», aceptando la vida como don y gracia, en un clima de estética y de juego.

La lástima es que a veces la fiesta cae también en la espiral consumista, y se entiende y se vive como una simple válvula de escape para poder rendir más después. El impacto del proceso secularizador hace que a los hombres y mujeres de nuestros días, les sea difícil captar el sentido profundamente religioso de las fiestas, e incluso saber qué significa propiamente 'celebrar'. Es verdad que a menudo se dan fenómenos de auténtico regocijo festivo, como en las explosiones de alegría por los triunfos de un club deportivo, en las concentraciones juveniles alrededor de un cantante famoso, en ciertas fiestas populares de arraigada tradición o incluso, en manifestaciones de tipo político o patriótico. Sin embargo, es lícito sospechar que la sociedad actual va perdiendo progresivamente el auténtico sentido de la fiesta.

Si nos fijamos, no tanto en determinadas celebraciones esporádicas vinculadas con hechos puntuales, como en las diversas fiestas que van ritmando periódicamente el transcurso de la vida individual y colectiva, nos percatamos de que la persona moderna confunde cada vez más celebración festiva con el mero hecho de descansar o dejar de trabajar. Y ese cese del trabajo, en cuanto descanso físico y psíquico, no está en función de la actividad festiva, sino simplemente en relación con la necesidad del reposo para poder trabajar y consumir, después, con mayor intensidad." (Llopis, *Fiesta* 630. 627).

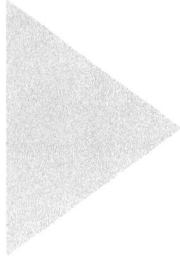

Biblia de Oriente 5

Himno a Atón

Te elevas bello en el horizonte del cielo,
Tú, Atón viviente, que vives desde el principio.
Cuando te alzas radiante en el horizonte del este,
Llenas todos los países con tu hermosura.
Eres bello, grande y brillante; y te elevas sobre todo el país,
Tus rayos abarcan los países hasta los confines de lo que creaste.
Tú que eres Ra [dios solar], llegas hasta los extremos.
Aunque estás lejos, tus rayos están sobre la tierra.
Aunque estás sobre el rostro de las personas,
Nadie conoce tu marcha.

La noche

Cuando te ocultas en el poniente, en el horizonte,
La tierra se oscurece, asemejándose a la muerte (...)
Todos los leones salen de sus guaridas y muerden los reptiles
Todo está a oscuras, la tierra está en silencio.
Porque el que ha creado los seres, reposa en el horizonte.

El día: los seres
humanos

Pero al despuntar el alba, cuando te elevas en el horizonte (...)
los dos países [Alto y Bajo Egipto] se despiertan alegres
Y los hombres se yerguen sobre sus pies a causa de ti.
Luego lavan sus cuerpos y se visten,
Y sus brazos se abren en signo de adoración.

Cuando tú te elevas
Toda la tierra se pone al trabajo.
Los árboles y las plantas florecen,
Y los pájaros vuelan de sus nidos
Se abren sus alas adorando a tu alma;
Todos los cabritos saltan sobre sus patas.
Todo lo que vuela y se posa revive
Cuando tú apareces radiante ante ellos.
Los barcos suben y bajan por el río,
Pues todas las rutas se abren al hacer tu acto de aparición.
Los peces del río dan saltos delante de tu rostro
Y todos los rayos penetran hasta el fondo del mar.

El día: animales
y plantas

El disco solar proyecta sus rayos en forma de manos, concediendo así la vida. Nótese que el signo egipcio de la vida ☥ (ankh), es llevado por los rayos directamente a la nariz del faraón y la reina, explicando así el sentido del himno: "Aunque tú estás lejos, tus rayos están sobre la tierra. Aunque estás sobre el rostro de los personas, nadie conoce tu marcha".

**Creación de la
vida humana**

Tú desarrollas el germen en las mujeres
Y fabricas el líquido seminal en los hombres.
Tú retienes al hijo en el seno materno
Y lo cuidas para que no llore
Tú lo nutres en el seno y das alimento vivificador al que creas.
Cuando el niño sale del seno el día de su nacimiento
Tú abres su boca del todo y provees a sus necesidades.

**Creación de
los animales**

Cuando el polluelo está en el huevo, pía ya dentro del cascarón,
Porque tu le das el aliento interior para que viva.
Y le das, cuando ya está formado en el huevo, el poder para romperlo
Y así sale del huevo para piar a su tiempo
Y cuando sale, anda ya sobre sus patas (...)

**Creación
universal**

Tú formas un Nilo en la región subterránea
Y lo haces salir porque así lo deseas.
Das sustento al pueblo [de Egipto],
Según lo hiciste para ti mismo (...)
... Tus rayos alimentan los campos.
Cuando te alzas resplandeciente,
Todos los seres reviven y crecen gracias a ti;
Tú estableces las estaciones
Para mantener con vida cuanto has creado.
El invierno para refrescarlos,
Y el calor para que [revivan]
Tú creaste el firmamento lejano para resplandecer sobre él
Y para contemplar todo lo que has creado.
Mientras estabas solo, resplandeciendo bajo las formas del sol viviente,
Apareciendo o manifestándote en tu esplendor,
Alejándote o acercándote,

Ternura y afectividad: emergencia de una nueva forma de piedad. En una escena de intimidad familiar, toda una novedad en el arte de la época, aparece el faraón Ajenatón, su esposa Nefertiti y sus tres hijas. Sobre ellos, concediendo el don de la vida y sirviendo de modelo, la figura del dios sol Atón, quien se apiada de sus criaturas como un padre se vuelve, lleno de amor, a sus hijas. La vivencia religiosa queda así marcada por la experiencia de las relaciones humanas.

Has creado millones de formas variadas que surgen de ti único:
Ciudades, aldeas, campos, caminos y ríos (...)
El mundo surgió a la existencia por tu mano,
Conforme a los planes que hiciste.
Cuando te alzas resplandeciente, los seres viven;
Cuando te ocultas, mueren.
Tu tienes la duración de la vida en ti mismo,
Porque se vive sólo por medio de ti.
Los ojos se proyectan sobre tu belleza hasta que te ocultas
Y todos los trabajos cesan cuando te pones en el occidente (...) ".

(García, *Biblia* 302s).

Comentario:

En este himno encontramos una *idea de universalismo* religioso desconocida hasta entonces en el cercano Oriente. Se asume no sólo que el dominio del dios Atón es universal (todas las tierras, todo el mundo viviente: vegetal, animal y humano), sino que este dominio es reconocido por todos los seres humanos. Al igual que en los salmos 8, 19 y 104, encontramos aquí un *sentido de admiración y reverencia* frente a las maravillas y misterios de la naturaleza: el polluelo pía ya dentro del cascarón y Atón le da el aliento interior para que viva. Este poder dador de vida de Atón es una fuente constante de vida, sustento y bienestar.

El universalismo religioso.

Atón se caracteriza por su *poder y omnipresencia*. Se destaca una interesante paradoja: "Aunque estás lejos, tus rayos están sobre la tierra / Aunque estás sobre el rostro de las personas, nadie conoce tu marcha". Destaca el cuidado paternal y maternal del dios para con todas sus criaturas. Una de las versiones del himno dice: "Eres el padre y la madre de todo lo que has creado". Los seres vivientes parecen tener *conciencia de su cercanía*. Cuando sus rayos disipan la oscuridad, todo cobra vida nuevamente: las aves vuelan y extienden sus alas para alabarle, y los peces nadan en el río porque sus rayos penetran hasta en las aguas oscuras.

Dios: padre y madre.

Antes de textos como Sal 19,1-7, existió en Egipto la idea de que *la revelación de Dios era visible en la naturaleza* (cf. Breasted, *Dawn* 292). La observación del cosmos conduce a una actitud de éxtasis frente a la maravilla de la creación. Del himno se desprende la capacidad del autor para discernir la presencia universal de dios en la naturaleza, y la convicción de que tal presencia es captada igualmente por las demás criaturas.

La revelación de dios en la naturaleza.

Los largos períodos de dominación egipcia habían dejado su huella en la vida intelectual de las ciudades de Palestina. El himno a Atón, que es la matriz del salmo 104, y que llegó a conocimiento de los israelitas por mediación de motivos religiosos cananeos, es un claro ejemplo de esto (cf. Noth, *Historia* 50 y Kraus, *Psalmen* 2: 709). Se percibe en el salmo 104 la introducción de variantes que modifican la tradición recibida: en el himno egipcio, el dios del sol Atón pierde poder sobre lo que sucede durante la noche. Este período se convierte en una esfera autónoma sobre la que Atón carece de control. En el Sal 104, la esfera de acción de Yahvé cubre tanto el día como la noche, cf. v 19-21. Las *tinieblas* dejan de ser una esfera amenazante con poderes propios (míticos o demónicos), para convertirse en un fenómeno natural. Puede decirse que, en este sentido, el salmo 104 introduce una actitud más profana: la naturaleza se ha desmitificado.

El himno a Atón y el salmo 104.

En el himno a Atón, el campesino egipcio levanta sus brazos al amanecer en señal de adoración al sol. En el salmo no se da expresión religiosa alguna. En la transición de la noche al día no ha habido ningún milagro, porque Yahvé no ha dejado de gobernar en ninguno de ambos. Esta pérdida de poder misterioso/mitológico se percibe también en el dominio de Yahvé sobre las tinieblas en Gen 1,2-5 (Cf. Spieckermann, *Heilsgegenwart* 38). Según el salmo 104, durante la noche: "los cachorros rugen por su presa, reclamando *a Dios* su comida" v 21.

Las *semejanzas con el pensamiento bíblico* son varias:

(1) al igual que Yahvé, Atón es un dios único al que ningún otro es semejante.

(2) crea todos los países y diversifica sus lenguas. Distingue claramente entre *su* pueblo (al que da el río Nilo), y los demás pueblos (a quienes les da "un Nilo en el cielo" es decir: la lluvia).

(3) el rey se presenta como hijo del dios (cf. Sal 2,7).

(4) aunque el dios está presente en toda la creación, sus designios siguen siendo algo misterioso para el ser humano.

Una idea fundamental en las religiones del mundo de la
Biblia es que la creación misma es el resultado de una lucha
entre el caos y el orden (Gen 1 por ejemplo), forma poética de
representar la lucha entre la vida y la muerte. En Egipto este
contraste se expresa en términos de luz y tinieblas: "Cuando
te pones en el horizonte (..) la tierra yace en silencio, porque
el que la ha creado descansa en el horizonte". La sofisticación
intelectual de este himno egipcio se muestra en que distingue
teológicamente a *dios* de su *manifestación* (la luz). Se habla, en
otras palabras, de una presencia de Atón mediada. Lo que
los seres humanos experimentan es, solamente, el rayo de su
presencia: *"Tu estás lejos pero tus rayos están sobre la tierra /
Aunque brillas sobre el rostro de hombres, nadie conoce tus caminos".*
La realidad de su cercanía no disuelve el misterio de su
presencia.

*La lucha entre
el caos y el orden.*

> *"La actitud hebrea hacia la naturaleza como ámbito que
> muestra la preocupación benevolente del creador, tiene su
> fuente en este himno. La certidumbre de la bondad y
> generosidad de Dios, expresada en el himno a Atón, puede
> muy bien haber tenido una importante influencia en el
> nacimiento de la religión personal entre los hebreos"*
> *(Breasted, Dawn 368s).*

Dossier 3: Biblia y Arte

Rembrandt, 1654

Betsabé parece absorta en una silenciosa meditación. La mujer se encuentra desnuda, adornada solamente con algunas joyas que la hacen verse más desnuda aun. Es la desnudez de su situación frente al deseo del rey, frente al hombre, dominante en una sociedad tradicional. La tradición iconográfica ha querido ver siempre a David observando a Betsabé desde el balcón de su palacio. Observada por el rey, ella se convierte en el objeto de un deseo, solamente. Al no mostrar a David, Rembrandt evita esta conexión con temas eróticos. David no aparece más que de manera indirecta, por la carta, lo cual permite profundizar la dimensión sicológica de la historia. Betsabé tiene la carta en su mano sin prestarle ninguna atención. Esto da lugar a sus pensamientos, que se expresan como un dilema interior de una profundidad admirable. Su cuerpo, con la cabeza ligeramente inclinada, constituye una forma de reforzar la idea de vuelco sobre sí misma.

En la pintura de figuras femeninas anterior a Rembrandt, la mujer aparecía ha menudo acostada, en un estado de semi-inconciencia, como una simple presencia corporal que permitía la proyección del deseo masculino. La Betsabé de Rembrandt es, sin embargo, mucho más que el simple objeto de un deseo. Aquí, ella está absorta en una experiencia de orden intelectual, una experiencia de la imaginación. Sus pensamientos no están con su cuerpo. Ella se resiste a ser reducida a la mirada del espectador, cuya relación con el personaje no puede ser más que una de empatía. (Gerbron, *La Bible*: Bethsabée).

El pintor ha escogido poner en escena un instante trágico. No solamente aquel del momento en el que Sansón es arrestado por los filisteos, sino más bien aquel en el que Sansón se da cuenta, brutalmente, de la traición de Dalila. Es el mismo momento. La composición se organiza a partir de dos miradas: la de Sansón y la de Dalila. Los filisteos están allí solamente para desviar nuestra atención hacia la pareja. Ellos forman una especie de muro que destaca la figura de Sansón.

Los brazos de Sansón hacen la conexión entre dos momentos: aquel en el que él está cerca de la mujer que ama, y aquel de la prisión que le espera, el fin de su vida. La mirada de Sansón expresa la sorpresa y el dolor moral: con esa mirada, él acusa. En cuanto a Dalila, su actitud es ambigua. Su mirada es neutra, mientras que sus brazos van hacia el hombre con una especie de gesto de fatalidad. Es cierto que en el texto ella previene a Sansón de la llegada de los filisteos: "Los filisteos contra ti, Sansón" (Jue 16,20). Una tentativa desesperada por contrarrestar lo que ha hecho. Es difícil decir exactamente, pero su gesto parece decir: "Era necesario. ¿Qué se puede hacer contra el destino? Tu eres de nuestros enemigos". *(La Bible*: Samson).

Van Dick, ca. 1630

Rembrandt, 1634

Era muy de madrugada cuando Abraham se levantó, hizo aparejar los asnos y dejó su tienda. Isaac iba con él. Durante tres días cabalgaron en silencio, y llegada la mañana del cuarto continuaba Abraham sin pronunciar palabra, pero al levantar los ojos vio a lo lejos el lugar de Moriah. Allí hizo detenerse a sus dos servidores, y solo, tomando a Isaac de la mano, emprendió el camino de la montaña. Abraham se decía: no debo seguir ocultándole por más tiempo a donde le conduce este camino. Pero Isaac abrazándose a las rodillas de Abraham le suplicó, pidió gracia para su joven existencia.

Entonces Abraham levantó al muchacho y comenzó a caminar de nuevo, llevándole de la mano. Abraham se apartó brevemente, pero cuando Isaac contempló de nuevo el rostro de su padre, lo encontró cambiado: su mirar era terrible y espantosa su figura. Aferrando a Isaac por el pecho lo arrojó a tierra y dijo: «¿Acaso me crees tu padre, muchacho estúpido? ¡Soy un idólatra! ¿Crees que estoy obrando así por un mandato divino? ¡No! ¡Lo hago porque me viene en gana!» Tembló entonces Isaac y en su angustia clamó: «¡Dios del cielo! ¡Apiádate de mí! ¡Dios de Abraham! ¡Ten compasión de mí! ¡No tengo padre aquí en la tierra! ¡Sé tú mi padre!» Abraham musitó muy quedo: «Señor del cielo, te doy las gracias; preferible es que me crea sin entrañas, antes que pudiera perder su fe en ti.»

Cuando una madre considera llegado el momento de destetar a su pequeño, tizna su seno, pues sería muy triste que el niño lo siguiera viendo deleitoso cuando se lo negaba. Así cree el niño que el seno materno se ha transformado, pero la madre es la misma y en su mirada hay el amor y la ternura de siempre. ¡Feliz quien no se vio obligado a recurrir a medios más terribles para destetar al hijo! (Kierkegaard, *Temor* 8-10).

Ana lleva a Samuel al templo para ofrecérselo al Señor en gratitud. La descripción bíblica dificulta, en su brevedad, captar la profunda dimensión humana detrás de este hecho, cf. 1 Sam 1,24-28. La poetisa judía Ruth Finer Mintz, nos ayuda con su imaginación.

Eeckhout, ca. 1665

Yo era un hombre como tu
y sin embargo, distinto.
Enviado lejos de su hogar, a la santidad
antes de lo que un niño debería.
Dormía en el templo, cerca de Elí
atemorizado siempre por la oscuridad.
El arca era maravillosa,
pero de noche infundía un miedo aterrador.
Los querubines estaban allí,
con los rostros cubiertos por sus alas.
De día me perseguía su misterio,
de noche, una luz arrojaba sombras
sobre mis sueños noctámbulos.
Siempre llamando, llamando ..
se escuchaba la voz.
Yo creía oír la voz de mi madre,
Elí me decía que era la voz de Dios.
Quizás ambos teníamos razón ..
¿Cuál voz es la de la justicia,

cuál voz la de la compasión
en ese inmenso infinito
que tenemos frente a nosotros?
¿Quién estaba allí de día
para enseñarme que era el amor?
¡Un viejo sacerdote poseído
que no pudo educar ni a sus propios hijos!
No podía inspirar la santidad,
y sin embargo, la forzó en mí.
Y así, me convertí en una criatura
llena de angustia y de fuego.
Amé a un pueblo y a Dios.
¿Qué podía sentir yo por los hombres?
Pero entonces comprendí que ellos también,
eran niños aterrorizados en la oscuridad ..
Finer, *Endor* (fragmento).

7. Profetas preexílicos

21. Isaías 1,21-26

"¡Cómo se ha vuelto una ramera la Villa Fiel! Antes llena de derecho, morada de justicia; ahora de criminales. Tu plata se ha vuelto escoria, tu vino está aguado, tus jefes son bandidos, socios de ladrones: todos amigos de sobornos, en busca de regalos. No defienden al huérfano, no se encargan de la causa de la viuda. Pues bien -oráculo del Señor de los ejércitos, Paladín de Israel: tomaré venganza de mis enemigos, satisfacción de mis adversarios. Volveré mi mano contra ti: para limpiarte de escoria en el crisol y apartarte la ganga; te daré jueces como los antiguos, consejeros como los de antaño: entonces te llamarás Ciudad Justa, Villa Fiel" Is 1,21-26 (L.A. Schökel, Nueva Biblia Española 1975).

Un lamento, empleado originalmente para expresar el dolor por la muerte de un individuo (2 Sam 1,17-27), es empleado aquí para lamentar la corrupción que impera en la ciudad, cf. Am 5,1-3. Algunos rasgos comunes de este texto con el resto de la literatura profética son:

(1) la intervención externa de Yahvé frente a la corrupción de los líderes.

(2) la acción directa y personalizada de Dios como defensor del indefenso (huérfanos y viudas).

(3) las imágenes legales (*defienden*/שׁפט, *causa*/ריב:
v 23) y militares (*ejércitos*/צבאות, *Paladin*/אביר: v
24).

(4) la división del tiempo en 3 momentos: 'antes',
'ahora' y el 'tiempo futuro'.

(5) y la *inclusio (expresión *Villa fiel*: 21a/26b).

Es posible que v 21-23 hayan sido originalmente un
oráculo independiente de reproche. Los v 24-26 habrían
sido redactados posteriormente por Isaías como una
secuencia a v 21-23. Nótese el cambio de tercera persona ("no defienden, no se encargan" v 23-24) a
segunda persona en v 25 (*"limpiarte, apartarte"*). Con
la imagen del crisol ("para limpiarte de escoria en el
crisol" v 25), el profeta introduce un cierre esperanzador que contempla la posibilidad de cambio y
conversión; otro rasgo común en la profecía.

En muchas actividades humanas subyace un
profundo potencial pedagógico que no siempre resulta
evidente en primera instancia. Hay algo en nuestra
actividad como personas que, captado apropiadamente, nos permite comprender mejor y ver más
lejos, cf. Sal 8. Una persona dolida por un error que
ha trastornado su vida se pregunta: ¿puedo yo
superarme? Aunque trivial a simple vista, el recuerdo
de una imagen contemplada –quizás accidentalmente-
en el taller de un artesano, le recuerda al profeta que
los metales son refinados de sus impurezas mediante
el fuego, y piensa: ¿podría ser así con nosotros? El
recuerdo de esa imagen termina transformado en un
poema como éste de Is 1, nacido de la creencia pro-

funda en que es posible encontrar en la experiencia cotidiana, una dimensión de apertura a Dios.

Muchas actividades humanas pueden convertirse en metáfora de lo divino. Y es esto lo que encontramos en el AT: Dios hace que nuestra culpa desaparezca *como una nube que se disipa* (Is 44,22), o que se aleje de nosotros *como una puesta de sol en el horizonte* (Sal 103,12). De este modo, la actividad humana se convierte en *lugar de revelación* y así, incluso actividades técnicas como la minería (Job 28), la alfarería (Jer 18), la agricultura (Is 5,1-7) o la construcción de navíos (Ez 27), se convierten en testigos de *la actividad de Dios en medio nuestro*.

En Is 1,21-26 tenemos el caso de la forja de metales. La imagen de refinar la plata por medio del fuego conlleva una promesa, e introduce la idea de una época mesiánica tras el juicio. En este sentido, la imagen del crisol en nuestro texto evoca la fragilidad humana, su condición de creatura, su posibilidad permanente de ser re-creado en manos del alfarero (Jer 18) o del Creador (Gen 2).

Secciones relacionadas: # 25 y Biblia de Oriente 8.

La justicia social en los profetas

"**¿POR QUÉ** debe la religión, cuya esencia es la adoración de Dios, poner tanto énfasis en la justicia para con el ser humano? ¿Acaso la preocupación por la moralidad no tiende a despojar a la religión de su devoción inmediata a Dios? ¿Por qué debe una virtud humana como la justicia ser tan importante para el Santo Uno de Israel? ¿Acaso los profetas no sobreestimaron el valor de la justicia? (Heschel, *Profetas* 74). En la mayoría de los casos, la experiencia religiosa es una cuestión privada en la cual una persona toma conciencia de lo que tiene lugar entre Dios y ella, y no de lo que ocurre entre Dios y otra persona. El contacto entre Dios y la persona tiene como fin, según se cree, el beneficio de esa persona en particular. Por otra parte, la inspiración profética tiene como fin el beneficio de terceros. No es una cuestión privada entre el profeta y Dios; su propósito es la iluminación del pueblo más que la iluminación del profeta. (Heschel, *Profetas* 82).

El hecho que desalentó por completo a los profetas no fue la falta de leyes 'adecuadas' sino la falta de rectitud. Los jueces permanecían activos en la tierra, pero sus juicios carecían de rectitud. Los profetas se sobresaltaron no sólo por los actos de injusticia de los bribones, sino también por la perversión de la justicia por parte de los notables. Cuando se la deforma y mutila, la justicia produce desconfianza. (Heschel, *Profetas* 82). La justicia no es importante por sí misma; la validez de la justicia y la motivación de su ejercicio se encuentran en las bendiciones que mantienen a la persona, pues la justicia no es una abstracción, un valor. La justicia existe en relación con la persona, y es algo que lleva a cabo una persona. Un acto de injusticia se condena no porque se haya quebrantado la ley, sino porque se ha dañado a una persona. ¿Cuál es la imagen de una persona? Es un ser cuya angustia puede llegar al corazón de Dios. 'No afligiréis, a ninguna viuda ni huérfano. Si los afligiéreis, y clamaren a Mí, ciertamente oiré su clamor ... si él clamare a Mí, Yo le oiré porque soy compasivo" (Ex. 22,22-23. 27). (Heschel, *Profetas* 106).

En realidad, la actividad principal de los profetas era la *interferencia*, protestando por los daños infligidos a otras personas, entrometiéndose en asuntos que en apariencia no les concernían, ni estaban bajo su responsabilidad. Una persona prudente es aquella que se ocupa de sus asuntos, manteniéndose alejado de cuestiones que no le incumben, en particular cuando no tiene autorización para interponerse (y los

profetas no tuvieron ninguna autorización de las viudas ni los huérfanos para abogar por sus causas). El profeta es una persona que no tolera los males que se infligen a otros, que se resiente por las heridas de los demás. El también solicita de otros que sean defensores de los pobres. Isaías se dirige a todos los habitantes de Israel y no sólo a los jueces, cuando implora: 'Buscad la justicia, Restituid al oprimido; Defended al huérfano, Implorad por la viuda' Is 1,17. (Heschel, *Profetas* 86).

Los profetas no inventan una religión nueva. Se pasó el tiempo en que se los oponía al sacerdocio, al culto, o a las instituciones. Aquéllos no llevan ningún estandarte reformista. Si exigen una reforma de costumbres, una «conversión» mental, una vuelta a Yavé, no es porque descubren a Dios, y menos una religión. Lo que hacen es renovar el diálogo con un Dios ya conocido. Como en el Deuteronomio y como en los salmos, así también en los profetas se da un llamamiento constante al pasado, a las promesas cumplidas por Yavé, pero olvidadas por su pueblo. Por eso, el profeta no es un innovador. Colabora en la continuidad del plan de Dios, condicionada a la fidelidad de Israel. (Croatto, Historia 207).

22. Yahvé: defensor del débil

> *"No maltratarás al forastero, ni lo oprimirás, pues forasteros fuisteis vosotros en el país de Egipto. No oprimirás a viuda alguna ni a huérfano. Si los oprimes y claman (צעק) a mí, yo escucharé su clamor (צעק), se encenderá mi ira y os mataré a espada; vuestras mujeres quedarán viudas y vuestros hijos huérfanos." Ex 22,20-23.*

Se acostumbra designar a los necesitados en la literatura técnica con el nombre genérico de *personae miserae*. Estas personas se mencionan a menudo en un binomio clásico en toda la literatura del antiguo oriente: viudas y huérfanos (Is 1,17.23), que se amplía en la *fórmula *'forastero, huérfano, viuda'* (se invierte el orden 'viuda-huérfano' del binomio anterior), típica de Deut (10,18; 24,17; 27,19). Esta tríada se amplía con el pobre (עני) en literatura profética (Zac 7,10; Mal 3,5), y con el levita en Deut 14,29; 16,11; pero incluye otros necesitados como el enfermo y el prisionero, cf. Sal 107.

En este texto tenemos dos *leyes apodícticas. Son leyes de protección, es decir, normas que prohíben a los israelitas aprovecharse de la debilidad de sus hermanos/as en necesidad (Lev 19,13s; Deut 24,14), y tienen un carácter enfático (negación con la partícula לא). Aunque en Ex 22 se mencionan tres de las *personae miserae*, este texto no es un ejemplo de la tríada deuteronómica citada. Lo que tenemos aquí es la yuxtaposición de dos normas apodícticas que tienen una historia independiente, como se comprueba al analizar aspectos formales del texto:

(1) el primer mandato (no maltratarás al forastero/
גֵּר), tiene una cláusula de fundamentación (*porque
vosotros ..*). Las leyes apodícticas son prohibiciones
categóricas que no requieren de fundamento
alguno. La adición de una cláusula de justificación
para estas leyes es siempre un paso posterior en la
historia del texto (Deut 10,19; Lev 19,34; Ex 22,20).

(2) La cláusula de justificación "porque vosotros
fuisteis *forasteros* en Egipto" se usa únicamente en
relación con leyes que hablan sobre el forastero
específicamente. Cuando se trata de leyes que
hablan sobre la tríada "forastero, huérfano,
viuda" se emplea otro tipo de cláusula, a saber:
"porque vosotros fuisteis *esclavos* en Egipto" (Deut
24,19-22).

La mención de la viuda y el huérfano en este texto se
explica en función de los radicales cambios sociales
que tuvieron lugar en Israel durante el siglo VIII (cf.
págs. 210s.). La presencia de estas medidas aquí se
explica ya que el código de la Alianza es un producto
del siglo VIII.

La ley de Ex 22, como puede verse, no indica sanción
alguna para quien la incumpla, algo que sí tienen
otras leyes (Lev 20,8-21). Esto hace que al final quede
como una exhortativa sin poder vinculante alguno,
dándole así la razón a Maquiavelo: "De nada vale
toda la sabiduría de las leyes sin una espada que las
haga cumplir". Esto explica el doble uso del término
צָעַק (gritar, reclamar) en el texto. Este es un término
técnico del derecho para el grito de angustia que surge
cuando una persona o un grupo caen en necesidad
por la injusticia de otro/s. No es sólo un grito de
auxilio sino que tiene también consecuencias

jurídicas. El verbo designa el grito para pedir justicia y es dirigido al rey o a Dios. El hecho de que Dios lo escuche e intervenga para salvar, no es algo que se base en "el humor casual de Dios" (R. Albertz), ni en una obligación, sino en que Yahvé se siente afectado por el grito de justicia de la persona que sufre. "Este hecho es una de las experiencias más importantes de Israel: comienza cuando Dios escucha el clamor / צעק de los israelitas esclavizados en Egipto (Ex 3,7ss)" (Jenni. *Diccionario* 2: 722).

"No invadas la propiedad de los huérfanos,
porque su defensor es poderoso y defenderá
su causa contra tí". Prov 23,10s.

Secciones relacionadas: # 19. 31 y Biblia de Oriente 8.

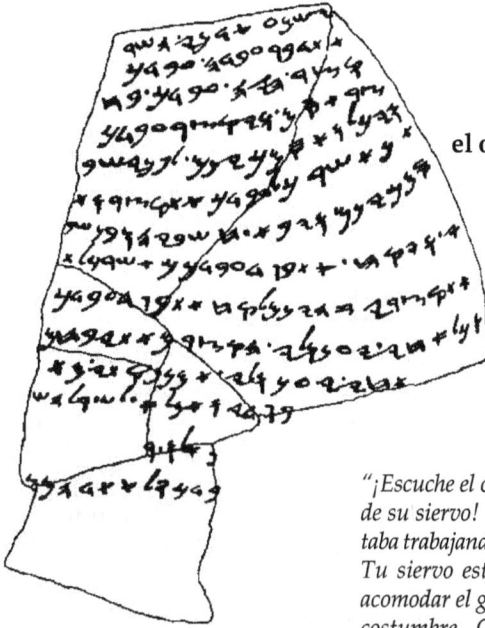

Autoridad y misericordia: el ostracón de Meshad Hashavyahu

"¡Escuche el comandante, mi señor, la causa de su siervo! Tu siervo es recolector. Yo estaba trabajando en la cosecha en Hazar-susim. Tu siervo estaba cosechando y terminó de acomodar el grano antes del sábado, como es costumbre. Cuando tu siervo terminaba de acomodar el grano, Hoshaías, hijo de Shobai vino y tomó mi manto sin razón alguna. Hace ya días que él tiene mi manto. Todos mis compañeros testificarán esto, los que estaban trabajando conmigo bajo el calor del sol. Todos ellos testificarán a favor mío. Haz por favor que él devuelva mi manto. Yo soy inocente, y si no fuera así, el comandante tiene el derecho de considerar mi caso, y enviar una palabra a él pidiéndole que retorne el manto a tu siervo. ¡Que la petición de tu siervo no te sea molesta!

(Pritchard. *ANET* 568s)

Durante una excavación realizada en 1960 cerca de la ciudad filistea de Ashdod, se encontró un *ostracón en el que un jornalero se queja de que su manto ha sido confiscado injustamente por un capataz. El texto ha sido datado entre los años 630-609 a.C. (época del profeta Jeremías), y es una petición dirigida al gobernador de la ciudad para que la prenda le sea devuelta.

"¡Escuche el comandante, *mi señor*, la causa de su siervo! Cuando *tu siervo* terminaba de acomodar el grano, *Hoshaías* vino y tomó mi manto sin razón". Son tres las personas involucradas en el incidente: un trabajador de campo (que se presenta a sí mismo como: "*tu siervo*"); el militar que funge como gobernador de la ciudad (a quien el trabajador llama *"mi señor"*); y *la persona denunciada* ("Hoshaías"), capataz de los trabajadores. Este es un ejemplo del vínculo *"patrón / protegido"* que encontramos en el AT y en todo el antiguo Cercano Oriente: el patrón o protector, tenía la función de actuar en beneficio de aquellos que se encontraban bajo su autoridad; el siervo o protegido, tenía el deber de obedecer a su benefactor en retribución. Estas eran *sociedades piramidales* en las que se asumía como evidente, que toda persona que ostentaba un cargo de autoridad, tenía el derecho a ser obedecida por aquellos que se encontraban bajo su autoridad. La sociedad entera se organizaba bajo este principio: rey/súbditos, gobernador/ciudadanos, amo/esclavo, marido/esposa, padres/hijos, ancianos/jóvenes, nacional/extranjero. Desde esta perspectiva, la justicia no era aun un *derecho*, sino un *favor*, concedido por la benevolencia de una autoridad.

En el AT se introduce un cuarto elemento al "triángulo" previo. Veamos por ejemplo el caso de Naboth, un *campesino* que se ve enfrentado a la figura del *rey*, máxima autoridad de su sociedad, quien lo avasalla tomando su propiedad (1 Re 21). El rey arregla el juicio y a Naboth se le niega la justicia. Cuando las instancias jurídicas han fallado, surge de pronto una figura defensora: Elías (cf. Prov 31,8s). El *profeta* apela a una instancia última, *Yahvé* mismo, el único que está por encima del rey. Él es el defensor por excelencia de la persona débil: "¿Quién como tú, Señor, que libras a los pobres de los poderosos, al humilde y al necesitado del explotador?" Sal 35,10.

Pero se dan también situaciones en el AT en donde un poderoso comete un abuso contra una persona débil, y no hay profeta alguno que salga en su defensa. Deut 24,14-15 describe el caso, muy similar al del *ostracón, de un asalariado que ha sido abusado. En ausencia de una figura vengadora/mediadora como la del profeta, la ley contemplaba un recurso: el apelo (צעק) o grito (קרא) de la persona misma a Dios, directamente. "Le darás cada día su salario .. así no apelará por ello a Dios contra ti" (= Deut 15,9); una afirmación que encontramos expresada con gran fuerza en Ex 22,24 (cf. págs. 46-48 194-196). Ben Sirá dirá: "No exasperes a una persona en su indigencia, pues si te maldice en la amargura de su alma, su Hacedor escuchará su imprecación" Eclo 4,2b.6.

23. Imágenes legales en el AT.

"Si un hombre peca contra su prójimo .. escucha tú en los cielos; intervén y juzga a tus siervos; declara culpable al malo, de modo que su conducta recaiga sobre su cabeza, e inocente al justo, retribuyéndole según su justicia" 1 Re 8,31-32.

Los v 31-32 forman parte de la 'oración de Salomón' en 1 Re 8. Esta no es, evidentemente, una oración sino un 'reporte de oración'; un *género literario común en la historia deuteronomística (1 Re 3,6-9; 2 Sam 7,18-29; 2 Re 19,15-19), y que consiste en un breve relato de un evento pasado (sueño, teofanía, visión, batalla), y cuyo formato es retórico y programático. Su ubicación en el relato global y su personaje central (Salomón en este caso), cumplen una función decisiva en la obra.

En este texto, la intervención colocada en boca de Salomón (así como la oración de petición de 1 Re 3,6-9), forman parte de los elementos que vertebran teológicamente la obra *deuteronomista. Otros ejemplos de este tipo de reflexiones teológicas bajo la forma de intervenciones de personajes son:

(1) las palabras de Yahvé a Josué y el discurso de éste a las tribus en Jos 1.

(2) el discurso de despedida de Josué en Jos 23.

(3) la interpretación teológica de la historia durante el período de los jueces, Jue 2,11-3,6.

(4) el discurso de Samuel al pueblo en 1 Sam 12.

(5) las reflexiones sobre la ruina del reino del Norte en 2 Re 17,7-23. 32-41. (Schmoldt, *Einführung* 94)

Los v 31-32 constituyen la primera de las siete súplicas que articulan el cuerpo de la oración de dedicación del templo (v 28-53). Salomón pide a Dios escuchar sus oraciones futuras en caso de distintas dificultades (derrota militar, sequía, destierro). Interesantemente, el primer caso citado es la dificultad para alcanzar una decisión judicial. Como sucede en casos en donde el juicio humano no basta, se recurre a Dios, sea para jurar la inocencia propia o para que Dios designe al culpable. El juramento de inocencia se formula como imprecación (maldición) contra uno mismo y se considera eficaz, cf. Sal 7,4-6; Ex 22,6-8. Tras la definición de la circunstancia (v 31), tenemos en v 32 la petición, conformada por una consecución de verbos que muestran claramente una concepción forénsica de Dios: escucha, juzga, condena, declara inocente y retribuye; cf. Sal 82,1-4; Is 50,8-9.

"Mientras yo seguía mirando, prepararon unos tronos y un anciano se sentó. Sus vestidos eran blancos como la nieve .. Miles y miles le servían, millones lo acompañaban. El tribunal se sentó, y se abrieron los libros" Dan 7,9-10

Con el capítulo 7 se inicia la sección apocalíptica de Daniel. Importante para la correcta interpretación de este texto es tomar en cuenta la naturaleza poética de esta visión del anciano y el tribunal. La cuestión de fondo es clara: la realidad del pueblo no pasa inadvertida, las injusticias serán juzgadas. Siguiendo imágenes familiares en su propio mundo, el autor habla de tronos (plural), que son los asientos del tribunal de Dios y su corte (= antiguos dioses del panteón cananeo degradados ahora a miembros de la corte celestial de Yahvé, Sal 82,1; cf. p. 261). Pocas imágenes han ejercido una influencia tan decisiva y duradera en la imaginación religiosa de nuestra cultura como la idea de un juicio final, la imagen de Dios como juez, la corte celestial, el premio al inocente y el castigo al culpable. Estas imágenes religiosas, que nacen de la cultura del Mediterráneo oriental, forman parte de la concepción religiosa del mundo que tenemos aún hoy.

Secciones relacionadas: # 9 y 32.

A continuación *algunas* de las palabras que forman parte del 'mapa lingüístico' del derecho en el AT: juicio, acuerdo, acusación, castigo, inocencia, juramento, condena, crimen, culpa, testimonio, decisión, defensa, derecho, disputa, defensor, injusticia, juez, jurar en falso, mandato, jurado, mediador, mentira, obligación, ofensa, perdón, prisión, proceso, rectitud, sentencia, sobornar, testigo, tribunal, venganza, verdad ..

Dios ¿un inspector implacable?

Quizás este largo listado explique la imagen del AT como un anticuado manual de leyes dadas por un dios sádico y cruel, imagen que está arraigada aún en muchos cristianos adultos.

"Ese que nos quiere si somos buenos y nos rechaza si no lo somos; el ojo dentro del triángulo, del que nos dijeron en nuestra infancia que siempre nos veía (y daba la casualidad de que su mirada solía coincidir siempre con alguna trastada nuestra, como si no estuviera demasiado interesado en sorprender nuestras escasas buenas acciones). Tiene los rasgos fríos de las madrastras de los cuentos, y el ceño fruncido del guardia de tráfico que nos ha pillado saltándonos un semáforo. Su dedo nos acusa con el rigor severo de un inspector de hacienda ante quien quedan al descubierto, inexorablemente, los más pequeños errores de nuestra contabilidad. Es el dios que recela de nuestra autonomía, que se entristece con nuestros logros y se distancia de nuestros avances.

Acudimos a él por si puede hacer algo para que no nos ocurran desgracias; le nombramos a la gente que amamos por si no se acuerda de ellos; le pedimos por los que sufren para que no vaya a olvidarlos. Le hablamos del dolor del mundo como a alguien que no está muy enterado de lo mal que van las cosas; le suplicamos que nos conceda paz y justicia como quien va a pedir un donativo a un banquero endurecido y distante. Para arrancarle la misericordia hay que gritarle con fuerza, porque no parece tener el oído muy afinado. Quizá sin pretenderlo, le hemos hecho tomar las dimensiones de nuestra estrecha mentalidad, de nuestro refranero sabihondo con el que creemos habernos posesionado de la medida de la realidad: «Piensa mal, y acertarás»; «dime con quién andas, y te diré quién eres»; «cría cuervos, y te sacarán los ojos» ...

Escena de "El juicio ante Osiris". La muerte en Egipto era concebida como un tránsito. La progresiva democratización de la religión permitió el acceso de la persona común al más allá. El espíritu del fallecido es llevado ante el tribunal para ser juzgado: su corazón se pesa en una balanza, el escriba de los dioses anota el resultado. En caso negativo, un monstruo aguarda a los pies de la balanza para devorar. En caso positivo, el alma es conducida ante el trono de Osiris, del que sale el árbol de la vida.

Los profetas no echan mano, para hablar de Dios, de las experiencias relacionales más "razonables", sino de las más marcadas por un apasionamiento incontenible: «Curaré su apostasía, los querré *sin que lo merezcan*» (Os 14,5). *Sin que lo merezcan.* Es ahí, en ese océano profundo, donde podemos sumergimos como una esponja reseca que, de pronto, se encuentra empapada por todos sus poros; es en esa tierra mullida donde podemos hundir nuestras raíces y florecer y extender nuestras ramas; es en esa pradera sin vallas donde estamos invitados a correr como un potrillo torpe; es en ese útero materno donde nos es posible ser acogidos y recreados como mujeres y hombres nuevos. No sabremos nada de Dios mientras no nos atrevamos a creer que somos queridos sin merecerlo o, más bien, que sí lo merecemos, porque es su propio amor el que, al envolvernos, nos hace buenos y valiosos y queribles". (Aleixandre, *Círculos* 39-41).

24. Cambio social en el AT.

"Cuando coseches el trigo en tu campo, si dejas olvidada alguna gavilla en el campo, no volverás a buscarla. Será para el forastero, el huérfano y la viuda, a fin de que Yahvé tu Dios te bendiga en todas tus empresas" Deut 24,19.

Tenemos dos tipos de leyes en el Antiguo Testamento: *casuísticas y *apodícticas; Deut 24,19 es un caso de ley casuística en segunda persona (sing/masc). Consta de una premisa (prótasis), en la que se especifica la circunstancia o *el caso* en la que dicha ley aplica (de ahí el nombre *casuística*): "*Cuando* (כִּי) estés en el campo y olvides una gavilla ..". Viene luego la ley propiamente dicha (apódosis); en este caso, una *prohibición* (formulación negativa): "*No* (לֹא) volverás a juntarla". Esta ley no contempla ninguna *sanción* en caso de incumplimiento. En lugar de ello, se incluyen dos complementos que intentan reforzar su cumplimiento: (1) al final del verso, la frase: "*a fin de que* (לְמַעַן) te vaya bien" y (2) al final del bloque 24,19-22, un mandato histórico: "*Recuerda* que fuiste esclavo en Egipto. *Por eso* (עַל־כֵּן) te mando hacer esto hoy".

Este verso forma parte de una colección de leyes humanitarias sobre temas muy diversos, y en la que se expresa preocupación social por los derechos de los pobres (Deut 24,5-25,4). Pide a la comunidad proveer el sustento necesario para mitigar las necesidades materiales de viudas, huérfanos y extranjeros. La familia en el antiguo Israel era una unidad con fuertes vínculos de sangre, que comprendía no sólo a padres e hijos sino también a siervos, extranjeros y por supuesto a las viudas y huérfanos de la misma familia. Ahora bien, si esto era así ¿cómo entender que esta ley solicite *a la comunidad* ayudar a personas a quienes *su propia familia* debía de brindar protección?

Al transferir la responsabilidad por el bienestar de las personas necesitadas *de* la familia *al* pueblo, esta ley reconoce una situación que se estaba dando desde tiempo atrás, a saber: la ruina del antiguo sistema basado en la solidaridad familiar y tribal. "La situación de las viudas y los huérfanos resultó manejable mientras los vínculos familiares siguieron siendo tradicionales; es decir, mientras el hogar del padre siguió siendo un refugio que garantizaba la protección y el mantenimiento de la viuda y sus hijos en caso de necesidad. Pero cuando estas formas de solidaridad tradicional dan lugar a un individualismo creciente, este tipo de asistencia desaparece, y viudas y huérfanos pierden el apoyo natural de sus familias tradicionales. Los hijos que perdían su padre no podían confiar en la ayuda del estado y, a menudo, vagaban a la deriva, cf. Job 29,12" (van Leeuwen, *Dèveloppement* 30).

En resumen: conforme la solidaridad disminuyó, las viudas y los huérfanos perdieron el apoyo natural de sus familiares y cayeron en el desamparo. Antiguamente esto no sucedía ya que al morir su esposo, éstas quedaban al amparo de sus respectivos padres o de algún cuñado quienes tenían la obligación de responsabilizarse por ellas, cf. Deut 25,5. Con el tiempo sin embargo, esta costumbre dejó de ser obligatoria y el cuñado podía excusarse de esta responsabilidad, cf. Deut 25,7-10.

Esto anterior significa: que las medidas protectoras en beneficio de los pobres y oprimidos que encontramos en la literatura legislativa y profética son, cuando se leen desde una perspectiva sociológica, un indicador del nivel de deterioro social que se estaba dando en el seno de aquella sociedad. Así, una ley que a primera vista nos parece 'encantadora' como Lev 19,3 "Respete cada uno a su madre y a su padre", tiene como telón de fondo una cruel realidad, a saber: la del hijo "que roba a su padre y echa a la calle a su madre" Prov 19,16.

Secciones relacionadas: # 19 y 22.

"*El profetismo bíblico ha conocido realmente dos grandes épocas, muy distintas la una de la otra. La fecha de separación es la de la caída del templo de Jerusalén, en el año 586. Hasta esa fecha, la profecía se encontraba con una religión que llevaba consigo un conjunto de ritos. A partir de entonces, se tuvo que dirigir a una religión sin ritos. Antes del 586, en una religión ritualizada, los profetas se aplican a la reivindicación moral y espiritual. Señalan con tenacidad que el rito no responde a la alianza cuando es un rito mecánico, atrofiado. La alianza es una exigencia global. Después del 586, con la misma tenacidad y vigor, el profetismo reivindica el rito. La caída del templo amenaza con su pérdida en provecho de una espiritualidad abstracta. Los profetas son entonces los constructores del templo. Ezequiel es su arquitecto ideal; Hageo, Zacarías, Malaquías, sus arquitectos reales. Las últimas fases de la profecía, sus últimos cánticos, movilizan las energías judías en el servicio del templo. Donde fracasó el sacerdocio de Josué y la autoridad temporal de Zorobabel, allí tuvo éxito la profecía: el templo quedó reconstruido gracias a las llamadas de los profetas. Una vez más el profetismo se dedica a poner de relieve el aspecto que quedaba olvidado de la alianza*" (Neher, Esencia 260).

Historia social de Israel: esbozo

1. Período premonárquico. La base de la sociedad en el antiguo Israel es la *familia,* una unidad religiosa y de producción agrícola basada en una economía de subsistencia. Se compone de aquellos miembros unidos por comunidad de sangre y de habitación, y agrupa usualmente a tres generaciones, más: los esclavos/as (si los hay), viudas y huérfanos de la parentela, y forasteros que viven todos bajo la protección del jefe de la familia. Esta unidad se conoce como casa paternal y es claramente patriarcal. La autoridad del padre sobre los hijos/as en este período era ilimitada, algo que cambió posteriormente (Deut 24,18-21). El *clan* está formado por la unión de varias familias cuyos miembros se consideran parientes e invocan a un mismo antepasado. Ordinariamente viven en el mismo lugar o al menos, se reúnen para fiestas religiosas comunes y comidas sacrificiales (1 Sam 20,6.29).

La autoridad no es monárquica. Los ancianos, cabezas de familia, son quienes dirigen la comunidad y hacen justicia. Algunos de ellos pueden ser más influyentes, ricos o poderosos que los otros, pero en principio, todos los cabeza de familia son iguales. Lo que caracteriza a esta organización social es la *solidaridad* y la dependencia absoluta del individuo respecto al grupo. Esto crea un entramado que protege a los distintos miembros en las más diversas circunstancias: hambre, sequía, enfermedad, defunción del cabeza de familia, etc. Cuando, durante la época monárquica, estos lazos que unen a la familia y al clan se van debilitando, el individuo se verá mucho más indefenso ante las adversidades y ante la injusticia de los poderosos, cf. Ex 22,20-26. (Sicre, *Pobres* 53).

2. Siglo X: inicio de la monarquía. Durante sus primeros años la figura del rey tuvo poca influencia en la vida cotidiana del pueblo; con el tiempo sin embargo, se introducen cambios que afectarán directamente la estructura social anterior. La tribu y los clanes que la constituyen se ven seriamente afectados por la centralización política, el urbanismo, la organización del ejército, el nombramiento de gobernadores, la introducción de impuestos y las cuotas de trabajo obligatorio. Una reflexión posterior sobre los males de la monarquía resume bien esto: 1 Sam 8,10-22. Progresivamente, el antiguo poder y autonomía de la tribu y los clanes se debilitan. Los ancianos ya no son la autoridad indiscutible. Sobre ellos, al menos junto a ellos, están los funcionarios reales y por encima de todos, el rey. Los oficiales y funcionarios del rey, civiles o militares, forman una especie de casta desligada de los intereses de las comunidades y a veces en conflicto con ellas. La nueva dinámica económica (transacciones comerciales, venta y compra de propiedades), rompió la igualdad entre las familias, algunas de las cuales llegaron a ser muy ricas (1 Sam 25), mientras que otras empobrecieron (2 Re 4,1-2). (Cf. Kessler, *Gesellschaftsstruktur* 2).

Otro cambio social importante es el que tiene que ver con los bienes de la corona y su administración. Antes de la monarquía sólo existen territorios comunales (del clan o de la tribu), y territorios privados de las familias. Ahora aparecen las propiedades de la corona, indispensables para pagar a los empleados de la corte, a los militares y para ofrecer como herencia a los hijos del rey.

Estas posesiones reales se adquirieron por medio de tres procedimientos:

(1) compra de terrenos por parte del rey. David adquiere el campo de Arauná (2 Sam 24,24), Omrí la colina de Somer (1 Re 16,24), y fue esto lo que intentó hacer Ajab con la viña de Naboth (1 Re 21).

(2) Cuando tenía lugar un cambio dinástico, no sólo se apropiaban los bienes de la corona, sino también los bienes de los familiares cuando no había herederos. Esto es lo que ocurre en el caso de David con los terrenos de Saúl.

(3) Se da también la confiscación de las propiedades de los condenados por motivos políticos (caso de Naboth), y de las propiedades de los emigrantes (caso de la viuda mencionada en 2 Re 8,1-6. La evolución de la institución real puede verse claramente en el caso de Saúl: antes de ser rey sólo tenía unas propiedades modestas (1 Sam 9,1s; 11,5). Al poco tiempo sin embargo, andaba repartiendo campos y viñas entre sus colaboradores, 1 Sam 22,7 (!), cf. 1 Sam 8,14.

"Yahvé protégeme de esos malvados que me acosan, me cercan con saña .. Son como león ávido de presa, como cachorro agazapado en su guarida" Sal 17,1.8-12.

Un cambio importante lo constituyó, finalmente, el proceso de urbanización: Jerusalén pasó de unos 2.000 – 2.500 habitantes en época de David (siglo X), a unos 20.000 en tiempos de Josías, siglo VII (Sicre, *Pobres* 69). Es claro que los pobres no aparecieron en Israel con el surgimiento de las ciudades, pero el tema de las personas necesitadas se convirtió en un problema solamente cuando los vínculos de la familia nuclear se debilitaron, y esto sucedió al multiplicarse las ciudades. En esta nueva situación, las leyes que protegían a los débiles no tenían ya el carácter de obligatoriedad que habían tenido antes, cf. Deut 25,5-10 (Ramírez, *Extranjero* 70). "El desarrollo de la vida urbana introdujo transformaciones sociales que afectaron mucho las costumbres familiares. Ya no hay, o son pocas, aquellas grandes familias patriarcales que reunían muchas generaciones en torno a un antepasado. Las condiciones de la vivienda en las ciudades restringen el número de miembros que viven bajo un mismo techo. Las excavaciones revelan que las casas eran pequeñas. En torno al padre sólo se ven los hijos no casados. El sentimiento de solidaridad decrece y la persona se desliga cada vez más del grupo familiar" (de Vaux, *Instituciones* 53).

3. Siglo VIII. Una transformación fundamental se produce en el siglo VIII, cuando se abre una brecha económica radical entre diferentes estratos de la población. Vale la pena mencionar que este hecho coincide con el surgimiento del movimiento profético, y con las medidas protectivas a favor de los pobres que encontramos tanto en el código de la alianza (Ex 22,20-23,9), como en el código deuteronómico (Deut 24,10-22). Estas leyes ponen al descubierto la ruina del antiguo sistema basado en la solidaridad familiar y tribal. Conforme la solidaridad disminuyó, las viudas y los huérfanos perdieron el apoyo natural de sus familiares, y se convirtieron no solamente en pobres sino en *desamparados*. (Ramírez, *Extranjero* 70).

Otro fenómeno generalizado en este período es que las pequeñas familias campesinas pierden sus terrenos ante la imposibilidad de pagar sus deudas. Los campesinos pasan de ser propietarios de campos propios a jornaleros (שָׂכִיר) en campos ajenos (Deut 24,15s), y en muchos casos caen en la esclavitud, cf. 2 Re 4,1-7. En poco tiempo, un pequeño sector de ricos terratenientes concentra en sus manos la mayor parte de la tierra que había sido hasta entonces herencia "inalienable" de las familias israelitas. Este fenómeno económico ha recibido varios nombres en la literatura especializada, en las últimas décadas se ha impuesto la expresión "capitalismo de rentas" (Cf. Kessler, *'Gesellschaftsstruktur* 2-3).

Como dice J.L. Sicre: Para entender el «capitalismo de rentas» -en el caso de Israel- debemos tener presente que durante la monarquía, se da el paso de un sistema patrimonial de posesión de la tierra a un sistema de prebendas. El patrimonio se ejerce cuando una persona o familia hereda la propiedad de la tierra, y cuando los funcionarios de un estado reciben de sus soberanos un terreno como donación. Este segundo sistema se fue imponiendo en Israel desde el año 1000 a.C. El propietario no vive generalmente en el campo sino en la ciudad. Allí goza de los beneficios de un terreno

Relieve asirio

"El orgullo del malvado acosa al desdichado. Se aposta al acecho entre las cañas, y asesina al inocente a escondidas. Todo ojos, espía al desvalido, acecha escondido como león en su guarida, acecha para atrapar al desdichado" Sal 10,2.8-10.

que no cultiva y que ha sido encomendado a colonos. Estos no sólo deben pagar tributo por el uso de la tierra, sino que también deben pagar rentas por los distintos medios o factores de producción: agua, simiente, animales, instrumentos, etc. El ideal del «capitalismo de rentas» consiste en dividir la producción en el mayor número posible de factores, que el campesino debe pagar por separado. (Sicre, *Pobres* 83).

A esta opresión del campesino se puede llegar también cuando la tierra es suya, basándose en el sistema de préstamos e intereses. Una mala cosecha, una sequía o la enfermedad del cabeza de familia provocan fácilmente que deba pedir prestado dinero o semilla para sobrevivir. La historia de José ilustra muy bien lo que ocurría (más bien en Israel que en Egipto), durante un período de hambre (Gen 47,13-22). Este episodio refleja lo que debió repetirse a menudo en Israel. El protagonista, más que el rey, debió ser en muchos casos un propietario rico, un gran mercader de Jerusalén o Samaria, un personaje importante. Estos terratenientes siguen residiendo en la ciudad, y el antiguo propietario campesino pasa a convertirse en colono, sometido a ese duro sistema de tributos y rentas. (Sicre, *Pobres* 83).

Jinetes de terracota (Judá, siglo VII
a.C), símbolo de un estatus. Se
aprende jugando el rol asignado a
los hombres en dicha sociedad.

Biblia de Oriente 6

Carta de un niño a su madre

*Documento
babilonio, siglo
XVIII a.C.*

"Quiera Shamash, Marduk e Ilabrat que estés bien por
mi propio bienestar. La ropa que usan mis compañeros
aquí es mejor cada año, pero la ropa que uso yo es peor
cada vez. ¿Cómo puedes querer que cada año tenga yo
menos ropa y que cada vez ésta sea peor? Mientras en
nuestra casa la lana se amontona como comida, tú me
envías cada vez menos vestidos. El hijo de Adad-
iddinam, que es sólo asistente de mi padre, tiene dos
vestidos nuevos, mientras que tú te enojas por mandarme
un solo vestido a mí. Y eso que tú eres mi verdadera
madre, mientras que él es un hijo adoptado. La
diferencia es que su madre lo ama a él, mientras que tu
no me amas a mí ..". (Pritchard, *ANET* 629).

Motivo de la carta

Esta es una carta escrita por un niño a su madre,
quien era la esposa del gobernador de la ciudad de
Larsa. Iddi Sin estudia en una escuela para escribas
con el fin de seguir –como su padre- una carrera
administrativa, por esta razón vive lejos de sus padres.

En ella, el niño se queja de la ropa que su madre le ha enviado. La adopción mencionada se refiere al hecho (conocido en la Biblia), de padres que al no concebir hijos ellos mismos, los adoptan de sus esclavos u otros, cf. Gen 16,1-6; 30,1-13. La carta muestra que en dichos casos, los padres adoptivos tenían fuertes vínculos afectivos con los niños adoptados.

El padre del niño que escribe esta carta, Shamash-hazir, tenía un importante cargo administrativo en la ciudad de Larsa (antigua Mesopotamia, 250 kms al sur de la actual Bagdad), durante la época de Hamurabi (1792-1750 a.C.), quien promulgó el famoso código de leyes. La carta es por lo tanto, varios siglos más antigua que cualquier texto o personaje histórico del AT, y es una mirada a la vida cotidiana de los sectores de mando de esa sociedad, realidad muy distinta a la de los trabajadores del campo, cf. el ostracón de Meshad Hashavyahu, pág. 197.

En el pasado, los arqueólogos del antiguo cercano Oriente se interesaban esencialmente en:

(a) los *acontecimientos heroicos* (celebraciones de batallas, conquistas),

(b) los hechos de grandes *personajes políticos*,

(c) las *grandes construcciones* (palacios, templos, muros, fortalezas),

(d) o en los objetos y *reliquias de las clases dominantes* (joyas, estatuas, armamentos, vasijas y ornamentos lujosos).

Interés arqueológico ayer: lo monumental.

Hoy en día, predomina en la investigación arqueológica el interés en los hechos y objetos de la vida cotidiana. En relación con documentos escritos, interesa tanto *el texto* como *la comunidad o persona* detrás de ese texto. No interesa ahora sólo 'lo monumental' sino 'lo cotidiano', es decir las acciones, los valores y los sentimientos de las personas que los usaron y que, estudiados apropiadamente, nos permiten entender mejor la dimensión humana de quienes vivieron en esa sociedad, cf. Biblia de Oriente 7.

En la materialidad de un objeto común (como una carta escrita en una tableta de arcilla), se refleja toda la dinámica de relaciones de la sociedad que lo ha producido. El objeto es, si lo sabemos "leer", una huella que es necesario decodificar. Cabe aquí la imagen de los rastreadores en las sociedades tradicionales, o de los detectives en las sociedades modernas, que reconstruyen a partir de indicios (una huella en el bosque, una mancha de sangre en una habitación), lo sucedido en la situación original. Esta breve carta nos ilustra por ejemplo:

Interés arqueológico hoy: lo cotidiano.

- ◆ Las tensiones que surgen de la convivencia cotidiana entre un niño adoptado (hijo de un asistente administrativo), y un niño biológico (hijo del administrador de la ciudad), que estudian juntos.

- ◆ Las relaciones entre un jefe y las personas subordinadas a él, en este caso su asistente.

- ◆ La distribución de roles por género: el padre de este niño es administrador de la ciudad, la madre encargada de las ropas del hijo.

- ◆ El papel jugado por la ropa como signo de status, de diferencia social y de poder. Un niño de clase alta se siente humillado al ver que otro 'inferior a él' se viste mejor.

- El lenguaje implícito de la carta como un juego de poder del niño con su madre. Al no cumplir ésta sus deseos, el niño emplea contra ella la culpabilidad como forma de presión: "tú no me amas".

- El lenguaje de esta carta tiene un gran parecido al de algunas oraciones de petición de la época, en donde la persona que ora trata de convencer a su dios personal de la injusticia que ha hecho con él, al no cumplirle sus deseos.

El objeto material, la carta en este caso, es un indicador de pertenencia a una clase social particular. Una *carta* para la madre, pero ¿leía ella? ¿Desde dónde escribió el niño esta carta? ¡Desde una escuela para futuros empleados administrativos de palacio! El niño sigue la profesión de su padre, y ha sido enviado a una escuela para escribas en otra ciudad. Esto asegura que los cargos de poder se mantienen dentro de una misma clase social. Este detalle refleja la antigua práctica de oficios ligados a la familia. Jeremías, por ejemplo, habla de la calle de los panaderos (37,21) y de la puerta de los alfareros (19,2). La Biblia misma da testimonio del enorme prestigio y poder de un escriba, cf. Eclo 39,1-11. Resulta evidente entonces, la mención de la ropa como símbolo de status.

Decodificación sociológica de una carta.

Tenemos aquí también 'un conflicto'. En la sociedad antigua los conflictos se presentaban normalmente por cosas de supervivencia (tierra, alimento, poder), y se daban entre amos y esclavos (conflicto de clase), entre jóvenes y viejos (conflicto de generación), entre hombres y mujeres (conflicto de género). En esta carta el problema es "la moda". Iddin tiene conciencia de ser superior a Adad. Su padre es gobernador, el de su compañero Adad es sólo asistente. El es hijo biológico, Adad es "adoptado". La ropa es para él un símbolo de

Formas de conflicto en la sociedad antigua.

status, él se siente desfavorecido frente a otro 'inferior' a él. En este conflicto infantil están presentes ya las grandes líneas de un conflicto social:

- los *roles* de superior e inferior, de hombre y mujer.

- la importancia de la imagen/status en la dinámica social.

- los juegos sicológicos y el manejo de la culpabilidad.

- el papel de la propiedad privada como símbolo diferenciador de las personas.

Aunque las dos personas citadas en la carta son niños, puede decirse que –en buena medida, su futuro está decidido ya por la pertenencia que tienen a su respectivo *grupo social*.

- ¿Puede cambiar Adad el status que tiene en su sociedad como hijo adoptado de un asistente de gobierno, en razón de sus méritos propios y logros personales? ¿Podría hacerlo un esclavo?

- Los sujetos de la carta son dos niños, pero ¿había niñas en la escuela?

Pertenencia social ¿forma de predestinación?

Cuando alude a las figuras de poder, Iddin-Sin menciona únicamente a su padre. La madre está mencionada únicamente en función de tareas domésticas. Las oposiciones de la religión mesopotámica (cielo/tierra; mortal/inmortal; sagrado/profano), tenían una importante implicación política, a saber: mostrar que el orden del mundo "arriba" sugería la división entre niveles altos y bajos de poder y estatus. Esto servía de modelo para el orden del mundo "abajo": libre/esclavo; gobernante/gobernado .. hombre/mujer (cf. Lincoln, *Religions* 547).

8. *Profetas postexílicos*

25. Isaías 66

> "*Así dice el Señor: El cielo es mi trono, y la tierra el estrado de mis pies: ¿Cómo pretenden construirme una casa o un lugar para que viva en él? Todo esto es obra de mis manos, todo es mío, oráculo del Señor. Yo me fijo en el humilde y el abatido, que tiembla ante mi palabra" Is 66,1-2.*

Este texto del *tercer Isaías se ubica en el *período postexílico. La frase "pretenden construirme una casa" v 1b, alude a la tarea de reconstrucción del templo que se dio tras el regreso en 520-515 a.C. A diferencia del profeta Ageo, el autor no muestra entusiasmo por dicha reconstrucción. ¿A dónde realmente conduce eso? El pueblo de la tierra quiso involucrarse y ofreció su ayuda para construir (Ag 2,4), pero fueron rechazados abiertamente por sus hermanos (Esd 4,1-5). Los recién llegados del exilio prefirieron la ayuda del rey persa. Al final, el templo de Jerusalén fue despreciado por aquellos a los que rechazó. Se inicia con ello la historia del cisma samaritano, cf. Barrer, *Isaiah* 540.

En pág. 239 hemos dicho que la idea de tener influencia sobre la divinidad es una aspiración constante en la experiencia religiosa. Es, también, el punto en donde la religión de los grandes profetas se separa de las religiones de su entorno cultural. Dios, es cierto, ordena sacrificios pero ¿los necesita? Es cierto que éstos cumplen realmente una función, pero

¿para quién? ¿Se verá el Creador del universo *atrapado en un lugar*? Para los profetas era claro que ninguna construcción humana *contiene* a Dios. En el fondo, la *forma externa* de las cosas –el templo por ejemplo- sólo cumplía una función propedéutica, pedagógica. Era dado por y para ellos, Dios no necesitaba de ello. Se contrasta así la *trascendencia* universal de Dios con la *inmanencia* divina en el templo (Zevit, *1 Kings* 691).

El tema de esta sección de Is no es entonces, si Dios necesita templo o no, sino la condescendencia del Creador con una criatura pequeña como el ser humano. "¿Cuál puede ser la habitación de un Dios cuyo trono son los cielos? ¿Cuál el santuario de un Dios cuyo estrado es la tierra entera? Y sin embargo, *este* Dios mira al ser humano en toda su pequeñez, respondiendo así al pensamiento de Is 57,15: "Habito en un lugar alto y sagrado, pero también estoy con el arrepentido y el humilde" (Jones, *Isaiah* 535).

"Los milagros también son parábolas" ha dicho P. Bonilla. De igual modo, podemos decir que las imágenes de Yahvé (en el cielo o en el templo), no son más que *metáforas espaciales* acerca de los modos de presencia divina. Esta confusión entre símbolo y realidad es la que plantea de lleno Ex 32 (el becerro de oro): lo que está en juego no es la *visibilidad* de Dios, sino más bien su *presencia*. El profeta toma esta imagen espacial y hace un giro magistral: combinando las imágenes del lugar de habitación de Dios (arriba/abajo) con el tema de los afligidos (los de abajo), afirma que Dios juega con las expectativas de quienes anhelan *garantizarse el cielo* (arriba), y muestra su interés por quienes sufren aquí abajo, cf. Is 57,15; 63,15 (Blenkinsopp, *Isaiah* 1070).

Secciones relacionadas: # 27. 28 y Biblia de Oriente 8.

La humanidad: templo de Dios

El Dios de la Biblia es un Dios cercano, de comunión y de compromiso con el ser humano. La presencia activa de Dios en medio de su pueblo forma parte de las más antiguas y más persistentes promesas bíblicas. Ya sea en el cuadro de la primera alianza: «Moraré en medio de los hijos de Israel, y seré para ellos Dios. Y reconocerán que yo soy Yahvé, su Dios, que los saqué del país de Egipto para poner mi morada entre ellos. Yo Yahvé, su Dios» (Ex 29,45-46; cf. Lev 26,11-12); ya sea en el anuncio de la nueva alianza: «Mi morada estará junto a ellos, seré su Dios y ellos serán mi pueblo. Y sabrán las naciones que yo soy Yahvé, que santifico a Israel, cuando mi santuario esté en medio de ellos para siempre» (Ez 37,27-28). Esta presencia, muchas veces con el matiz de la habitación, es decir, de la presencia en un lugar determinado *(Shekinah)*, marca el tipo de relación que se establece entre Dios y el hombre. Es por ello que Congar ha podido escribir: "La historia de las relaciones de Dios con su creación -y muy especialmente, con el ser humano-, no es otra cosa que la historia de una realización cada vez más generosa y profunda de su presencia en su criatura".

La promesa de esa presencia se cumple de modos diversos a lo largo de la historia, para alcanzar su plenitud bajo una forma que supera toda expectativa: Dios se hizo hombre. En adelante, la presencia de Dios se hará, a la vez, más universal y más integral.

Al inicio de la historia del pueblo elegido, Dios se revela, de preferencia, en el *monte*. El Sinaí es un lugar privilegiado de encuentro con Yahvé y de sus manifestaciones (Éx 19). Yahvé ordena a Moisés «sube hasta mí, al monte» (Éx 24,12; Dt 10,1), porque en la montaña reposa la gloria de Dios (Éx 24,16-17). El Dios de Israel será visto, por mucho tiempo, como «un Dios de la montaña, no es Dios de las llanuras» (1 Re 20,28).

La presencia de Yahvé se hace más cercana al ligarse a la *tienda* que acompañaba a los israelitas en su peregrinación por el desierto.

Lugar de encuentro con Yahvé, Moisés la situaba fuera del campamento y hablaba con Yahvé cada vez que Israel necesitaba instrucciones precisas (Éx 33,7-11; Núm11,16. 24-26; Dt 31,14).

Lo mismo ocurrirá con el *arca de la alianza*, que tiene el matiz de una cierta habitación de Yahvé, en ella Moisés hablaba con Yahvé (Núm 1,1). La idea de habitación se afirma hasta el punto de hacerse una curiosa identificación entre Yahvé y el arca:

> Cuando partía el arca, decía Moisés: levántate, Yahvé, que tus enemigos se dispersan, huyan de ti los que te odian, y cuando se detenía, decía: vuelve Yahvé, a las miríadas de Israel (Núm 10,35-36; cf. también Jos 4,5.13; 1 Sam 4, 17).

Tienda y arca (e incluso, el monte) subrayan el carácter móvil de la presencia de Dios que acompaña las vicisitudes históricas de su pueblo (2 Sam 7,6-7), y, en cierto modo, se niegan a una localización precisa y material.

La situación cambia con el *templo*. El país de Canaán es señalado, inicialmente, como la residencia de Yahvé. Es la tierra prometida por él y fuera de ella no se le encuentra.

David teme ser impelido a salir del país, porque no quiere estar lejos de Yahvé (1 Sam 26,19-20). Naamán, curado de la lepra por el profeta Eliseo, se lleva un puñado de tierra de Canaán para poder ofrecer sacrificios más allá de sus fronteras (2 Re 5,15-19). Determinados lugares del país de Canaán serán privilegiados: son los santuarios, colocados en general en lugares altos. Pero pronto, sobre todo después de la reforma deuteronómica, habrá un único santuario oficial en Jerusalén: el templo de Salomón. En él van a converger las diferentes tradiciones: la oscuridad del «Sancta sanctorum» recuerda aquella en la que penetra Moisés en el Sinaí; el arca es puesta en el templo; el templo es el corazón de Jerusalén y Jerusalén lo es del país del Canaán. De ahí el peso del templo en la vida del pueblo israelita. La connotación de casa de habitación, es mayor que en los casos anteriores (2 Sam 7,5; 1 Re 3,1-3; Am 1,2; e Is 2,2; 37,14; Sal 27,4).

Pero al mismo tiempo, y compensatoriamente, se proclama la imposibilidad de que un templo pueda contener a Yahvé. Esa idea se expresa con fuerza en la célebre profecía de Natán, motivada por

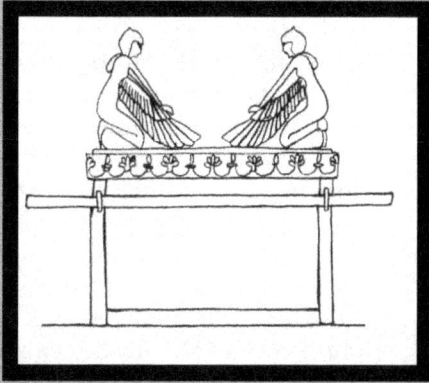

*"Los querubines
sirven de marco a un espacio vacío.
Única representación posible
de un dios imposible de representar,
y por lo tanto,
imposible de controlar".*

el deseo de David de construir un templo para Yahvé (2 Sam 7). Además, en el momento mismo en que el templo es consagrado, Salomón reconoce que la morada de Yahvé es el cielo: «Oye, pues, la plegaria de tu siervo y de tu pueblo Israel cuando oren en este lugar, Escucha tú desde el lugar de tu morada, desde el cielo, escucha y perdona» (1 Re 8,30). El tema de la habitación de Dios en el cielo es antiguo (cf. Gén 11,5; 18,21; 28,12; Éx 19,11; Deut 4,36; Sal 2,4), pero emerge con nitidez -y con toda su carga de trascendencia y universalidad-, en el momento mismo en que el hombre construye una casa, un lugar fijo, para el encuentro privilegiado con Yahvé. La idea de la habitación en el cielo se afirmará poco a poco, sobre todo después del exilio. Por otro lado en el templo mismo, el «Sancta sanctorum» era un espacio vacío: Dios habita por doquier.

Simultáneamente a esta trascendencia y universalidad que se esboza y que irá asentándose, los profetas harán una dura crítica del culto puramente externo. Lo que trae una crítica de los lugares de culto; la presencia de Dios no está ligada a una estructura material, a un edificio de piedra y oro. «No se hablará más del arca de la alianza de Yahvé -dirá Jeremías-, no vendrá en mientes, no se acordarán ni se ocuparán de ella, no será reconstruida jamás» (Jer 5,16). Y sobre el templo: «Así dice Yahvé: los cielos son mi trono y la tierra el estrado de mis pies. Pues ¿Qué casa van a edificarme, o qué lugar para mi reposo, si todo lo hizo mi mano y es mío todo ello? .. y ¿en quién voy a fijarme? En el pobre y contrito que tiembla a mi palabra» (Is 66,1-2). La última línea marca el sentido de esa crítica: la preferencia de Yahvé por la actitud profunda e interior. Precisamente, en la nueva alianza que se anuncia, Yahvé dirá: «Les daré un corazón nuevo, infundiré en ustedes un espíritu nuevo, quitaré de su carne el corazón de piedra y les daré un corazón de carne. Infundiré mi espíritu en ustedes y haré que se conduzcan según mis preceptos y observen y practiquen mis normas» (Éx 36,26-27; cf. Jer 31,33). Dios estará, pues, presente en el corazón mismo de cada ser humano (Gutiérrez. *Teología* 244-248).

26. Formas de la revelación en el AT.

*"Los cielos cuentan la gloria de Dios, y el firmamento
anuncia la obra de sus manos. Un día emite palabra
a otro día, y una noche a otra noche declara sabiduría.
No es un mensaje, no son palabras, no es una voz que
se pueda escuchar, pero por toda la tierra se extiende
su eco y hasta los límites del mundo su mensaje"* Sal
19,1-4.

"La Palabra de Dios está encerrada también en la
creación, en la experiencia, en el patrimonio cultural
de la humanidad, y por eso hay que escrutarla; pero
con la conciencia de que se trata de una palabra de
Dios y proveniente de él. Por tanto, una investigación
que es al mismo tiempo una escucha. También en la
investigación *sapiencial –como siempre frente a la
revelación- está en juego la apertura del corazón y la
libertad de espíritu, y no sólo la inteligencia" (Maggioni, 'Revelación' 1682).

*"La enseñanza del sabio es fuente de vida para
escapar de los lazos de la muerte" Prov 13,14; "El
temor de Yahvé es fuente de vida que libra de los
lazos de la muerte" Prov 14,27.*

En Prov no hay una "palabra de Yahvé que vino al
sabio", sino observaciones de éste a lo largo de la vida,
y que formula en proverbios en donde logra descubrir
un orden oculto detrás de hechos aparentemente
absurdos, cf. Prov 11,14 26,27. El optimismo sobre
las posibilidades del ser humano que se refleja en
la frase *"La enseñanza del sabio es fuente de vida",*

pareció exagerado y fue corregido posteriormente con la frase *"El temor de Yahvé* es fuente de vida". "La revelación, dice Maggioni, procede siempre de la iniciativa divina, pero no es siempre necesariamente una caída libre en vertical. La revelación de Dios puede pasar también a través de la reflexión y la mediación del ser humano, que lee su propia historia a la luz de la fe" (Maggioni, 'Revelación' 1680).

> *"Entonces me dirigió Yahvé la palabra en estos términos: «¿Qué estás viendo, Jeremías?» Respondí: «Veo una rama de almendro»" Jer 1,11.*

Un anciano contempla una hoja caer, una imagen que, aparte de su sentido inmediato, sugiere realidades más profundas. Es esta potencialidad de sentido que palpita tras ciertos hechos cotidianos, lo que hace posible la poesía .. y la revelación. En un momento dado el Señor pregunta al profeta: "Jeremías ¿qué ves?", y éste responde: "Veo una rama de almendro" 1,11. Al Señor, evidentemente, no le interesa la rama de almendro en sí, sino la realidad que el brote de esa rama anuncia, el cambio que anticipa: la llegada de la primavera, *el sentido de esperanza.* A este hecho apunta la pregunta inicial. Esto es lo que, finalmente, *se revela al profeta.* Pero el acceso a este nivel simbólico no es automático, por eso se ha dicho que: 'la mitad de la belleza está en el paisaje, y la otra mitad en la persona que lo ve'.

"Mientras yo contemplaba la visión y trataba de comprender, oí una voz que gritaba: 'Gabriel explícale a éste la visión'" Dan 8,15-16.

Así como en su momento Nabucodonosor requirió de Daniel para que le revelara sus sueños (2,1ss; 4,1ss), ahora es Daniel quien requiere de alguien para que le aclare el sentido de su visión. Curiosamente, Daniel termina "sin poder comprenderla" (v 27). El v 16 nos recuerda 9,22, en donde se dice que la tarea del ángel es "hacer comprender" a Daniel. Esta tarea del ángel es similar a la de los sabios (personajes claves en el libro, cf. 11,33-35; 12,3.10), cuya función era la de instruir a la multitud del pueblo (11,33). En la literatura apocalíptica, *el sentido de la revelación* no consiste, como diría san Anselmo, en comprender para creer, sino precisamente en que habiendo creído, puedan comprender lo que tenían por delante y encontrar en ello, *esperanza*.

Secciones relacionadas: # 27. 32 y Biblia de Oriente 8.

¿Es posible saber lo que Dios quiere?

La revelación presupone encuentro e intercambio, se revela algo a alguien. Los antiguos santuarios patriarcales (Siquem, Betel) son un memorial de dichos encuentros. Por eso mismo, la sede del arca se llamará אהל מועד "tienda del encuentro" Ex 29,4.

Es común en la literatura del antiguo Oriente observar la frustración de la persona que siente que la acción de Dios no corresponde a sus esfuerzos por agradarle. En un texto acadio ("Observaciones acerca de la vida y el orden del mundo" Pritchard, *ANET* 435), una persona afirma desencantada:

"Yo sólo pensaba en la oración y en las súplicas.
La plegaria era mi meditación, el sacrificio mi ley.
Yo entendía que estas cosas eran agradables al dios,
pero lo que es bueno para uno parece ser malo para dios.
Y lo que es malo para uno, parece ser bueno para dios
¿Quién podrá entender el designio de los dioses?
Los designios divinos son aguas profundas".

La preocupación religiosa de las personas en todo el antiguo cercano Oriente era la misma: ¿Cómo saber lo que Dios quiere? ¿Qué hacer para que nos sea propicio? ¿Haciendo qué cosas logramos garantizar su favor? Para responder a estas preguntas, las religiones antiguas comparten técnicas de revelación como la interpretación de sueños y la práctica de la adivinación. Aunque el AT, tanto la religión "oficial" como la "popular", comparten estos mismos procedimientos (cf. 1 Sam 2,28; 14,41), se muestra escéptico respecto a la creencia *mecánica* en estos procedimientos. El ser humano se engañaría si creyera que, armado con las técnicas apropiadas, tendrá asegurado el acceso al misterio y al favor de Dios. En la revelación del AT, por decirlo en el lenguaje de hoy, no hay "hackers" capaces de romper los códigos de seguridad y tener un acceso furtivo a un conocimiento prohibido.

Encontramos también en el AT expresiones que contrastan abiertamente entre ellas sobre el tema de la cercanía y la lejanía de Dios. Dios, en un movimiento hacia el ser humano, se acerca, baja inicialmente al *monte*, luego da un paso más y se liga a la *tienda*. Habitará luego –de cierto modo al menos, en el *arca* y finalmente en el *templo*. Si bien Yahvé baja al monte y habla con Moisés "cara a cara, como habla un hombre con su amigo" (Ex 33,11), también se afirma que "Dios está en el cielo y tú sobre la tierra" (Qoh 5,1). Isaías dirá: "tú eres un Dios oculto" (45,15), y el autor de Sabiduría preguntará: "¿Qué persona puede conocer los proyectos de Dios? ¿Quién puede hacerse idea de lo que el Señor quiere?" 9,13.

Y a pesar de estas precisiones, algo se impone: *el Señor se da a conocer*. La revelación de Dios en el AT es histórica; es decir, es un *evento* en una circunstancia dada, en un tiempo, espacio y con personas concretas. Esto no quiere decir, evidentemente, que *la* revelación se da en *un* evento único (algo que tuvo lugar en *una sola* ocasión). La revelación de Yahvé, como sucede en nuestro encuentro con cualquier persona, es un proceso que tiene lugar *a través del tiempo*. "Ninguna persona puede ser conocida en un único encuentro" (McKenzie, *Aspects* 754).

> "Y fue a esa edad que la
> poesía vino a mi búsqueda,
> No sé de donde
> no sé donde vino
> del invierno o un río
> no sé cómo ni cuándo.
> No, no hubo voces
> no hubo palabras ni silencio
> pero de una calle fui extraviado
> de los brazos de la noche
> abruptamente de entre los demás
> entre fuegos violentos
> o regresando solo.
> Allí estaba yo sin rostro
> y me conmovió"
>
> Pablo Neruda

La teoría de "El azote de Dios" en Jeremías

En el momento en que Israel se relaciona con los grandes imperios de la antigüedad (Asiria, Babilonia, Persia), el pensamiento profético da un curioso giro. Por una parte, dada la superioridad militar de estos pueblos, les era imposible a los profetas anunciar la victoria de Israel sobre ellos; por otra parte, les resultaba difícil tener que concederles a los dioses de estos pueblos mayor poder que el de Yahvé. Frente a esta disyuntiva, surge la idea de que *es Yahvé mismo quien suscita a estos pueblos como vara de castigo contra su propio pueblo*. De este modo, la derrota militar se explicaba, no como una derrota religiosa, sino como una victoria. Serán estos pueblos, convertidos ahora en instrumentos de Yahvé, los encargados de castigar las infidelidades de Israel. Ejemplos clásicos de este interesante fenómeno pueden verse en Jer 6,22-26 e Is 5,26-30; cf. Deut 28,49-52. Así, según Jeremías, Nabucodonosor se convierte en "siervo" de Yahvé con el fin de castigar a Jerusalén y los suyos, cf. Jer 25,8-12; 27,1-11. En una sección de su famosa *Histoire du peuple d'Israël* (cinco volúmenes escritos entre 1887-1893), Ernest Renan describe este interesante aspecto del pensamiento profético. La sección se titula "Nabucodonosor y Jeremías. Los azotes de Dios".

"A partir de este momento, el gigante sombrío de Jerusalén (Jeremías) ha encontrado a su hombre. Nabucodonosor es para él un servidor de Dios que realiza sus mandatos. Habla de él con cierto terror religioso. Empieza la teoría de 'los azotes de Dios', tan grata a los padres de la Iglesia. Para aquel siniestro vidente, los destrozos causados por Nabucodonosor constituyen una perspectiva deliciosa. El Dios de Jeremías en aquel momento fue

E. Nolde, El Profeta.

ciertamente la espada de Nabucodonosor, considerada como la espada de Jehová. Serán aniquilados filisteos, tirios, sidonios, cipriotas, egipcios, medos, elamitas, moabitas, amonitas, edomitas, Hamath, Arpad y Damasco. Nabucodonosor, rey de Babel, ha decidido su ruina.

Es terrible el espantoso grito de alegría que proclama el profeta judío por el exterminio que pronto destruirá a pueblos pacíficos, entregados tranquilamente a su industria. Más terrible aún la simpatía que el hombre de Dios siente por este Tamerlán que va a llevarlo todo a sangre y fuego. El ideal de Jeremías es el Jehová exterminador, con un Atila como perfecto ayudante. Le entusiasma Nabucodonosor porque con éste acaban las civilizaciones ciudadanas e industriales, odiadas por su instinto patriarcal. Lo que destruye le parece fuerte y por lo tanto, aprobado por Jehová.

Desde Kartemi se dirigió Nabucodonosor a Egipto por Celesiria, según el itinerario tradicional de las expediciones asirias. Iba lentamente, sometiendo las poblaciones que encontraba al paso. A medida que se acercaba a Judea, más se entusiasmaba Jeremías con el invasor. Creía que Nabucodonosor destituiría a Joiaquim y que esta crisis motivaría la matanza de todos los que se habían comprometido en la ocupación egipcia.

Al aparecer en la gran potencia militar asiria se exaltaron de gran manera las imaginaciones. Por entonces también el inspirado Habacuc dio proclamas similares a las de Jeremías, pero superiores en talento literario.

Con más justicia que Jeremías, se muestra Habacuc piadoso para las víctimas y encolerizado contra el invasor. Dios castigará luego a éste por ser más culpable. Jeremías no solía protestar contra la violencia triunfante. Habacuc nos consuela asegurándonos que no se sostendrán las fortalezas edificadas con el sudor del pueblo.

Habacuc fue un patriota; Jeremías, un fanático. Pero la historia recompensa únicamente a los exagerados. El escritor sensato cae en el olvido. El que gritó, el que nunca sacrificó un rasgo de odio al bien de la patria, ha llegado a ser una de las piedras angulares del edificio religioso de la humanidad" (Renan, *Historia* 2: 71-73).

27. Religión oficial, religión popular.

"Había en la montaña de Efraín un hombre llamado Miqueas. Dijo a su madre: «Los mil cien siclos de plata que te quitaron y por los que lanzaste una maldición los tengo yo; yo los robé.» Su madre respondió: «Que mi hijo sea bendito de Yahvé.» Y él le devolvió los mil cien siclos de plata. Su madre tomó doscientos siclos de plata y los entregó al fundidor. Éste le hizo una imagen (y un ídolo de metal fundido) que quedó en casa de Miqueas. Este hombre, Miqueas, tenía una Casa de Dios; hizo un efod y unos terafim e invistió a uno de sus hijos, que vino a ser su sacerdote. En aquel tiempo no había rey en Israel y hacía cada uno lo que le parecía bien" Jue 17,1-6

El relato describe una escena cotidiana en un pequeño pueblo de las montañas de Efraín. El deseo de tener un santuario doméstico o capilla familiar conducidos por un levita, muestra las buenas intenciones y el celo religioso de la familia (nivel *familiar* del culto). No se había producido aún la centralización religiosa del culto (2 Re 22-23). Existían solamente algunos santuarios importantes que servían como lugares de reunión para celebraciones especiales como Silo y Betel (nivel *regional* del culto). El resto de la vida religiosa giraba en torno a la localidad de Efraín (nivel *local* del culto).

Para el establecimiento de un santuario familiar se mencionan cuatro objetos rituales: una imagen (פסל), un ídolo de metal fundido (מסכה), un efod (אפוד) y unos terafim (תרפים). El efod es empleado a veces en el sentido de un vestido litúrgico (2 Sam 6,14), y otras veces como una pequeña bolsa que contenía las suertes sagradas para la adivinación; cf. nota de la

Biblia de Jerusalén a Ex 28,6. El terafim se refiere, en este caso particular de Jue 17, a una máscara de tipo litúrgico llevada por el sacerdote durante el culto, y empleada probablemente para consultar el espíritu de familiares muertos, cf. 1 Sam 28,3-19 y pág. 265. Algunas de estas prácticas, censuradas por la religión oficial, muestran la *flexibilidad de las normas que regían el culto a nivel familiar*: Miqueas roba a su madre, consagra como sacerdote a un hijo y practica la adivinación. En ese tiempo, si se quería constituir un santuario familiar, se debía contar con un sacerdote que estuviera a su cuidado. Por ello, Miqueas instala a su hijo en esta función hasta que logra sustituirlo por una persona realmente especializada para ello, un levita (v 7-13).

"Suprimiréis todos los lugares donde los pueblos que vais a desalojar han dado culto a sus dioses, en lo alto de los montes y en las colinas, y bajo todo árbol frondoso" Deut 12,2

La mayor parte de los santuarios cananeos eran lugares al aire libre, no templos; y estos santuarios eran más numerosos en el campo que en las ciudades. Por eso, el *primer mandato* prescrito por el *código deuteronómico es la destrucción de "los lugares altos" (במות). La expresión *"y bajo todo árbol frondoso"*, es una *fórmula de cuño deuteronomista: 1 Re 14,23; 2 Re 16,4; 17,10. Para una persona o comunidad que haya vivido toda su vida al borde del desierto, un árbol encierra todo el misterio y la revelación de la vida. A su sombra, se ofrecen sacrificios y se buscan oráculos. Fue bajo un árbol, precisamente, que el Señor se apareció a Abraham para confirmar la promesa que daría origen al pueblo de Israel, cf. Gen 18.

Secciones relacionadas: # 26. 30 y 32.

Los lugares altos de Israel ¿un mal?

Son numerosos los pasajes del Antiguo Testamento en que se nos habla de los «lugares altos» de Israel; se nos dice que en el antiguo Israel los centros de culto religioso estaban situados en alturas naturales, sombreadas casi siempre por el espeso follaje de árboles venerables. En su mayor parte, esos santuarios parecen haber carecido de muros y haberse hallado a cielo descubierto, aunque tal vez se extendiesen algunas veces tapices alegres de colores para proteger los objetos sagrados (un poste de madera hundido en el suelo o una piedra puesta de pie), de los ardientes rayos del sol del verano, o de los violentos aguaceros de las lluvias del invierno. A esos lugares acudieron durante siglos los israelitas después de su asentamiento en Palestina, para ofrecer sacrificios. Y allí, a la sombra de viejas encinas o terebintos, llevaron a cabo sus devociones, dirigidos por reyes o profetas piadosos, sin que los afectase ningún sentimiento de culpabilidad, antes al contrario, animados por la seguridad en que se hallaban de que sus actos eran agradables a los ojos de Dios, y ganaban su bendición. Pero la multiplicación de los santuarios tiene el inconveniente de favorecer en algunas personas, el nacimiento de la creencia en la multiplicación correspondiente de las divinidades que son objeto de culto en los templos; y de ese modo, la doctrina de la unicidad de Dios, cara a las mentes privilegiadas de Israel, tendía a caer en pedazos frente al reconocimiento tácito de toda una serie de dioses o *Baalim*.

Cada uno de ellos era señor de su propia altura boscosa, dispensador de los dones de la lluvia y el sol, de la fructificación y de la fecundidad, a un grupo de pueblecitos que dirigían hacia él sus ojos, como los dirigen a sus santos patrones los campesinos de Italia, para pedir su bendición y la prosperidad de los rebaños y manadas, de los campos, de las viñas y de los olivares. La facilidad con la que el monoteísmo teórico podía transformarse en un politeísmo práctico, despertaba la aprensión de los profetas, y la ansiedad con la que contemplaban semejante decadencia teológica, se transformaba fácilmente en ardiente indignación moral, como consecuencia de los ritos sensuales practicados en aquellos hermosos escenarios que, aunque consagrados, eran con demasiada frecuencia silenciosos y, casi podríamos añadir, avergonzados testigos.

El poder creciente de los grandes imperios sirio y babilónico comenzó amenazando, y más tarde extinguiendo, las libertades de los pequeños reinos palestinos; y la catástrofe cercana fue prevista y profetizada con gran antelación por las inteligencias más privilegiadas de Israel, que envolvieron sus predicciones y pronósticos en el estilo poético de la forma profética. Al meditar sobre los peligros que amenazaban al país, se les ocurrió la idea de que una de las fuentes principales de la amenaza se hallaba en el culto religioso de los lugares altos, que con sus tendencias politeístas ofendían la majestad de un Dios único y verdadero, y con sus seducciones inmorales insultaban su pureza.

Creyeron que las raíces del mal eran de índole religiosa, de modo que el remedio que propusieron para curarlo era también de naturaleza religiosa. Consistía en acabar con el culto de los lugares altos y con todo el desenfreno concomitante, y en concentrar la totalidad del ceremonial religioso del país en la ciudad de Jerusalén. En ella, el ritual más regular y solemne, limpio de cualquier impureza, había de asegurar con su intercesión diaria, sus sacrificios fragantes y sus agradables cánticos, el favor y la protección divinos sobre toda la nación. La idea, nacida y desarrollada en los corazones y en los cerebros de los grandes profetas, tomó forma práctica con la memorable reforma del rey Josías; pero la medida, acariciada con tanto cuidado y puesta en práctica con tantas esperanzas, demostró ser incapaz de detener la decadencia del reino de Judá y de impedir su caída. Desde el día en que fueron abolidos los lugares altos, y se constituyó como único santuario nacional legítimo el templo levantado sobre el monte Sión, apenas si pasó una generación antes de que Jerusalén abriese las puertas al enemigo, y la flor de sus hijos fuese llevada en cautiverio a Babilonia.

El conocimiento que poseemos acerca de los santuarios locales en los que, de acuerdo con la interpretación religiosa de la historia judía, gravitaba en gran medida, según se creía, el destino de la nación, procede en parte de la denuncia de que los hicieron objeto los profetas, en cuyas críticas la asociación frecuente de los lugares altos con los verdes árboles hace suponer que la presencia de árboles, en especial de árboles de hoja perenne, era característica corriente de esas elevaciones sagradas. Así, Jeremías, al hablar del pecado de Israel, dice que «sus hijos se acuerdan de sus altares y de sus *asherim* junto a todo árbol verde y sobre los altos collados» (17,2), Y en otro lugar afirma: "y Yahvé me dijo en tiempos de rey Josías: ¿Has visto lo que ha hecho la apóstata Israel? Fuese sobre todo monte alto y bajo todo árbol frondoso, y allí fornicó» (3,6).

Y Ezequiel, que habla en nombre de Dios, dice: «Pues cuando los introduje en la tierra que, alzando mi mano, había jurado darles, vieron cualquier colina elevada y cualquier árbol frondoso, ofrecieron allí sus sacrificios y entregaron allí su ofensiva ofrenda, y allí depositaron sus perfumes de suave olor, y derramaron allí sus libaciones» (6,13). Y en el Deuteronomio, que según la opinión general, es en esencia el libro de la ley sobre el que basó su reforma el rey Josías, se pronuncia la condena de los lugares altos y de sus aditamentos idólatras con las siguientes palabras: «Debéis destruir por completo todos los lugares donde han dado culto a sus dioses los pueblos de que vais a apropiaros: sobre las altas montañas, encima de las colinas y bajo todo árbol frondoso. Demoleréis sus altares; haréis pedazos sus *massebás*, destruiréis sus *asherim* y quemaréis al fuego las esculturas de sus dioses; así extirparéis su nombre de aquel lugar»(Deut 12,2-3). En fecha anterior, cuando aún no se habían desprestigiado aquellas cumbres de verdes colinas, vemos al rey Saúl sentado en una de ellas: «Se hallaba entonces Saúl sentado en Guibea bajo el tamarisco que hay en la altura, con la lanza en la mano y rodeado de todos sus servidores» (1 Sam 22,6).

En Palestina, hasta los tiempos actuales, muchas de tales alturas, coronadas por grupos de árboles venerables, en especial de encinas de hoja perenne, reciben todavía el homenaje religioso de los campesinos de los alrededores, aunque su antiguo carácter pagano se halla superficialmente cubierto con la tradición de que un santo musulmán descansa bajo su sombra solemne. Resulta razonable suponer, con algunos autores modernos que han pasado mucho tiempo en Tierra Santa, que muchos de esos lugares altos de las colinas son los mismos exactamente en que los antiguos israelitas ofrecían sacrificios y quemaban incienso, y que a despecho del celo de los reformadores y de los ataques de los iconoclastas, los santuarios inmemoriales de esos miradores han seguido siendo a lo largo de los siglos, el centro real de la religión popular" (Frazer, *Folklore* 452-454).

28. El culto: encuentro con lo numinoso

"10 Jacob salió de Berseba y fue a Jarán. 11 Llegando a cierto lugar, se dispuso a pasar la noche allí, porque ya se había puesto el sol. Tomó una de las piedras del lugar, se la puso por cabezal y se acostó en aquel lugar. 12 Y tuvo un sueño. Soñó con una escalera apoyada en tierra, cuya cima tocaba los cielos, y vio que los ángeles de Dios subían y bajaban por ella. 17 Y, asustado, pensó: «¡Qué temible es este lugar! ¡Esto no es otra cosa sino la casa de Dios y la puerta del cielo!» 18 Jacob se levantó de madrugada y, tomando la piedra que se había puesto por cabezal, la erigió como estela y derramó aceite sobre ella (..) Y llamó a aquel lugar Betel" Gen 28,10-12. 17-19 (*E).

Los lugares de culto de los patriarcas se establecen allí en donde un elemento natural (árbol, fuente de agua, montaña, piedra), hacía reconocer la presencia del dios de los padres. Todo se iniciaba cuando la divinidad aparecía y daba una señal, tenía lugar entonces un encuentro. Luego, la necesidad de devoción hacía que el punto fuese frecuentado. El lugar se convertía así en punto de peregrinación. Alguien cuidaba el santuario, contaba la historia del lugar, acogía a los visitantes y recibía sus dones. Con el tiempo, esa persona se transformaba en el sacerdote del lugar; sus hijos le relevaban y así, los diferentes santuarios llegaron a ser administrados por familias sacerdotales; cf. de Vaux, *Instituciones* 382. 453.

Como lo indica el nombre mismo del lugar, en Bet-*el* se veneraba originalmente al dios El (אל), que desde el Bronce tardío (1550-1200 a.C.), era una de las divinidades principales de la región de Siria/Palestina. Varios detalles del texto, sin embargo, muestran la intención explícita de disociarse lo máximo posible de estos orígenes cananeos. Aunque el lugar era ya un conocido centro de peregrinación, Jacob parece llegar "inadvertidamente" al lugar, y pasa la noche allí –no porque fuese un santuario sino *"porque* se había puesto el sol" v 11. El patriarca, no viendo en el lugar nada particular, se acuesta a dormir allí despreocupadamente. La piedra sobre la que recostó su cabeza no era más que *"una* de las piedras del lugar" v 11, que se convirtió en un objeto religioso –en una estela (מצבה), *sólo después* que él la ungió. Según el texto, antes del sueño de Jacob, el lugar no tenía siquiera nombre, fue el patriarca quien dio nombre al lugar en v 19.

En la versión *J del relato (v 13-16), el dios que se revela en el sueño es Yahvé, no El (אל). El patriarca se da cuenta de que ese era un lugar particular *porque Yahvé estaba allí* v 16b. Jacob se sabe entonces en un umbral: "la puerta del cielo" v 17; el lugar donde el cielo se abre al ser humano (Dillman, *Genesis* 329). La verdadera santidad de este lugar se produce en el momento en que Yahvé se revela al patriarca, no antes. Posteriormente Yahvé (*el nuevo dios*, es decir el dios que llega de fuera de Palestina), aparece como el dios nacional de Israel *en Betel*, sustituyendo así al dios originario El, cuyo nombre continúa llevando, sin embargo, el santuario. El nombre El/אל se convertirá entonces en *una* designación más de Yahvé; cf. Koenen, *Bethel [Ort]* 4. *J toma la historia como se había transmitido hasta ese momento en el santuario, y le da un nuevo sentido en el contexto de la historia patriarcal: es Jacob quien ha descubierto este lugar santo en su huída de Esaú (Westermann, *Genesis* 453).

Secciones relacionadas: # 5. 10 y 26.

Persona frente a dios, estatua sumeria del tercer milenio a.C. El tamaño de sus ojos y la postura de sus manos expresan la intensidad de sus sentimientos. *"Muéstrame,* Señor, tus caminos. *Guíame* en tu verdad. *Acuérdate* de mí por tu bondad" Sal 25,4ss. He aquí los tres elementos esenciales de la religión personal en el mundo antiguo.

El encuentro con lo Numinoso

"El ser humano, para entrar en contacto con lo divino, selecciona en la vida -es decir, en el mundo profano, algunos espacios y tiempos sagrados, los carga de valor simbólico y los considera como el lugar privilegiado de encuentro con lo divino. La experiencia humana de Dios es mediata, es decir, está obligada a pasar a través de algo que no es Dios y ese algo se convierte por eso mismo en evocador de lo divino, es decir, se hace sagrado, distinto, objeto de respeto, veneración y temor" (Maggioni, Liturgia 1053). *Esto es lo que llamamos hoy en día mediaciones, es decir: la capacidad que poseen ciertos objetos, actos o personas de comunicar al ser humano la acción de Dios, y de despertar y expresar en la persona el sentido de acogida y respuesta de comunión. Entre los elementos de la mediación están las realidades de la creación y de la historia, que se convierten en 'lugar de encuentro', de gracia y de diálogo, cf. Ruiz, Mediaciones 1209.*

En la interpretación del mundo que hacían las culturas del antiguo Oriente, se pensaba que tras la realidad visible de las cosas, de los cuerpos, las plantas y los animales, existía una realidad invisible de la cual dependía la vida humana. En todas las cosas y objetos se sospechaban poderes y campos de influencia que al principio carecían de forma, pero que progresivamente iban siendo interpretados más concretamente. En el momento en el que estas fuerzas invisibles adquirían forma humana, era posible tener contacto con ellas, y se convertían en seres divinos con formas masculinas y femeninas, aunque siempre con poderes y capacidades muy superiores a las de los seres humanos. Los clanes y las familias adquirieron dioses protectores: el dios de la tribu o del antepasado.

Se creía que estos dioses protectores entendían la lengua de los seres humanos, y que respondían a sus acciones, sacrificios, ritos y ofrendas. Sin embargo, había algo ambivalente en estos dioses, ya que tenían también el poder de traer el mal, la enfermedad y la muerte a los suyos. Por eso, las personas en esta época creían que ciertas acciones simbólicas (oraciones, cantos, acciones rituales), podían *ejercer influencia* sobre dichas divinidades y lograr que les fuesen favorables. Algunas de estas ideas de fondo, como la reacción de Jacob en v 17, están detrás del relato de Gén 28. La idea de *lograr tener influencia sobre la divinidad*, será uno de los pilares fundamentales de la experiencia religiosa universal, y es el punto preciso en donde la religión de los grandes profetas se separa más claramente de las culturas de su entorno y de sus predecesores, cf. Jer 11,15 (Cf. Grabner, *Kulturgeschichte* cap. 1).

"¿Acaso no podrá ver el que nos formó los ojos?" Sal 94.9

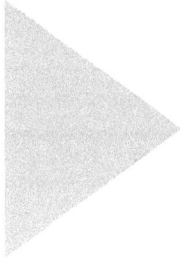

Biblia de Oriente 7

Cantos de amor

Textos egipcios, siglos XIV-XII a.C. aprox.

E n la época de los Ramésidas (dinastías XIX y XX) encontramos una poesía que expresa con gran intensidad la relación afectiva entre los amantes, su belleza corporal y sus quejas de amor. Entre sus temas está la distancia entre los amantes, el ansia del encuentro, la enfermedad del amor, y el jardín como espacio de encuentro e intimidad. Muchas de las imágenes y metáforas no provienen del ámbito de la corte, sino de las actividades de la vida cotidiana: la caza de pájaros, la pesca en el Nilo y las tareas de cultivo.

El triunfalismo del documento oficial

La mayoría de los documentos históricos del antiguo Oriente con que contamos, son documentos oficiales: biografías de monarcas, relatos de campañas militares exitosas o estelas conmemorativas de grandes edificaciones. Muchos de estos documentos tienen un estilo triunfalista y estereotipado. Berthold Brecht, escribiendo con ironía acerca de estos relatos, decía:

> "Tebas, la de las siete puertas ¿quién la construyó?
> En los libros figuran los nombres de los reyes.
> ¿Arrastraron los reyes los grandes bloques de piedra?
> El joven Alejandro conquistó la India ¿Él solo?
> César venció a los galos.
> ¿No llevaba consigo ni siquiera un cocinero?

Desde este punto de vista, la poesía egipcia tiene, además de su valor estético, un extraordinario valor cultural, ya que nos permite conocer más de cerca hechos de la vida cotidiana y del mundo psicológico de personas sencillas, viviendo en aldeas comunes y que, no obstante la enorme distancia cultural y temporal que nos separan de ellos, se muestran cercanos y semejantes a nosotros en sus aspiraciones, luchas y sentimientos.

La vida cotidiana: sueños e ilusiones

Estos poemas corrigen, por otra parte, la idea de que toda la literatura antigua es una muestra triunfalista de cultura religiosa o militar. Lo que tenemos aquí son escenas de la vida cotidiana en el campo, escenas pobladas por sueños e ilusiones, que servían de contrapunto al ritmo duro y difícil de la rutina cotidiana.

Relieve, Dinastía XVIII

"Creo que me iré a casa y me acostaré, muy quieto, en mi cama fingiendo una grave enfermedad. Entonces los vecinos vendrán en tropel para observarme, tal vez mi amada entre ellos. ¡Cómo se sonreirá ella cuando los médicos se vuelvan locos con mi dolencia! Ella conoce muy bien la enfermedad que me aflige" (Llagostera, *Poesía* 47).

Sensualidad: fascinación misteriosa

Los escenarios describen una atmósfera de placer sensual para la vista ('mostrar la belleza'), para el tacto ('el toque de la túnica fina envolviendo su cuerpo'), para el olfato ('el olor de las esencias balsámicas'). Imágenes que nos recuerdan el jardín de las delicias del amor en Cant 4,9-16a.

> Mi dios, cuán dulce me es (..)
> Ir al estanque a bañarme ante ti,
> Mostrándote mi belleza
> Envuelta en una fina túnica
> Impregnada de esencias balsámicas.
> Bajaré al agua
> Y volveré a subir
> con un lindo pez rojo entre mis dedos
> Lo pondré sobre mi pecho
> ¡Ven y mírame!
> (Llagostera, *Poesía* 53).

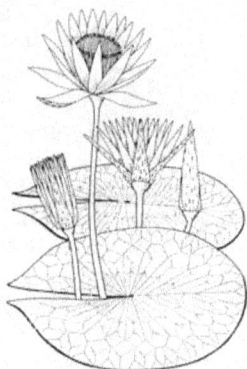

El ansia de volver a ver a la persona amada
la hace olvidarse de todo lo demás:

> Solo he trenzado la mitad de mi peinado
> Vine a toda prisa
> Y descuidé mi tocado.
>
> (Llagostera, *Poesía* 61).

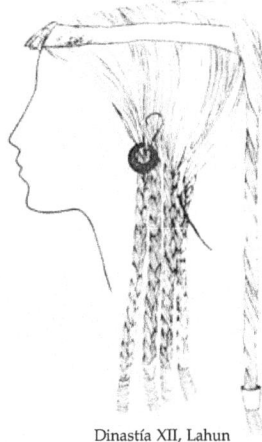

Dinastía XII, Lahun

> El ganso silvestre grita
> atrapado por el cebo.
> Pero tu amor me retiene,
> y no puedo liberarme.
> Amor, déjame ir,
> necesito desatar mis redes.
> ¿Qué dirá mi madre
> ante la que cada noche regreso,
> cargada con el peso de mi captura?
> (.. y hoy no le traigo nada).
> ¡Caramba! ¿No has puesto hoy ninguna red?
> Ganso silvestre, oigo tu lamento.
> ¡Yo soy la cautiva atrapada por tu amor!
>
> (Llagostera, *Poesía* 65).

La enfermedad del amor, un motivo recurrente, cf. Cant 2,5; 5,8:

> Ayer hizo siete días que no he visto a mi hermana
> Y una enfermedad me ha invadido.
> El corazón me oprime
> Mi cuerpo se ha hecho pesado
> Olvidándose de mi mismo.
> Si el jefe de los médicos viene a mí
> Mi corazón no quedará satisfecho con sus remedios
> Es ella, mi pequeño diablillo, quien me ha perturbado
> Los sacerdotes no dan solución
> Mi enfermedad no puede ser catalogada
> Pero si alguien me dijera
> ¡Mira, ahí está tu amor esperándote!
> Se aceleraría mi corazón.
> Su nombre daría de nuevo vida a mis miembros

๛ ๛

> Mi amada es para mí mejor que cualquier remedio
> Mi salud consiste en verla venir
> Cuando mire a sus ojos
> Cada parte de mi cuerpo volverá a renacer
> Al sonido de su voz
> Mi corazón late
> Cuando la beso y la acaricio
> Desde el pecho hasta sus muslos
> Huyen de mi ser los demonios del amor
> Dejándome sereno.
> ... ¡Pero ella se fue hace siete días!
> (Llagostera, *Poesía* 101-103).

Pintura mural, Din. XVIII

Se expresa aquí la alegría incomparable
provocada por la presencia y la cercanía
física del ser amado:

> "Con nuestras manos unidas
> Todo mi cuerpo se sobresalta de alegría
> Y se deleita mi corazón
> Debido a que caminamos juntos.
> La cadencia de tu voz
> Es como el vino de granadas
> El oírla me da vida
> Cada vez que me miras
> Es más para mí
> que el comer y el beber
> (Llagostera, *Poesía* 127).

Ostracón, Din. XVIII

El tema de la búsqueda del ser amado es común (cf. Cant 3,1-
5; 5,2-8); para lograr esto se deben superar no sólo barreras
sociales, sino barreras físicas u obstáculos naturales. El amor
es capaz de superarlas todas fácilmente.

> "Mi amor está al otro lado del río
> Una corriente hay entre nosotros
> Y un cocodrilo acecha en la superficie del bajío
> Pero cuando yo bajo al agua
> Atravieso vadeando la corriente
> Mi corazón es más grande que la corriente
> Y las olas son como tierra bajo mis pies
> Es el amor de ella lo que me hace firme
> Pues me produce un hechizo de agua
> Cuando veo a mi hermana que viene
> Mi corazón danza
> Y mis brazos se abren para abrazarla
> Cuando ella viene hacia mí"
> (García, *Biblia* 602).

"Mi copa no se ha llenado aún de hacer el amor contigo (..)
Pequeño chacal mío, tu me emborrachas.
No dejaré de beber tu amor
Aunque me lleven a golpes hasta el pantano
No te abandonaré aunque me peguen
Aunque me persigan a golpes hacia el norte, hasta Siria
Aunque me flagelen con ramas de palma
Y me lleven al sur, hasta Nubia
Aunque me azoten con látigos hasta las colinas
Aunque me apaleen con juncos hasta la orilla del mar
No seguiré su consejo
No renunciaré al hombre que amo
(Llagostera, *Poesía* 129; Matthews, *Paralelos* 299).

La mujer: más allá de toda convención

Tenemos aquí la disposición absoluta de los amantes de superar los obstáculos que les impidan estar juntos; en este caso, el castigo físico. Nótese que la persona que habla en este poema es una mujer. No sólo habla sino que actúa: rompe las convenciones, enfrenta a sus padres, decide por sí misma, sigue el dictado de su corazón y asume, finalmente, los riesgos de su decisión. Debemos recordar que este texto tiene más de tres mil años de antigüedad (!). La voz de las mujeres aparece a menudo en la poesía egipcia. Ellas narran, describen, invitan, sugieren y deciden, lo cual dice mucho de su rol en aquella sociedad. Algunos autores creen que algunas de estas poesías fueron escritas por ellas mismas.

Pintura mural, Din. XIX

Dossier 4: El libro de Ruth

El descubrimiento de la cotidianeidad: el libro de Ruth

L a presencia de Dios ha sido vista en los textos del antiguo testamento como mediada por objetos sagrados: la tienda, el arca, el templo. Estos eran espacios vedados para la gente común que permanecían fuera, en el círculo más externo, a riesgo de excomunión o de muerte. La presencia de Dios ha sido mediada también por personas sagradas, figuras especiales como Moisés, los jueces, los sacerdotes, los profetas; hombres la mayoría de ellos. Los signos de esa presencia divina eran usualmente acontecimientos que se presentaban en forma ocasional, y a los que las personas asistían como quien asiste a un evento especial. Fue así con la demostración de Moisés frente al faraón, o con la de Elías en el monte Carmelo frente a los profetas de Baal.

La mayoría de las indicaciones dadas por Moisés, tienen que ver con celebraciones nacionales, fiestas religiosas u otras actividades oficiales de la comunidad. Celebradas casi todas en el templo, bajo la guía de un sacerdote y en ocasiones especiales fuera del ámbito de lo cotidiano. Ellas formaban parte de los tiempos sagrados de la comunidad. Pero de vuelta en la rutina diaria, la familia israelita tenía pocas indicaciones de como conducirse en el campo religioso. Tan amplio era este vacío dejado por la religión oficial en las áreas cotidianas de la vida, que los sabios intentaron llenar este vacío con proverbios que orientaran al israelita promedio en cosas prácticas: cómo educar los hijos, cómo relacionarse con los vecinos, así como otros temas de la vida en comunidad. Estaban, además, las preguntas básicas de la religiosidad popular: ¿Qué hacer cuando la acción de Dios se vuelve desconcertante? ¿Cómo entender las sequías y las pestes? ¿Qué hacer frente a las enfermedades? ¿Se ocupa Dios sólo de los grandes problemas nacionales o le interesa también la falta de pan hoy en nuestra mesa? ¿Es nuestro sufrimiento trivial para el Dios de Israel? Muchas de estas preguntas no tenían respuesta para la persona común.

Es aquí donde el libro de Ruth hace un valioso aporte. Pasamos de los grandes eventos de la historia a los hechos de la vida cotidiana con rostro humano, tan históricos y tan decisivos como los primeros. El libro nos permite echar una ojeada a la vida cotidiana de una familia, y nos describe sus problemas con gran sensibilidad humana y profundidad religiosa. En medio de sus problemas, de sus «pequeños problemas», Noemí no visita ningún santuario, no consulta ningún profeta, ni ofrece ningún sacrificio. Pero Dios está allí con ella en su dolor. Dios, simplemente, estaba allí, aunque en ocasiones su presencia no resultase tan evidente; cf. la historia de José (Gen 37-50). Todo era pasajero, sólo la presencia de Dios, confortándole, era eterna. Su fuerza radicaba, precisamente, en la certeza de esa compañía. Noemí sabe que las acciones de Dios pueden ser desconcertantes. Las razones de Dios, como en el caso de Job, pueden rebasarnos.

Por ello, Noemí no se esfuerza en pedir explicaciones. Sabe que la búsqueda de Dios también puede culminar en el silencio. Un silencio cargado de presencia escondida. La calma que experimenta Noemí no proviene de un oráculo, sino de esa voz que sale del fondo de sí misma y que le dice: «El Señor es tu pastor, nada te faltará .. aunque tu padre y tu madre te abandonen, con todo el Señor te acogerá». El Dios de Israel estaba con ella. «Tu conoces lo profundo de mi ser» [Sal 139,14], se dice Noemí calladamente. Acostumbrada hasta ahora a encontrar a Dios en los santuarios, se enfrenta con el Totalmente Otro, y se da cuenta que es necesario prepararse para ese momento. Momento que es encuentro y acogida a la vez. Acogida de Dios que invita a despojarse, a la renuncia, a la disponibilidad, a la gratuidad. Experimenta la gracia no sólo como algo que se comunica a ella [como lo había sido hasta ahora], sino como misterio mismo de Dios en ella. Se trata no ya de una visita, sino de un acompañamiento: "Tu vara y tu cayado me infunden aliento .." (Ramírez, *Ruth* 232s).

Proverbios: el ser humano como artesano de su existencia

G. von Rad al hablar del israelita e indicar como su vida estaba ligada a muchas actividades del culto, agrega: ".. Pero todavía quedaba un amplio sector vacío, donde no regían las leyes del culto y donde ni los preceptos apodícticos, en su cualidad de prescripciones negativas de tipo confesional, ni menos aun el derecho condicional podían dar alguna indicación al hombre, porque ningún mandamiento absoluto le podía ser útil (a no ser una casuística legal de carácter terrificante); y sin embargo en esa zona había que tomar diariamente muchas decisiones. Es la zona de lo cotidiano en la que normalmente no se trata de asesinato, adulterio o robo, pero está llena de problemas de otra índole. Nacían ya del trato más simple con otros hombres, necios o inteligentes, extraños o importunos, y sobre todo con mujeres. Pero también había que aprender a usar el dinero, a tratar su cuerpo y -de nuevo lo más difícil- la propia lengua, que tiene poder de vida y muerte (Prov 18, 21). ¡Cuántos problemas como éstos se plantean en un solo día y cuántas decisiones debe tomar quien no está dispuesto a ceder fácilmente!

Aquí el maestro de la sabiduría intenta ayudar al joven a conservar intacto su vigor, y sus bienes de fortuna y a salvaguardar su humanidad. No podía ayudarle con mandamientos divinos; no tenía autorización para ello, porque sus instrucciones provenían esencialmente de la experiencia. Sólo podía socorrerlo con «consejos». Un consejo de esta clase no impone obediencia, sino que pide ser experimentado; se dirige al juicio del oyente, a quien trata de convencer; quiere facilitar la decisión. La sabiduría trabaja con el entendimiento, en su forma más sencilla, como sentido común; es éste y no la fe el que debe comprobar y admitir que el orgullo está fuera de lugar, que verdura con amor es mejor que carne de buey con odio, y que el pan robado se vuelve amargo en la boca" (von Rad, *Teología* 526.528).

Épica de los anónimos

"EL LIBRO DE RUTH hace un valioso aporte al pensamiento bíblico: le da status teológico al mundo de lo cotidiano, de lo pequeño" (Ramírez, *Ruth* 232). En sus páginas no aparecen los caudillos del libro de Jueces y no obstante, el coraje y empeño por vivir y creer en la bondad humana, que muestran sus personajes, es enorme. En la obra Dios no hace un sólo milagro: no cae maná, pero una nuera se quita el bocado de la boca para darlo a su suegra. El mar no se abre, pero sí los corazones de las personas para confiar en los demás. El sol no se detiene, pero la fiera dignidad de la extranjera que espiga para auxiliar a su suegra, paraliza a los israelitas que, deslumbrados, la contemplan. No vemos a la espía secreta Judit atravesar la línea enemiga para decapitar al general que dirige el asedio y, sin embargo, asistimos al sigiloso arribo de Rut a la era, en la oscuridad, acostándose a los pies de Booz. No mostrará el valor de levantar una espada contra él sino la temeridad de hablarle de frente, a los ojos y sin agendas escondidas.

Booz no es rico como Salomón ni audaz como David. No es un osado guerrero como Gedeón ni ha matado un montón de filisteos y estrangulado un león con sus manos, como Sansón. Pero Booz llega a los campos y es saludado afablemente por sus trabajadores. Llega a las puertas de la ciudad y es escuchado con cuidado por los ancianos. Booz es apreciado y respetado por las personas con las que ha vivido toda su vida, las que lo conocen de siempre, no las que oyeron de sus hazañas; tal vez nunca hizo ninguna, a menos que caigamos en cuenta que una vida decente, honesta y bondadosa, una vida vivida de cara a los demás y con las manos abiertas para el prójimo, es una auténtica hazaña.

La historia está llena de héroes anónimos. Personas que sin una comparsa detrás anunciando su llegada, han hecho de sus vidas el camino recto de la tradición sapiencial hebrea. Desconocidos que se han detenido camino a Jericó para ayudar al asaltado por los ladrones, curar sus heridas y pagar por su recuperación. No sabemos sus nombres. Son los fugitivos de las luces del espectáculo, que rehúyen del flash y la condecoración. Escurridizos se evaden del aplauso y, aunque marcan profundamente la vida de quienes tienen la dicha de conocerlos, no dejan rastro. (Román, *Épica*).

9. *Apocalíptica*

29. Daniel 7

"2 En mi visión nocturna vi cómo los cuatro vientos del cielo agitaban el océano .. 9 Mientras yo seguía mirando, prepararon unos tronos y un anciano se sentó. Sus vestidos eran blancos como la nieve; sus cabellos, como lana pura; su trono, llamas de fuego; las ruedas, fuego ardiente. 16 Me acerqué a uno de los presentes y le pedí que me explicara el sentido de todo aquello. Él me respondió, explicándome la interpretación de las visiones: 17 «Las cuatro bestias gigantescas corresponden a cuatro reyes que aparecerán en el mundo .. 23 la cuarta bestia será un reino que habrá en la tierra diferente de todos los reinos. 26 Pero cuando el tribunal haga justicia, le quitarán el poder y será destruido y aniquilado totalmente. 27 Y la soberanía, el poder y la grandeza de todos los reinos del mundo serán entregados al pueblo de los santos del Altísimo".

Pocos libros del AT han ejercido una influencia tan decisiva y duradera en la imaginación y el vocabulario religioso de nuestra cultura como el libro de Daniel. La idea de un juicio final, de un premio al inocente y de un castigo al culpable; la imagen de Dios como juez, de la corte celestial, de un libro conteniendo el recuento de nuestros actos en la vida; la existencia de los ángeles y de la providencia de Dios en el peligro, son nociones que han trascendido el ámbito de lo meramente religioso, y se han convertido en categorías que encontramos reflejadas en la literatura, la pintura, la escultura, la música y la ética de nuestras sociedades modernas.

En el v 1 se indica que "Daniel tuvo un sueño y unas visiones". Estas *visiones* (1-14), se componen de tres escenas: las cuatro bestias (2–8), el tribunal (9-12) y la figura humana (13-14). El v 15 es una transición: Daniel indica que tras la visión de 1-14 quedó desconcertado, razón por la que pide a uno de los presentes en el juicio que le explique el sentido de todo aquello. Es aquí en donde se inicia la segunda parte del capítulo, la *interpretación* (15-28), que se compone también de tres escenas: una explicación breve sobre las cuatro bestias (17), una explicación detallada sobre la cuarta bestia (19-25) y una explicación sobre la escena del tribunal: (26-27). Los versos 1 y 28 son la introducción y conclusión de todo el relato. La visión (2-14) y la interpretación (15-27) concluyen con una afirmación similar: *una transferencia de poder político*. La soberanía y el poder son quitados a los reinos de este mundo que lo detentaban hasta entonces, y dados a los santos del altísimo cuyo reino no será destruido, v 14 y 27.

Se percibe en el libro de Daniel, un marcado interés por lo humano. Las figuras angélicas, por ejemplo, colaboran con todo cuanto es vital para los seres humanos: se acercan, hablan, animan, se interesan, valoran e inspiran al ser humano. Estas figuras son interesantes, no en función de *la apariencia humana de sus rasgos*, sino en función de *la profunda humanidad de sus gestos* y de su com-pasión, no sólo para con Daniel sino para con todos aquellos que son objeto de "asesinatos, torturas, prisiones y saqueos" (11,35).

La *escena principal* la constituye, por lo tanto, la destrucción de la amenaza representada por la bestia, y la restitución del poder a los santos. "Guardé todo en mi interior" v 28, rasgo típico de la literatura apocalíptica mediante el cual, la revelación de eventos futuros es presentada como habiéndose realizado siglos antes de que los acontecimientos tuviesen lugar, y registrada en un documento secreto que generalmente es encontrado o dado a conocer en el momento oportuno, cf. 12,4; 8,26. Las imágenes del capítulo giran en torno al tema de una lucha entre fuerzas opuestas descritas por medio de términos antitéticos: mar/cielo; bestias/ser humano. Es la lucha entre formas totalitarias de gobierno que avasallan aquellas minorías que no se pliegan a su poder o, dicho en otros términos, *es la lucha entre la imposición de una política "bestial" y la esperanza en un principio de "humanidad" que logra imponerse al final.* La realidad se concibe, como es propio en el lenguaje de la apocalíptica, en términos cósmicos. La lucha es definitiva y total.

El autor del capítulo comparte las mismas convicciones básicas de los profetas: la concepción de un juicio a los opresores de la historia; la convicción de un cambio radical en la existencia de los oprimidos, y la creencia absoluta en un principio de esperanza. Todo esto expresado en un nuevo lenguaje, el lenguaje de las imágenes. El autor tiene una visión, aspira a una realidad alternativa creada por el poder de los sueños. El suyo, es un mensaje de esperanza: el paso de lo caótico a lo armónico, similar al que encontramos "al principio", en el capítulo 1 del libro de Génesis. Todo esto es una forma distinta de expresar lo dicho por el salmista: *"Levántate, oh Dios .. que no acabe defraudado el oprimido .. no entregues a las bestias la vida de tu paloma, no olvides para siempre la vida de tus humildes"* (Sal 74,19ss).

Secciones relacionadas: # 14 y 33.

Bestialidad y humanidad como modos de ser

En Daniel 7 encontramos una lucha entre la muerte y la vida. Esta lucha se representa en la literatura apocalíptica por medio de imágenes: por un lado la imagen de las bestias, por otro la figura humana. Las bestias corresponden a entidades políticas que representan una realidad que ahoga y destruye todo lo humano. Estas "bestias" adquieren formas distintas en distintas épocas. En la época en la que se escribe el libro de Daniel eran imperios políticos. En nuestros tiempos, las bestias también son imperios, políticos y - particularmente- económicos.

Realidades inhumanas como el trabajo infantil, el racismo, la miseria, la violencia de la guerra, el consumismo y la indiferencia social, son las bestias apocalípticas del mundo contemporáneo. El autor de Daniel cree en la victoria de la vida. Cree que en el mundo, las cosas no marchan a la deriva.

El anciano y el tribunal (9-10) pondrán fin a una realidad caótica y bestial (2-8). Se retornará entonces a un mundo más humano, cf. Is 65,17-25.

En el mundo de hoy la muerte adquiere muchas formas: un anciano olvidado intencionalmente en un hospital, un niño al que se le niega la educación, un enfermo a quien no llega asistencia médica alguna, la destrucción de un bosque, la pérdida gradual de un idioma, la trivialización del dolor ajeno, la desaparición de una cultura, el cierre de una cooperativa o de una escuela, la soledad, el desamor, la indiferencia. Realidades que al hacerse cotidianas, parecen no escandalizar más a las personas, quienes terminan aceptándolas como parte de una realidad inevitable. Se produce así un cierto *marchitamiento de la esperanza*.

Martin Luther King en su famoso discurso en 1963 *"I have a dream"*, compartió su sueño con aquellos que padecían bajo las formas más violentas de discriminación racial. En aquella ocasión dijo, entre otras cosas, lo siguiente:

Sé que algunos de ustedes han venido hasta aquí en medio de grandes pruebas y tribulaciones. Algunos han llegado recién salidos de angostas celdas .. Hoy les digo a ustedes, amigos míos, que a pesar de las dificultades del momento, yo tengo un sueño ..

Sueño que un día, en las rojas colinas de Georgia, los hijos de los antiguos esclavos y los hijos de los antiguos dueños de esclavos, se puedan sentar juntos a la mesa de la hermandad .

Sueño que mis cuatro hijos vivirán un día en un país en el cual no serán juzgados por el color de su piel, sino por los rasgos de su personalidad ..

Sueño que algún día los valles se convertirán en cumbres, y las colinas y montañas se transformarán en llanuras, los sitios más escarpados serán nivelados y los torcidos serán enderezados, y la gloria de Dios será revelada, y se unirá todo el género humano [Is 40,4-5].

Esta es nuestra esperanza .. Con esta fe seremos capaces de esculpir de la montaña de la desesperanza una roca de esperanza. Con esta fe podremos trasformar el sonido discordante de nuestra nación, en una hermosa sinfonía de fraternidad. Con esta fe podremos trabajar juntos, rezar juntos, luchar juntos, ir a la cárcel juntos, defender la libertad juntos, sabiendo que algún día seremos libres ..

Y cuando esto pase y cuando dejemos resonar la libertad, cuando la dejemos resonar en cada aldea y en cada caserío, en cada estado y cada ciudad, podemos apurar el día en que todos los hijos de Dios, hombre negro y hombre blanco, Judíos y Cristianos, Protestantes y Católicos, podemos unir nuestras manos y cantar en las palabras del viejo espiritual Negro: "Libre al Fin, Libre al Fin; Gracias Dios Omnipotente, somos libres al fin".

Apocalíptica
Las armas de lo sagrado frente al colonizador

Los movimientos de inspiración apocalíptica siguen la misma geografía trazada por las conquistas coloniales: Daniel surge frente a la dominación helenística de Judea, Apocalipsis frente a la ocupación romana de Palestina. Cómo se señala en la obra colectiva de Puech "Movimientos religiosos derivados de la aculturación", esto mismo sucede fuera del mundo de la Biblia: la "Danza de los espíritus" de los indios norteamericanos surge frente a la expansión colonizadora inglesa. Cada vez que la ocupación avanzaba hacia el oeste, se producía una reacción india en forma de cultos de crisis que respondía a la destrucción de su civilización en las praderas. "Los movimientos apocalípticos siguieron de forma precisa el avance hacia el oeste de la frontera del 'destino manifiesto'" (p. 3). En América del Sur los fenómenos mesiánicos indígenas buscan también la restauración del antiguo orden sociopolítico, y la instauración de un orden nuevo en el que los indígenas dominen a los blancos, después de haber sacudido el yugo que pesaba sobre ellos (p. 148).

"Estos movimientos son parte de las estrategias religiosas de lucha de una sociedad perturbada por la injerencia colonial. Utilizan la mística como fermento de transformación política y son instrumentos de resistencia y oposición a la dominación extranjeras. La religión ancestral se transforma así, en símbolo de la resistencia contra el invasor. Por ello, estos movimientos están marcados por un profundo sentido de reivindicación e inversión". (p. 322. 333).

> *"En la apocalíptica, la religión es un medio de 'efervescencia' social para atacar las dominaciones establecidas por el colonialismo. Lo sagrado se convierte en una arma de lucha que expresa la necesidad profunda de una recuperación de la sociedad y de una renovación cultural que destruya los efectos de la colonización extranjera"* (Balandier, *Innovación* 315).

"Contemplaba yo en mi visión durante la noche cuatro bestias enormes. La primera era como un león con alas de águila .. se incorporó sobre sus patas y se le dio un corazón de hombre .." Dan 7,2s.

En el siglo XVI se inicia un importante movimiento de expansión colonial europea. El descubridor percibirá las culturas que encuentra como técnicamente inferiores, culturalmente primitivas y religiosamente paganas. Esta infravaloración era una condición previa para la legitimación del proceso de conquista que, inevitablemente, seguiría. El regateo de la humanidad del indígena se nota en algunas instituciones fundamentales del período colonial. Los indígenas son relegados de sus antiguas posesiones a espacios limitados en los que -además- deben pagar impuestos: las llamadas "Reducciones", regidas por una autoridad eclesiástica y otra civil, ambas españolas. Los indígenas son *reducidos* así, no sólo en su espacio vital sino también en su humanidad. Con la "Encomienda" sucede algo similar. El trato dado al indígena suponía a éste como un ser inferior, incapaz de regirse por sí mismo, y por ello *encomendado a otro*, para ser regido por él.

Es por ello que la salvación en la catequesis colonial, fue predicada como un proceso de humanización: los indios debían cambiar de vida y de costumbres, sacar la forma de ser indígena y sustituirla por otra. La desobediencia era severamente castigada, la resistencia se criminaliza. Arruinada la estructura económica y la visión de mundo original, enfrentados con un mundo marcado por la inestabilidad, la fragmentación cultural y, posteriormente, con enfermedades desconocidas hasta entonces, con el destierro y la esclavitud, se consolida la imagen apocalíptica de "una tierra sin males". Un lugar guardado y protegido, una tierra buena y fértil, un lugar donde existen las plantas y los animales que forman el mundo original, donde las propias personas experimentan las condiciones favorables a su plenitud (Chamorro, *Bifurcación* 41ss).

La apocalíptica: construcción simbólica de una resistencia

El fenómeno apocalíptico es la expresión religiosa de un movimiento de reivindicación que se da típicamente en situaciones de colonialismo político. A partir del siglo IV a.C. se inicia en Palestina un proceso activo de helenización. Se imponía la versión helenística de la "aldea global": *una cultura, una ley, una religión*. El hecho de que algunos judíos hayan defendido al precio de su propia vida prácticas tales como la circuncisión, el sábado o algunas reglas dietéticas, les parecía a los griegos un ejemplo claro del fanatismo que ellos con su cultura buscaban erradicar. Tácito había dicho que Antíoco IV "se había esforzado por abolir la *superstición judía* para introducir la *civilización griega*" (*Hist*. V.8,2).

Los griegos no parecían comprender que los beneficios que traía consigo el estilo de vida helénico, no eran valorados con el mismo entusiasmo por los pueblos conquistados ya que a largo plazo, esta cultura dominante erosionaba los fundamentos sobre los que se basaba la identidad cultural de los pueblos conquistados. Como la historia ha demostrado repetidamente, a ojos de los colonizadores, los colonizados son esencialmente inferiores. En tales situaciones, la reafirmación de la cultura propia adquiere para los pueblos dominados, un sentido de *reivindicación*, aun cuando no sea tan "desarrollada" como la impuesta por el conquistador.

El libro de Daniel es una obra escrita por una comunidad insignificante en el mundo antiguo, pero es una obra de resistencia vertebrada por una tesis irrefutable, a saber: que los "beneficios" de la civilización conquistadora resultan más evidentes para el conquistador que para el conquistado. Este es un hecho "ignorado por aquellos que piensan tener grandes beneficios que transmitir a la humanidad, y que se sienten por ello justificados a imponerlos a otros que ven sus propios valores amenazados y que no están, por esta misma razón, dispuestos a recibirlos" (Porteous, *Daniel* 123).

A partir del siglo XVI, y correspondiendo con el movimiento de expansión colonial europea, surge en los países del tercer mundo una multitud de movimientos apocalípticos que reaccionan contra sus colonizadores europeos. Dada la incapacidad de retaliación militar debido al desbalance técnico con la potencia invasora, la resistencia política del pueblo invadido pasa en algunos casos al plano simbólico. Según estos movimientos, al final los pueblos sometidos terminarán vencedores y someterán a sus antiguos dominadores.

El sentimiento contra las personas blancas de cultura europea, identificadas como sus opresoras y enemigas, es una constante de los movimientos mesiánicos, cf. p. 173. Entre los Ramkokamekra de la Amazonía, en 1963, el líder del movimiento en persona se encargaría de castigar a los blancos invirtiendo los papeles: a partir de ese momento serían los indios quienes habitarían las ciudades y dispondrían de autobuses y aviones. Los civilizados blancos les reemplazarían en la selva y cazarían utilizando sus arcos y flechas. Se expresa con ello la idea de que el disfrute de los beneficios de la civilización occidental, se obtendrá por medio de una inversión del orden social: el indio dominará al blanco (Puech, *Movimientos* 148).

30. El folklore en el AT

"Tras expulsar al ser humano, puso delante del jardín de Edén querubines, y la llama de espada vibrante, para guardar el camino del árbol de la vida" Gen 3,24.

El querubín es una figura común en el arte de Mesopotamia, Egipto y Palestina y consiste en una figura semihumana y semianimal que formaba parte del trono de reyes y divinidades, y velaba a la puerta de los templos y palacios. Ejemplos de ilustraciones provenientes de la región de Siria y Líbano, como el sarcófago de Hiram de Tiro, muestran tronos formados por dos querubines. Si tomamos en cuenta el rol decisivo jugado por este rey en la construcción del templo de Salomón (cf. 1 Re 5,15-6,30), es fácil entender algunos detalles de la construcción. Los querubines del arca de la alianza (un "trono vacío"), son similares a las esfinges guardianas del trono de algunas divinidades de esta región, donde el trono era una manifestación de dominio y poder. Se explican así algunas expresiones de los salmos: "Yahvé está sentado sobre querubines" 80,2; 99,1 o "montó en un querubín, emprendió el vuelo y se movía sobre las alas del viento" 18,11. En Gen 3,24 y Ez 28,24 los querubines son guardianes del paraíso.

Guardianes del árbol de la vida, marfil fenicio.

"Dios se alza en la asamblea divina, para juzgar en medio de los dioses: ¿Hasta cuándo juzgaréis injustamente y haréis acepción de los malvados?" Sal 82,1-2.

Dios se presenta aquí del mismo modo que aparece *El* o *Baal* en los textos ugaríticos: una asamblea (עֲדַת־אֵל) precedida por la divinidad principal (el dios de Israel); en torno a él, los otros dioses. Estos *dioses* de quien se habla aquí (אלהים; *LXX/θεοὺς;Vg/Deus), son divinidades cananeas *degradadas* por el Yavismo, y en función ahora de Yahvé, que funge como rey y juez. Nótese que el mismo término אלהים designa tanto a "Dios", rector de la asamblea, como a las divinidades menores ("dioses") de los pueblos extranjeros. Estos seres reciben diferentes nombres: se los llama "hijos de los dioses" (בְּנֵי אֵלִים) Sal 29,1; "asamblea de los santos" (קְדֹשִׁים) Sal 89,6; y en 1 Re 22,19 dice Miqueas: 'He visto a Yahvé sentado en su trono, con todo el ejército de los cielos (כָּל־צְבָא הַשָּׁמַיִם) en pie junto a él, a derecha e izquierda'. La preeminencia de Yahvé está fuera de toda duda "Porque un gran Dios es Yahvé, Rey grande sobre todos los dioses" Sal 95,3.

> *"Viene Dios de Temán (..) Su fulgor es como la luz (..)*
> *Ante él marcha la Peste (רבר), la Fiebre (רשף) va tras*
> *sus pasos" Hab 3,3-5**

Tras de la descripción de esta *teofanía, se encuentra la concepción oriental de un dios que marcha rodeado por los miembros de su corte y de su ejército, cf. Sal 97,3; 1 Sam 5,6ss. En este caso se trata de divinidades que han sido degradadas y convertidas en personificaciones metáforicas: la Peste (רבר) y la Fiebre (רשף), que aparecen aquí como una escolta maléfica dispuesta a ejecutar sentencias de castigo (Schökel, *Biblia II*: 469). El término רשף que personifica aquí a la Fiebre (cf. Deut 32,24), es una divinidad ampliamente conocida en el ámbito de Fenicia (Ebla, Ugarit, Biblos), Siria, Palestina y Egipto a lo largo del segundo milenio. Era un dios con diversas funciones, entre ellas la de la salud, la guerra y la enfermedad. El AT no lo percibe como una amenaza para Yahvé, por ello toma las características de este dios y las instrumentaliza en función de Yahvé.

רשף no aparece entonces en el AT como figura divina, sino como un rasgo que acentúa el poder de Yahvé, un miembro más de la procesión que engalana al Dios de los dioses. El dios cananeo queda así degradado e integrado en la esfera de poder del Dios de Israel. En Hab 3 desaparecen sus funciones curativas y protectoras, conservando sólo los rasgos negativos: enfermedad y guerra. Al asignársele la causa de la enfermedad, se libera a Yahvé de esta responsabilidad.

Procesión de los dioses vencidos. Soldados asirios cargan las estatuas de los dioses vencidos, siglo VIII a.C. Los israelitas, que vieron los objetos del templo de Jerusalén llevados al exilio como trofeos (Dan 1,1-2), presenciarán luego la caída de los dioses babilonios: "Boca abajo va Bel, y Nebó inclinado. A lomo de bestias y animales van llevadas sus estatuas, cargadas como pesado fardo. A veces se inclinan, a veces se ladean. ¡No pueden salvar a los que las llevan, sino que ellos mismos van al cautiverio!" Is 46,1-2.

Parte de los rituales mágicos practicados en las culturas del mundo de la Biblia, consistía en escribir los nombres de los enemigos en platos o figuras de barro que representaban a la persona, tribu, ciudad o pueblo sobre la cual se deseaba traer el mal. Estos objetos eran luego quebrados con la idea de que, de igual modo, serían destruidos aquellos cuyos nombres estaban escritos en ellos, cf. Sal 2,9. En el libro de Jeremías encontramos, interesantemente, una acción simbólica relacionada con esta antigua práctica:

> "El Señor me dijo: 'Véte a comprar un jarro de barro .. romperás el jarro ante los hombres que te hayan acompañado y les dirás: Así dice el Señor todopoderoso: Yo romperé este pueblo y esta ciudad como se rompe una vasija de arcilla que ya no puede rehacerse .. Esto es lo que haré con este lugar, oráculo del Señor" Jer 19,1.8-9.

Figura de arcilla rota representando un prisionero atado. Tiene inscrita una maldición, para hacerla efectiva. La figura fue quebrada, cf. Pritchard, *Arqueología 89ss.*

Secciones relacionadas: # 26 y 27.

Formas externas del temor: ayer y hoy

Máscara cúltica proveniente de
la ciudad cananea de Jasor,
siglo XIV a.C. aprox.

Existen en el AT numerosas figuras de origen divino, antiguos dioses que Israel ha tomado de las culturas de su entorno y que forman parte del folklore del antiguo cercano Oriente. Algunos de ellos se han integrado positivamente en la narrativa bíblica, como el caso de *Azazel* (Lev 16,8), *Lilit* (Is 34,14) o *Asmodeo* (Tob 3,17). Otros se han incorporado en forma degradada, es decir han dejado de ser "dioses" para convertirse en expresiones del séquito real de Yahvé como Reschef (la "Fiebre" de Hab 3,5). No es el objetivo aquí hacer un listado de ellos, baste decir que entre ellos están también los שׁדים (= demonios: Sal 106,37), los שׂעירם (= sátiros: Lev 17,7), los ציים (= demonios del desierto: Is 34,14); el המשׁחית (= Exterminador: Ex 12,23); así como algunos animales con rasgos demónicos o extraordinarios entre los que se encuentra: *Leviatán* (Sal 74,14), *Behemot* (Job 40,15s) y *Rahab* (Sal 89,11). [Se encontrará una explicación adecuada a estas figuras en las notas de la Biblia de Jerusalén a estos versos]

Cuando vemos en el AT figuras como las anteriores, o bien otras categorías como las de "pureza" e "impureza" (y las medidas que en torno a ellas encontramos en Lev 11-16), nos parece que ellas representan una visión de mundo lejana e incompatible con las categorías científicas de hoy. Pero ¿no hablamos nosotros también de sustancias nocivas en el suelo y en el aire que están allí como una bomba de tiempo? ¿No se discute a diario acerca de catástrofes globales cuyos efectos devastadores amenazan no sólo el clima sino todas las formas de vida conocida? Estas catástrofes deben ser cuidadosamente prevenidas y, caso que se presenten de hecho como en el caso de Chernobyl, su entorno debe ser limpiado, de tal modo que se reduzca el riesgo para las distintas formas de vida. Precisamente este tipo de preocupación es la que se encuentra detrás de las medidas de Levítico: procedimientos que protegen la pureza e indican qué hacer para manejar la impureza cuando el contacto con ésta resulta inevitable (Zenger, *Stuttgarter* 160). Es cierto que este *lenguaje* lleno de elementos mitológicos se aleja de nuestra visión científica del mundo, pero ¿es realmente su *preocupación de fondo* tan distinta de la nuestra?

En la sociedad contemporánea, estos temores fundamentales del ser humano (que adquieren formas culturales distintas según la época), encuentran una expresión clara en el cine. En la cultura actual *la pantalla es espejo de la vida*. Una mirada a su temática es, al mismo tiempo, una mirada a la identidad y ubicación de la sociedad que la ha producido. ¿Es casual que uno de los ejes transversales de la temática fílmica hoy sea el de las catástrofes naturales (terremotos, huracanes, maremotos) y sociales (terrorismo, guerras, secuestros)? ¿Qué dice acerca de la sociedad contemporánea el hecho de que abunden películas sobre animales peligrosos o enloquecidos, de plagas, insectos gigantescos, alienígenas agresores, seres mutantes que se caracterizan por su ferocidad y amenaza para las personas, humanoides con capacidad e inteligencia para hacer el mal y capaces de convertir animales y máquinas en personajes peligrosamente humanos? Estas temáticas son el reflejo dialéctico de una realidad interior, moral y cultural.

Por ello es necesario tener conciencia de que: aunque la *forma externa* de muchas creencias en el AT, con sus demonios, rasgos mitológicos y tabúes parece muy lejana a la nuestra, su valor de *símbolo* es muy similar, a saber: la necesidad humana fundamental de encontrar formas culturalmente aceptadas, para lidiar con la ansiedad vital frente a la incertidumbre, los cambios inesperados y las amenazas desconocidas.

31. David y Goliat: historia de un motivo.

> *"Caleb acalló al pueblo delante de Moisés, diciendo: Subamos, y conquistaremos el país, porque sin duda podremos con él». Pero los hombres que habían ido con él dijeron: «No podemos subir contra ese pueblo, porque es más fuerte que nosotros .. la gente que hemos visto allí es gente alta. Nosotros nos veíamos ante ellos como saltamontes, y así debimos parecerle a ellos" Num 13,30-33.*

Yahvé decide reconocer la tierra (1-2), Moisés escoge e instruye a los exploradores (3-20) "Era el tiempo en que empezaban a madurar las uvas" 20b. La misión de los espías y su reporte se describe en v 21-33. V 21 y 22 empiezan ambos con el término "y subieron .." (ויעלו). La repetición de esta expresión introduce dos interpretaciones del mismo evento:

(1) tras un primer reporte de la mayoría (25-29), un reporte de Caleb anima al pueblo a conquistar la tierra: "subamos a conquistar esa tierra. Estoy seguro de que podremos hacerlo" v 30.

(2) un segundo reporte negativo de la mayoría (v 31-33): "ese pueblo es más fuerte que nosotros". En este último tenemos, a su vez, *dos* perspectivas del asunto: "*nosotros* nos veíamos como saltamontes a su lado y así debimos parecerles a *ellos*".

Esta percepción propia de Israel frente a los pueblos de su entorno, se repetirá con variaciones a lo largo del antiguo testamento. Un ejemplo claro de ello es

David (Caravaggio, 1607)

la *fórmula "naciones más grandes y fuertes que tú" ("גוים גדלים ועצמים ממך"): Deut 4,38; 7,1; 9,1; 11,23). Cuando tomamos en cuenta que algunas de las grandes culturas del mundo antiguo, como los egipcios y los babilonios, eran los vecinos de Israel, es fácil comprender que existiese este sentimiento de ser "más pequeños" que los otros.

En el libro de Macabeos, escrito durante el período griego, encontramos diversas variantes del mismo motivo: "Los Gentiles que nos rodean se han unido para exterminarnos" (1 Mac 5,10); "... impulsados por el odio, se han unido todos los Gentiles para aniquilarnos" (1 Mac 13,6); "Todas las naciones vecinas se propusieron exterminarlos diciendo: luchemos contra ellos y borremos su memoria de entre los hombres" (1 Mac 12,53). Las citas se multiplican: 1 Mac 3,52; 5,2.9.27; 7,26; 8,9; 2 Mac 8,9.

Aunque esta realidad de ser *el menor entre sus hermanos*, pudo haber conducido al derrotismo, condujo a una intuición fundamental y programática en el AT. Una idea que se expresa bien en la historia de Jacob y Esaú: *"el mayor servirá al menor"* Gen 25,23. Será "el pequeño" quien resulte el vencedor. Esta convicción estaba profundamente arraigada en la mentalidad israelita, y será el argumento de fondo de muchas de sus historias: el de la esclava Agar frente a Sara, su señora; el triunfo final de José frente a sus hermanos mayores; el de los esclavos israelitas frente a los ejércitos de faraón; el del joven David frente al poderoso Goliat; el de Daniel, miembro de un pueblo derrotado, frente a los sabios babilonios; el de Ester, una judía extranjera, frente al poderoso Hamán; el de Judith, la viuda de un pueblo insignificante, frente al general Holofernes. Esta idea se repite una y otra vez a lo largo de la escritura: "Yahvé levanta del polvo al humilde, alza del muladar al indigente para sentarlo junto a los nobles, y darle en heredad trono de gloria" 1 Sam 2,7ss; cf. Sal 113,7-9; 107,33-42; Is 26,4-6.

La sensibilidad del AT frente a la realidad del pequeño se explica porque estas historias han nacido –precisamente- en el círculo de los pequeños. Se entiende el sentir del pequeño porque se han encontrado muchas veces en ese lugar. En este sentido Ex 23,9 es un texto programático. Las narraciones del AT son pues, historias de una transformación: el esclavo es liberado, el enfermo es sanado, la estéril da a luz, *la debilidad vence la fuerza.*

"David, Judith: variantes de un motivo".

Secciones relacionadas: # 3. 14. 15 y 31.

Judith (Allori, 1613)

La heroína o héroe de un relato

Los relatos bíblicos, como numerosos relatos populares, tienen particular cariño por los personajes de segundo rango. José, Daniel y Ester, protagonistas de los relatos en los que aparecen, no ocupan, sin embargo, la posición más elevada en 'el mundo del relato' en el que se mueven. José está al servicio del faraón, Daniel está en la corte del rey de Babilonia y Ester es la esposa del rey de Persia. Sin embargo, aunque no disponen del poder supremo, son ellos los que, en el relato, resuelven los problemas y desencadenan las acciones decisivas. Para hacerlo, les es preciso ganar la confianza o la aprobación de los soberanos. Por tanto, obtienen el resultado deseado, no mediante la fuerza o en virtud de su autoridad, sino por medio de la persuasión. En esto, los relatos bíblicos difieren de los numerosos relatos que el Oriente Próximo antiguo nos ha legado sobre las hazañas de sus héroes y de sus reyes. Sin duda, la Biblia conocía también relatos épicos, como los de la conquista de la tierra por Josué, donde nada se resiste al héroe y donde sus victorias son totales. Sin embargo, estos relatos son mucho más raros.

La actitud particular de Israel hacia los 'poderosos' se explica en gran parte históricamente. Israel no fue más que un pequeño país rodeado por dos grandes potencias, Egipto y los imperios de Mesopotamia. Formó parte del imperio persa, de los reinos helenísticos y finalmente del imperio romano. Su cultura, por lo tanto, nunca pudo ser verdaderamente la de un reino estable y que dispone de un vasto imperio sometido a su voluntad. Para sobrevivir, tuvo que recurrir la mayor parte del tiempo a las armas de los débiles: la inteligencia, la diplomacia, la persuasión y, en algunos casos, la astucia. Los reyes no consiguieron salvaguardar la independencia del pueblo, y los juicios que la Biblia emite sobre ellos, resultan de la amarga experiencia de los que han asistido al final de los reinos de Samaria y de Jerusalén (Ska, *Analisis* 31-32).

32. Imágenes de Dios: inmanencia y trascendencia

"Allí se le apareció el ángel de Yahvé en llama de fuego, en medio de una zarza (..) 6 Y Yahvé dijo: Yo soy el Dios de tu padre" Ex 3,2-3.6.

Aquí Moisés se encuentra con *'El Totalmente Otro'*, con *'La Presencia'*. Lo *numinoso* sólo puede ser descrito en términos metafóricos: algo etéreo y amorfo *como* el fuego; algo paradójico *como* un arbusto que arde sin consumirse. Frente al Totalmente Otro, sólo queda la metáfora. Por ello, el nombre de Dios debe mostrar esta paradoja: *Dios es el innombrable*. Los términos empleados para designarle no son más que metáforas. El único nombre de Dios (יהוה) no significa más que *una acción* suya, una forma causativa del verbo ser (היה), algo relacional. Una idea reafirmada por el resto del AT que insiste en salvaguardar la trascendencia de Dios. En el Sinaí, Moisés dice al pueblo: "Yahvé les habló en medio del fuego. Ustedes oían las palabras, pero no veían

Esta obra del pintor francés Nicolás Poussin, "La zarza ardiente" (1640), ilustra bien la dificultad envuelta a la hora de 'representar a Dios'. La Biblia dice que Moisés 'contempla la imagen de Yahvé' (Num 12,8), *la imagen* (תמונה), no a Yahvé mismo, a quien no se puede ver sin morir. Por ello, lo que Poussin representa aquí es una voz, no una visión. En la pintura, somos nosotros los que 'vemos a Dios' hablando a Moisés, no Moisés quien por el contrario, con su cabeza entre las manos, se concentra en la voz que le habla desde su propio interior (*La Bible,* Buisson 3).

ninguna *figura* (תמונה), solamente oían su *voz*" Deut 4,12. Al profeta Elías, cuya figura reproduce numerosos rasgos literarios de la figura de Moisés (incluyendo una revelación en el monte Horeb), se le dirige –nuevamente- *una voz* solamente, cf. 1 Re 19,12s.

> *"Al aspirar Yahvé el calmante aroma, dijo en su corazón: Nunca más volveré a maldecir el suelo por causa del hombre" Gen 8,21.*

Típico ejemplo de *antropomorfismo en el AT: Dios aspira, tiene corazón, habla. En una imagen atrevida, se presenta a Dios como alguien que se tranquiliza cuando recibe finalmente lo deseado. A Dios se le asignan en el AT brazos (Num 11,23), manos (Sal 11,7), boca (Deut 8,3), voz (Deut 30,20), ojos (Deut 11,12), oídos (Sal 5,1), rostro (Sal 114,7). Si bien se habla de Dios como padre, guerrero, juez, rey, los modelos femeninos son excepcionales (Is 59,2). Curioso detalle si vemos que las representaciones artísticas de la divinidad (y de las que tenemos muchos testimonios arqueológicos), eran en muchos casos, femeninas. Este es un interesante desacuerdo entre el testimonio *textual* de la religión oficial del AT y el testimonio *iconográfico* de la sociedad de aquella época.

> *"Pero Moisés trató de aplacar a Yahvé su Dios, diciendo: ¿Por qué, oh Yahvé, ha de encenderse tu ira contra tu pueblo, el que tú sacaste del país de Egipto? Abandona el ardor de tu cólera y arrepiéntete de la amenaza contra tu pueblo. Acuérdate de Abrahán, de Isaac y de Israel" Ex 32,11-13.*

Se nos habla aquí, no ya de *partes corporales* de Dios sino de *sentimientos* similares a los del ser humano (*antropopatismo): de la ira, de la mala intención, de la cólera, del recuerdo. Dios se arrepiente y se aflige (Gen 6,6), desata su ira y su furor (Ex 15,7), muestra celos (Ex 20,5), amor (Os 11,1) y aborrecimiento (Lev 20,23). Un aspecto que merece reconsideración es el hecho de que, negándose categóricamente toda representación de Dios (Ex 20,4), haya tantos textos antropomórficos y antropopáticos (!). Esta ambivalencia no resuelta entre trascendencia e inmanencia sugiere que: una religión sin referentes humanos y sin imágenes del entorno cercano, es imposible.

> *"¡Bendito su nombre glorioso por siempre, la tierra toda se llene de su gloria! ¡Amén! ¡Amén! ¡Bendito sea Yahvé, Dios de Israel, el único que hace maravillas"* Sal 72,18-19.

En el judaísmo postexílico el uso del término Yahvé va retrocediendo progresivamente hasta llegar a desaparecer. Está ausente del todo en Ester, Cantares y Eclesiastés. Su empleo es sustituido por la expresión *Adonai* (אדני), o por expresiones que en lugar de mencionar a Yahvé, aluden a personificaciones de su nombre, su gloria, su sabiduría, su palabra o su espíritu. Esto es lo que tenemos, precisamente, en este salmo. Los v 18-19 son una adición posterior con la que se cierra el segundo libro del salterio, cf. v 20. La expresión "Bendito sea *Yahvé Elohim*" en 18a, corresponde a "Bendito sea *su glorioso nombre*" (כבודו שם) en 19a; expresión típica del lenguaje cúltico en el período postexílico, cf. Neh 9,5. Nótese la sustitución del nombre de Yahvé en v 19 (subrayado).

Secciones relacionadas:
5. 10. 26 y Biblia de Oriente 1. 2. 5. 9.

Evolución de las imágenes de Dios en el AT

1. En los relatos de Génesis, la divinidad aparece al patriarca en el ámbito de un antiguo santuario cananeo. La teofanía experimentada por Abraham junto a un *árbol* en Mambré (Gen 18,1-15), por Isaac junto a un *pozo* en Beersheba (Gen 26,23-25), o el sueño de Jacob junto a una *piedra* en Betel (Gen 28,10-19, cf. 12,8), no son sino momentos de un esfuerzo por asociar antiguos santuarios cananeos con la divinidad de los recién llegados. No es de extrañar que estas teofanías tengan lugar, precisamente, en aquellos lugares que los cananeos definían ya desde antes como sagrados: árboles, fuentes de agua, piedras. En un primer momento, la tradición bíblica no tiene problema alguno con tales identificaciones.

En las narraciones patriarcales, el vínculo de la divinidad no se establece ya con *lugares,* sino, como corresponde a comunidades que tienen un estilo de vida seminómada, con *personas,* con el patriarca fundador. El vínculo del dios con un lugar es un proceso secundario que evidencia la paulatina sedentarización del clan. El 'dios de los Padres' (modo de referirse a Dios en este período a raíz del influyente estudio de A. Alt. *Der Gott der Väter*), responde a una tradición anterior e independiente de la creencia en Yahvé. El vínculo entre estas dos tradiciones se establece por primera vez en Ex 3,15ss. De este modo, un dios ligado en un primer momento a una *persona* ("el fuerte de Jacob" Gen 49,24), pasa a estar ligado en un segundo momento, a un *lugar* ('el Dios de Bet-*El*' Gen 35,7). Este paso ilustra el modo en que las designaciones de Dios sufren transformaciones a través del tiempo.

Esta misma tendencia a identificar divinidades inicialmente independientes con un antepasado común, puede verse en el acuerdo entre Labán y Jacob. En este caso, cada uno apela a su dios como garante del acuerdo que llevan a cabo: "El Dios de Abraham y el Dios de Najor juzgarán entre nosotros" Gen 31,53. Una adición posterior (ausente en la Septuaginta y en varios manuscritos hebreos), incluye inmediatamente después de esta frase, la expresión "אלהי אביהם" ("el dios de sus padres"), con la idea de identificar *ambas* divinidades en *una* común. Es la misma tendencia integradora que intenta hacer de varias tradiciones, *una* sola familia. Así, expresiones originalmente independientes como "el dios de Abraham", "el dios de Jacob" y "el dios de Isaac", terminan identificadas con Yahvé en una **fórmula conjunta* "Yo soy el Dios de tu padre, Dios de Abraham, Dios de Isaac, Dios de Jacob" Ex 3,6.

Relieve egipcio del templo de Amenofis III en Luxor. El barro evoca la posibilidad permanente de ser recreado en manos del alfarero: "¿Acaso no puedo yo hacer con ustedes, pueblo de Israel, igual que hace el alfarero? Como está la arcilla en manos del alfarero, así están ustedes en mis manos, pueblo de Israel" Jer 18,5s.

2. Las imágenes de Dios en el AT surgen en varios ámbitos, **el paisaje interior** es uno de ellos. Las características de Dios están dibujadas en función de la naturaleza del dolor y de la necesidad sentida, cf. Sal 63,2. Encontramos en los salmos las expresiones 'mi Dios' o 'nuestro Dios' (Sal 109,26; 44,21), ligadas a expresiones como 'refugio, roca, pastor, consuelo'. Estas imágenes responden a una necesidad íntima de protección, pero provienen del mundo de la naturaleza (Dios es mi roca, Sal 18,3), del trabajo (Dios es mi pastor, Sal 23,1), de la familia (Dios es mi padre, Sal 89,27) o por el ámbito de la corte (Dios es mi rey, Sal 68,25). En estos casos, no se habla ya *de* Dios sino *a* Dios. Lo que sabemos acerca de él, está delineado por la naturaleza misma de nuestro dolor. Es el dolor mismo, experimentado en una circunstancia concreta, el que apela a la dimensión de Dios que en ese momento requerimos (cf. Ex 3,7ss). Nos resulta vital sabernos 'a la sombra de una presencia' (D. Aleixandre). Así, en la duda, él es confianza, en el dolor consuelo, en el desierto camino, en el mar puerto seguro, cf. Sal 107.

Debe decirse que, si bien los autores del AT presentan las religiones de su entorno como 'idolátricas', la mayoría de las imágenes que expresan la ternura y misericordia de Dios en el AT, provienen de una herencia religiosa común que tiene sus antecedentes más antiguos en la piedad de dichas religiones. Baste para ello ver algunas oraciones egipcias, cananeas o babilónicas.

♦ De un himno a Amón: "Canto a ti, embriagado de tu perfección, las manos puestas en el arpa .. Todos dicen '¡Somos tuyos!', tu ternura está en todos los corazones. ¿Acaso no dicen las viudas: 'Tu eres nuestro esposo'? ¿Y los niños pequeños: 'eres nuestro padre y nuestra madre'? .. ¡Qué bueno eres! ¡Qué bueno eres, Amón! Pastor que sabe perdonar. Pastor que sabe ser pastor .. Mi corazón desea verte, Amón, protector del pobre. Tú eres el padre de quien no tiene madre. ¡Qué dulce es pronunciar tu nombre! Es como sabor de pan para el niño, como la tela para alguien que está desnudo, como el sabor del fruto en la estación cálida, como el soplo de la brisa para el encarcelado .. (Cahiers, *Oraciones* 80s; 85).

La protección que los dioses conceden se representa en Egipto por la imagen de Horus (dios en forma de halcón), desplegando sus alas sobre la figura del faraón. "Oh Dios, ¡Qué precioso es tu amor! Por eso las personas se refugian a la sombra de tus alas .. Tu eres mi socorro, y a la sombra de tus alas cantaré" Sal 36,8; 63,8.

En una oración cananea que nos recuerda al libro de Job dice el orante: "Yo sé que Aleyn-Baal está vivo y que existe el Baal de la tierra .. Yo me sentaré y reposaré, y el soplo reposará en mi corazón, porque Aleyn-Baal está vivo", cf. Job 19,25-27 (García, *Biblia* 458). Una oración al dios babilonio Marduk dice: 'Señor, aplácate en tu ira. Tú, que acoges la petición, que proteges el soplo de la vida, que perdonas rápidamente. No destruyas a tu siervo, criatura de tus manos, el que se ha vuelto polvo ¿Qué ganancia hay en él? Un siervo vivo respeta a su amo, pero el polvo muerto ¿Qué ventaja puede tener para un dios?', cf. Sal 30,9-10 (Cahiers, *Oraciones* 22). Estos ejemplos, que pertenecen al lenguaje normal de la oración en el antiguo Cercano Oriente, bastan para mostrar que: *la expresión de los sentimientos religiosos está en función de la necesidad humana interior, no de la verdad o falsedad del dios al cual ellas se dirigen.*

3. El entorno cultural. Se va dando a lo largo de la historia de Israel una curiosa síntesis de símbolos religiosos. Este proceso se nota en dos niveles:

(1) El dios de Israel integra *títulos* de clara proveniencia extranjera como: 'el que se sienta sobre los querubines' Sal 99,1; 'El que cabalga los cielos' Deut 33,26 Sal 68,4.33 68,5.34 Is 19,1; 'el anciano de días' Dan 7,9.13.22; todos ellos de cuño ugarítico, o bien otras expresiones como 'el dios de los cielos' de origen persa.

(2) Yahvé subsume otras *divinidades*. Este es un proceso de "degradación" en el que figuras que antes fueron dioses de los pueblos vecinos, se integran ahora dentro de la religión israelita:
- como servidores de su corte celestial (Sal 82,1; 89,7-8).
- como ángeles protectores de otras naciones (Dan 10,13-20; Deut 32,8-9), cf. sección 30 'El folklore en el A.T'.
- como demonios, cf. secciones 8 y 30.

4. Las instituciones de Israel. En su *desarrollo histórico* las imágenes de Dios evolucionan influidas:

(1) por el mundo de **la política**: *Dios es rey*.
Hay expresiones que surgen ligadas al mundo institucional de la monarquía y la guerra santa: dios es rey, es guerrero. Dios se liga aquí a las luchas contra los vecinos, la obtención y el aseguramiento de tierras, y otras metas políticas del monarca. El rey es hijo de Dios. Al desaparecer la monarquía, el sentido de esperanza y protección ligados al rey sobrevirá para la posteridad, en la figura del mesías, el rey ideal. La figura del rey (su imagen de autoridad y poder), impregna todo el universo de la religión. Permite a la persona común visualizar la relación básica entre protector y protegido, la necesidad de protección y de seguridad. La relación con la persona del rey, que resulta cercana y visible, se proyecta y se convierte en modelo de la relación con Dios. La cercanía del poder político y religioso se evidencia claramente en el uso del término היכל, que significa tanto *templo* (Hab 2,20) como *palacio* (Sal 45,16). En el complejo de la corte, éstas no eran más que habitaciones contiguas (!).

(2) el mundo de **la familia**: *Dios es padre*.

A raíz del exilio babilónico, los fundamentos institucionales políticos y materiales del pueblo desaparecen, la religión se ve obligada a personalizarse e individualizarse con el fin de sobrevivir. Lejos de su tierra y en ausencia de la monarquía y el templo, las personas se ven reducidas a sí mismas y al mundo de la familia. Si bien la época patriarcal conoció, esencialmente, un dios del individuo y de la familia, es ahora cuando Dios se torna en padre, y cuando surgen otras expresiones de cuidado maternal ligadas a la necesidad de protección y amparo: "Escuchadme, casa de Jacob, y todos los supervivientes de la casa de Israel, los que habéis sido transportados desde el seno, llevados desde el vientre materno. Hasta vuestra vejez, yo seré el mismo, hasta que se os vuelva el pelo blanco, yo os llevaré. Ya lo tengo hecho, yo me encargaré, yo me encargo de ello, yo os salvaré" Is 46,3s; cf. Is 49,15s.

(3) el mundo de **la economía**: *Dios es señor*.

El empleo del término *siervo* (עבד) es una auto-designación que sigue un patrón común en la religiones semíticas: 'amo/esclavo .. señor/siervo' (אדון / עבד). En las sociedades esclavistas de la época, dios es concebido como Señor. Interesantemente, el vínculo religioso (contrario a lo que sucederá en el ámbito económico de la vida cotidiana), no se percibía como algo negativo, sino como una instancia reivindicativa de la persona, como lo ejemplifica bien el Sal 123: 'Hacia ti dirijo la *mirada*, hacia ti, cuyo trono está en el cielo. Como dirigen los esclavos la *mirada* hacia la mano de su amo, como dirige la esclava la *mirada* hacia la mano de su ama, así dirigimos la *mirada* al Señor, nuestro dios, hasta que nos muestre compasión. Compadécenos, Señor, compadécenos. ¡Ya estamos hartos de que nos desprecien! Ya son muchas las burlas que hemos sufrido; muchos los insultos de los altivos; y mucho el menosprecio de los orgullosos'.

La mirada a las manos del amo esperando compasión, muestra claramente las relaciones en una sociedad en donde la justicia no era aun un derecho, sino un favor. Al débil no le queda más que apelar a la misericordia. La dimensión religiosa de esta servidumbre no enfatiza sin embargo, la idea de *sometimiento* sino la de *pertenencia*. Una pertenencia que le permite al 'siervo' apelar en caso de necesidad, a una instancia superior a la de las autoridades humanas, cf. Jenni, *Diccionario* 2: 239-262 y págs. 46-48 y 194-198 de este libro. Tal es el caso de la condena hecha al rey por la figura de un profeta, en caso de injusticia contra una persona débil, cf. 2 Sam 11.1-12; 1 Re 21.

Biblia de Oriente 8

La visión de Neferty

*Documento
egipcio del
siglo XX a.C.*

Ocurrió que el rey del Alto y Bajo Egipto, Snefru, dijo al portasellos que estaba a su lado: 'Ve a traerme al Consejo Oficial de la Ciudad'. Ellos fueron introducidos en su presencia y estuvieron sobre sus vientres. Entonces Su Majestad les dijo: 'Os he llamado para que busquéis a un hijo vuestro que sea sabio y que pueda decirme palabras bellas para distraerme'. Entonces ellos dijeron: 'Majestad, hay un sacerdote en Bastet llamado Neferty. Es leal, un escriba competente y un hombre pudiente'. Snefru ordenó: 'traedlo ante mí'. (..) Neferty preguntó: 'Majestad: ¿quiere escuchar lo que ha sucedido o lo que está por venir? Snefru respondió: 'Háblame de lo que está por venir. El día de hoy ya ha pasado'.

Conmuévete, corazón mío, llora por este país en el que naciste. No cometas un mal por dejar de hablar. Los que pueden hablar han sido expulsados.

Este país está tan perdido que nadie se preocupa de él, nadie hay que hable, ningún ojo que llore. ¿Cómo es este país? El disco solar se nubló. (25) .. Los ríos de Egipto están vacíos, de modo que el agua se cruza a pie; los hombres buscan agua para zarpar en los barcos; su curso se ha convertido en una duna. El viento del Sur se opondrá al viento del Norte; el firmamento no está (ya) en un solo viento. Un ave extranjera nacerá en los pantanos de la tierra del norte. (30) .. Todo lo bueno ha desaparecido, y el país se halla postrado a causa de los dolores de aquel manjar, los asiáticos se encuentran en todo el país.

Enemigos se alzaron en el Este y los asiáticos descendieron a Egipto... Ningún protector escuchará....Hombres entrarán en las fortalezas. El sueño es expulsado de mis ojos (35) cuando

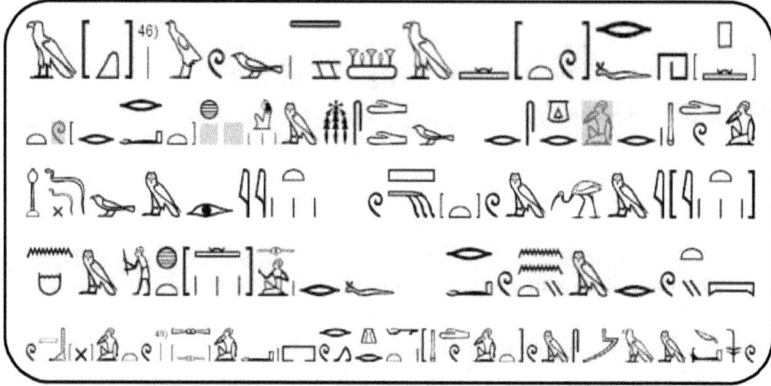

Fragmento de la Visión de Neferty en caracteres jeroglíficos.

paso la noche en insomnio. Las bestias salvajes del desierto beberán los ríos de Egipto, y estarán a sus anchas en las orillas por falta de alguien que las espante .. ha ocurrido lo que jamás había pasado. (40) .. El hombre se sienta en un rincón dando la espalda cuando un hombre mata a otro. El hijo se ha convertido en enemigo. El hermano en enemigo. El hombre mata a su padre.

(45) Todas las bocas dicen "¡ámame!", y todo lo bueno ha desaparecido. El país perece como si las leyes se hubiesen dispuesto para ello .. Los hombres arrebatan la propiedad de un hombre y se la entregan al forastero; te mostraré al propietario necesitado y al forastero harto. El que nunca llenó para sí ahora vacía. Los hombres tratarán a los conciudadanos como si fueran odiosos .. (50) El país ha menguado, (pero) sus administradores son muchos; está desnudo (pero) los tributos son grandes; corto en grano, (pero) la medida es grande y se llena hasta rebosar.

Re se separa de la humanidad. Resplandece, (pero) sólo du-rante una hora. Nadie sabe cuando es mediodía, porque no se puede distinguir su sombra. A nadie se le ilumina el rostro al verle; los rostros no se humedecen con agua, cuando está en el firmamento como la luna.

.... Te mostraré al país trastornado. El de brazo débil posee ahora un brazo; los hombres (55) saludan con respeto a aquel que antes saludaba. Te mostraré lo más bajo en lo más alto .. El pobre se enriquecerá.. Los pobres comen el pan de la ofrenda mientras los siervos jubilan.

Entonces vendrá un rey, perteneciente al Sur, Ameny (Amen-em-het), el triunfador es su nombre. Es hijo de una mujer del país de Nubia; ha nacido en el Alto Egipto. Tomará la Corona Blanca; se pondrá la Corona Roja; (60) .. ¡Alégrate, pueblo de su tiempo!. El hijo de un hombre establecerá su fama para siempre eternamente. Los que se inclinan al mal y los que maquinan rebelión bajaron sus voces por miedo a él. Los asiáticos caerán bajo su espada y los libios a su llama (65) La serpiente que está en su frente silencia para él al traidor de corazón. Será construida la muralla del Gobernante ¡vida, prosperidad, salud! y no se permitirá a los asiáticos que desciendan a Egipto para que mendiguen el agua de la manera acostumbrada, a fin de que beban sus bestias. Y la justicia ocupará su lugar y el mal obrar será expulsado. ¡Alégrese aquel que contemple esto (70) y aquel que pueda estar al servicio del rey! (Pritchard, *Sabiduría* 298ss).

Estudio:

El mesianismo no nace con Israel. Es una de las formas que adquiere la esperanza humana, cuando se ve enfrentada a situaciones de adversidad que parecen insalvables. Es la expresión de un principio de utopía.

El mesia-nismo

Las enseñanzas sociales de los profetas egipcios formaban parte ya de la tradición religiosa de los fenicios y cananeos, cuando la cuestión social emergía por primera vez en Israel en el siglo VIII a.C. en labios de Amós y Oseas. De igual modo que sucedió en Egipto, el mensaje de los profetas hebreos fue al principio solamente una denuncia de la injusticia social. Las denuncias fueron dirigidas muchas veces al rey mismo, o a aquellos de su entorno inmediato.

De la denuncia social al reino de la justicia.

Fue solamente después, que los profetas pasaron de la mera denuncia a la concepción de un horizonte social nuevo y esperanzador: la descripción de una nueva era por venir, cuando la llegada de un rey justo inauguraría una época de justicia y bienestar para todos. Hasta este punto, el desarrollo religioso de ambos pueblos corre paralelo, sólo que en Egipto estas ideas nacieron muchos siglos antes que en Israel (Breasted, *Dawn* 363).

Nerferty y la profecía bíblica.

Las similitudes de este texto con la profecía bíblica se deben a que surgen de circunstancias similares, a saber: la necesidad de compensar la frustración frente a los enemigos y de plantear el futuro en términos esperanzadores:

• Encuadramiento en la corte: un hecho casual se torna luego en una situación sorpresivamente delicada y seria (cf. Dan 5).

• Descripción del caos en dos niveles. Las imágenes establecen una correlación entre la naturaleza y la sociedad: el sol se aleja, las leyes no se cumplen; una

> *".. la visión mesiánica tenía una historia de más de mil años antes de que el pueblo hebreo naciera. Esta forma suprema de idealismo es nuestra herencia común de un pasado humano, no algo que le pertenezca exclusivamente a un pueblo en particular"* (Breasted, *Dawn* 364).

Estatua del faraón Horemheb sentado a la derecha de Horus, dios de la realeza, siglo XIV a.C. El salmista dirá: 'Así dijo Yahvé a mi señor: «Siéntate a mi derecha hasta que ponga a tus enemigos por estrado de tus pies»' Sal 110,1.

técnica empleada también en el AT, cf. Sal 72,12-16.

• Apelo personal del profeta frente al dolor de los suyos ('conmuévete corazón mío').

• Indecisión del profeta frente a su difícil tarea ('no calles').

• Queja personal ('nadie se preocupa, nadie habla, nadie llora').

La destrucción de la sociedad (confusión y caos) se liga a la presencia de extranjeros en su medio. Las propiedades familiares terminan en manos de ellos, lo que recuerda la frase de Lam 5,2: "nuestras casas pertenecen ahora a extranjeros".

El sentido de incertidumbre se expresa de diversos modos: nadie sabe lo que va a pasar; las relaciones naturales se invierten (hijo y hermano son enemigos); los mendigos son ricos, los ricos roban.

*El caos
presente*

La imagen de caos se refuerza con el uso de imágenes simbólicas: un ave extranjera anidará en el delta, rebaños del desierto beberán en el Nilo (empleo de figuras de animales salvajes para hablar de los extranjeros). El punto de vista del autor es aristocrático: superar el caos significa que el amo vuelva a ser amo, cf. Prov 30,21-23; Qoh 10,5-7 (ver pág. 171-173).

*El rey
salvador*

La transición al futuro se da abruptamente, sin transición. El bienestar está ligado a la figura del rey que, al igual que en el Sal 72: castigará a los *malvados* de dentro, conquistará a los *enemigos* de fuera, y será la alegría de los *suyos* (= David). Esta figura es un rey-salvador que es mencionado por su nombre "Amenemhet" (como en la profecía de Isaías "Emmanuel" 7,14), en ambos casos se trata de "el hijo del hombre" cuya fama será eterna.

El rey es entendido en ambos casos como una figura paternal: trae la paz, el alimento y la alegría a los suyos, y la lluvia y la fertilidad a los animales. Es el pastor de su pueblo (Ez 34); tiene un rol policial (castiga al culpable y al malvado), y es sensible a la necesidad del pobre y del menesteroso que nadie toma en cuenta.

10. *Deuterocanónicos*

33. Macabeos 1

> *"En aquellos días surgieron de Israel unos hijos*
> *rebeldes que sedujeron a muchos diciendo: «Vamos,*
> *concertemos alianza con los pueblos que nos rodean,*
> *porque desde que nos separamos de ellos, nos han*
> *sobrevenido muchos males». Estas palabras les*
> *parecieron bien, y algunos del pueblo se apresuraron*
> *a acudir donde el rey, y obtuvieron de él autorización*
> *para seguir las costumbres de los paganos" 1 Mac*
> *1,11-13.*

1 Mac 1,10-2,70 describe las causas que dieron origen
a la rebelión macabea. Los v 11-15 describen el inicio
de lo que se ha llamado 'la reforma helenística', el
contenido de esta sección se amplía en 2 Mac 4,7-11.

En el año 323 a. C. muere Alejandro Magno sin dejar
herederos. El reino se divide en tres zonas al mando
de sus antiguos generales: Tolomeos en Egipto,
Seléucidas en Siria y el reino macedonio en Grecia.
Palestina se disputa entre los gobernantes de Egipto
y Siria. Es dominada durante todo el siglo III por los
Tolomeos, pero en el año 199 a. C. cae en manos de
Antíoco III de Siria, cuya política fue muy favorable
con esta región, de modo particular con los judíos.

El historiador judío Josefo conserva el decreto emitido
por Antíoco III en 197 a. c. (cf. 2 Mac 4,11), y en el

que dice de los judíos: "puesto que han provisto abundantemente a la subsistencia de nuestros soldados y de nuestros elefantes; y puesto que nos han ayudado a expulsar a la guarnición egipcia, hemos juzgado oportuno reconocer por nuestra parte todos estos buenos servicios, reedificar su ciudad en ruinas por las calamidades de la guerra (..) y acabar los trabajos del Templo y todo lo que sea necesario reconstruir. Todos los miembros de la nación judía deben vivir según las leyes de sus padres. El senado, los sacerdotes y los escribas estarán exentos de impuestos (..) En cuanto a los que fueron sacados de la ciudad y reducidos a la esclavitud, les devolvemos la libertad y ordenamos que se les restituyan sus bienes" (*Antigüedades de los Judíos* XII.138-144, en: Whiston, *Josephus* 317).

En 189 a. C. Antíoco III es vencido por los romanos, a partir de ese momento el reino queda sometido al pago de altísimos tributos, lo que lleva a sus sucesores a exigir impuestos e incluso a saquear los tesoros de algunos templos. Es aquí donde se inician las dificultades con ciertos sectores de la comunidad judía. El libro de 1 Macabeos es la historia de los eventos sucedidos durante este período de resistencia y lucha: 169 a 134 a. C.

A estas tensiones y al punto de vista nacionalista del autor, se debe el hecho de que la historia se haya *dramatizado* y la imagen de los ocupantes griegos se haya *demonizado*. Lo que tenemos en 1 Macabeos no es una 'descripción' de la vida de Israel en el período griego sino: la visión del grupo que representa el judaísmo tradicional durante este período, en el que la relación entre el judaísmo y el helenismo adquirió la forma de confrontación.

El libro de 1 Macabeos no permite oír más que la voz de *un partido*, el partido ortodoxo. El otro actor fundamental, el partido 'helenizante' (llamado aquí los *"hijos rebeldes"* v 11), lo conocemos solamente desde el punto de vista de sus adversarios. Nótese la interesante afirmación de v 12b: *"desde que nos separamos de ellos, nos han sobrevenido muchos males"*, que alude –probablemente- a las relaciones que los judíos tenían de modo regular con otras comunidades helenísticas, como lo atestigua el capítulo 12: "Ésta es la copia de la carta que escribió Jonatán a los espartanos: «Jonatán, sumo sacerdote, el senado de la nación, los sacerdotes y el resto del pueblo judío saludan a sus hermanos los espartanos. Ya en tiempos pasados, Areios, que reinaba entre vosotros, envió una carta al sumo sacerdote Onías en que le decía que érais vosotros hermanos nuestros, como lo atestigua la copia adjunta. Onías recibió con honores al embajador y tomó la carta que hablaba claramente de alianza y amistad" 1 Mac 12,5-8.

La objeción concreta de 1 Macabeos a la política de Antíoco IV consiste en: obligar a la comunidad judía a *"abandonar* sus costumbres peculiares" 1,42; a *cambiarlas* 1,49 y *abolirlas* 6,59; cf. 2 Mac 4,10-17; 6,8-9. 24-25; 11,22-25.

Secciones relacionadas: # 15. 34 y 31.

Judíos en un mundo griego: el dilema de las lealtades

La relación entre griegos y judíos, como otras formas de "encuentro" en el marco de una empresa colonial, podía adquirir la forma de un contacto, de un sincretismo o de una confrontación. En la realidad, estas modalidades coexistieron, creando al interior del judaísmo importantes tensiones entre las diferentes facciones.

La consulta a los dioses en el mundo antiguo actuó muchas veces como la colocación de un sello a planes que los mismos que consultaban, habían decidido tiempo atrás.

"Alejandro parece ser que obtuvo pacíficamente la sumisión de los judíos. Les dejó todos los derechos adquiridos en tiempos de los persas, por lo que se le consideró un nuevo Ciro. Pero al mismo tiempo impuso una nueva concepción del mundo, en la que todas las personas eran ciudadanas de una misma ciudad, el *Cosmos;* todas estarían entonces llamadas a reconocer la ley universal venida de Dios. Alejandro tiende a imponer la idea de la *oikoumene,* en donde todos sus súbditos, macedonios y persas (Pablo dirá judíos y griegos), son parientes. Alejandro había dicho incluso que «todos los hombres son hijos de un mismo Padre, y que la oración era su expresión de la creencia que tenía de haber recibido de Dios la misión de ser el reconciliador del mundo». Si este detalle puede ser legendario, corresponde muy bien al pensamiento del estoico Zenón, semita llegado de Chipre y que enseñó en Atenas alrededor del año 315 a.C. Zenón soñaba con un mundo que no formase más que una sola ciudad, bajo una sola ley divina, en la que todos los ciudadanos estuvieran reunidos por el amor.

Esta unificación del mundo se llevó a cabo en primer lugar, por una emigración masiva de los helenos hacia todas las regiones orientales y especialmente a Palestina, en donde se fundaron las ciudades helenistas encargadas de difundir la cultura helenista y la lengua griega, la *koiné,* que llegó hasta la India y Egipto como lugares más extremos. En todos los sitios adonde llegaban, los griegos levantaban sus templos, pero también sus estadios y sus teatros. Por doquier insistían en sus gimnasios y en la instrucción basada en la filosofía. La discusión se convierte en el modo de reflexionar. Todo esto se impone al judaísmo hechizado, pero al mismo tiempo demasiado seguro de que la ley universal de los filósofos, el Dios del que hablaban, no podían ser más que Yahvé y su palabra" (Castel, *Historia* 159-160).

Al ser percibida por las altas clases políticas griegas como un grupo que no se dedicaba a la política por cuenta propia, la comunidad judía fue vista como un instrumento civilizatorio para los fines griegos en algunas regiones de su imperio.

"Antíoco III no intervino solamente con los judíos de Judea; utilizó a los judíos en una campaña contra los gálatas y, contento de su conducta, los llamará para poner fin a la agitación que había surgido en contra suya en Lidia y Frigia. Josefo nos dice: "Decidió sacar de Mesopotamia y de Babilonia a dos mil familias judías con todo su ajuar, para enviarlas a las guarniciones y a las plazas más importantes; en efecto, decía: «Estoy convencido de que serán buenos guardianes de nuestros intereses por causa de su piedad con Dios; sé que mis antepasados experimentaron su fidelidad y su pronta obediencia. Por consiguiente, aunque la cosa sea difícil, quiero que se les traslade con la promesa de que se les deje vivir según sus propias leyes» (*Antigüedades judías*, XII.147-153). En ambos casos, Antíoco insiste en este derecho de los judíos a vivir según su fe, sus leyes y sus costumbres." (Castel, *Historia* 162-163).

"Los beneficios de la civilización conquistadora resultan siempre más evidentes para el conquistador que para el conquistado; un hecho que tienden a ignorar aquellos que piensan tener grandes beneficios que transmitir a la humanidad, y que se sienten por ello justificados a imponerlos a otros que ven sus propios valores amenazados, y que no están, por esta misma razón, dispuestos a recibirlos" (Porteous, *Daniel* 123).

Estatua funeraria grecorromana: dolor por la pérdida del ser amado.

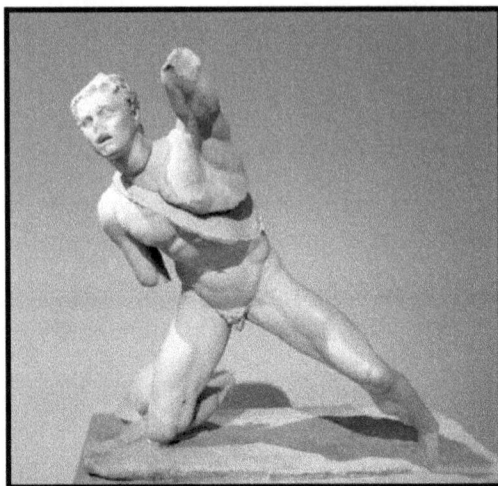

Los gálatas suicidándose, esta escultura helenística no exalta al vencedor, sino la grandeza moral de los 'bárbaros' derrotados.

El Helenismo como revolución cultural

El helenismo es un fenómeno cultural de una magnitud extraordinaria, y decisivo en la historia de la cultura occidental. Durante este período, por ejemplo, la *escultura* deja de concentrarse en temas 'gloriosos' y surge una nueva atención por temas cotidianos: un niño quitándose una espina, una mujer borracha en el mercado, un deportista secándose el sudor. Las esculturas dejan de ser estereotipadas y rígidas (arte hierático), y aparecen formas en donde se perciben detalles como la contracción de los músculos faciales, lo que convierte a estas obras, en una metáfora visual de la intensa actividad intelectual que caracterizaba este período.

Este interés por la naturaleza humana se muestra también en el surgimiento del *retrato*. Las pinturas ponen un énfasis particular en los ojos y en la mirada, que se convierten en una especie de espejo que revela la intimidad de la persona.

Se escriben obras como la *Vida de los filósofos* de Diógenes Laercio, las *Vidas Paralelas* de Plutarco o el extraordinario estudio *Los Caracteres* de Teofrasto, en donde se muestra un profundo interés por el estudio de la *psicología* humana en todos sus aspectos.

El estoicismo tardío producirá algunas de las obras más profundas de la antigüedad en el campo de la *ética*, como las *Consolaciones* o los *Diálogos* del filósofo español Lucio Anneo Séneca. Fue precisamente en este período en donde pensadores estoicos rechazan, por primera vez en la historia del pensamiento humano, la institución de la esclavitud, afirmando la dignidad universal de todos los seres humanos incluyendo la de los 'bárbaros'. Una escultura de este período *"Los gálatas suicidándose"*, no exalta al vencedor, sino la grandeza moral de los 'bárbaros' derrotados.

En los libros de los Macabeos toda la complejidad y riqueza de esta cultura queda reducida a una condena, de igual modo que en el libro de Sabiduría la cultura egipcia queda reducida a una forma de idolatría (cf. 15,14-19). En ambos casos, más que una valoración, lo que se hace es una *condena* de dichas culturas a partir de *un punto de vista* religioso, a saber: el punto de vista judío, o para ser más precisos, de *un sector* de la comunidad judía.

La objeción concreta de los autores de 1-2 Macabeos a la política de Antíoco IV, consiste en obligar a la comunidad judía a abandonar sus antiguas costumbres (celebración del sábado, práctica de la circuncisión, leyes dietéticas), y adoptar el estilo de vida griego (educación filosófica, ejercicios de palestra, modas extranjeras). Como ha dicho bien uno de los grandes conocedores de este período, André Caquot: "La persecución de Epífanes no formaba parte, como algunos han pensado, de un plan de uniformación religiosa del imperio seléucida; no fue sino una medida brutal para el mantenimiento del orden" (Caquot, *Religiones* 183). Puede decirse que, el juicio que encontramos en 1-2 Macabeos sobre la cultura helenística plantea de lleno el tema de *las fuentes* de un escrito bíblico, así como el de *los grupos sociales* que dicho texto representa. Este es un ejemplo de una visión sesgada o parcial de un fenómeno global.

Lo que se muestra en 1-2 Macabeos no es tanto una confrontación de la cultura helenística con el Judaismo, como una pugna interna entre partidos judíos que juzgaban de distinto modo, el valor de dicha cultura para su comunidad. El partido 'ortodoxo' veía en las políticas de Antíoco IV una amenaza a su existencia. De ahí que se diera la típica *demonización del adversario,* algo que conocemos ya en el AT en el caso de los cananeos, cf. Lev 18,24-30.

La confrontación entre el grupo judío 'ortodoxo' y las autoridades griegas era desde un punto de vista material, una lucha desigual: un puñado de fanáticos luchando contra el ejército que había vencido al imperio persa (!). El hecho de que algunos judíos hayan insistido en defender al precio de sus propias vidas, prácticas tales como la circuncisión, el sábado o algunas reglas dietéticas, les parecía a los griegos un ejemplo del fanatismo que ellos con su cultura buscaban erradicar.

Era de esto, precisamente, de lo que hablaba Tácito al decir que Antíoco IV: «se había esforzado por abolir la *superstición judía* para introducir la *civilización griega*» *(Hist.* V.8,2). Sería un error de juicio asignar a los griegos maldad en su intención y satanizarlos. Es muy probable que los griegos estuviesen tan sinceramente convencidos del bien que hacían a otros propagando su cultura, como lo estaban los judíos 'ortodoxos' al rechazarla, convencidos de la superioridad de su religión. Así, los griegos estaban dispuestos a *matar* por imponer sus convicciones; los judíos 'ortodoxos', a *morir* por defender las suyas. Lo que los griegos no comprendían era que los beneficios que traía consigo el estilo de vida helénico no eran valorados con el mismo entusiasmo por los pueblos conquistados ya que, a largo plazo, esta cultura erosionaba los funda-

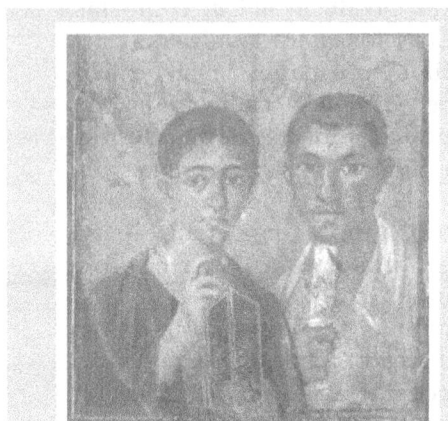

Pintura mural, siglo I a.C., Pompeya.

¿Los contemplamos nosotros a ellos .. o ellos a nosotros? Estas personas no son objetos. Dan por sentado que estamos aquí, y *nos observan de igual a igual*. En ellos no hay poses. El trasfondo está vacío. Lo que destaca es la persona por sí misma (Ariès, *A History*, p. 6).

mentos sobre los que se basaba la identidad cultural de los pueblos conquistados.

En este punto radica, precisamente, el valor permanente de 1-2 Macabeos, a pesar de la parcialidad de su juicio histórico. La reafirmación de la cultura propia adquiere para los pueblos dominados, un sentido profundo de *reivindicación*, aun cuando su cultura no sea tan 'desarrollada' como la ofrecida por el conquistador.

34. Tobías: los retos del colonialismo

"Cuando la deportación de Asiria, yo también fui deportado y me trasladé a Nínive. Todos mis hermanos y los de mi linaje comían los manjares de los paganos, más yo me guardé bien de comerlos" Tob 1,10-11.

En la diáspora la preservación de la identidad propia era una meta fundamental de la comunidad judía, y el respeto a las leyes sobre los alimentos se convirtió en el símbolo de esa identidad. No se trataba de una simple intransigencia por cosas secundarias, sino de una tarea vital: la de preservarse como comunidad en un medio que amenazaba con asimilarles lenta pero inevitablemente. La importancia adquirida por la pureza en la dieta es común en textos del período griego, cuando los riesgos de la asimilación eran mayores (cf. 1 Mac 1,62-63; Jdt 12,2). Al igual que Tobías, Daniel *"decidió* no contaminarse con la comida del rey" Dan 1,8. Esta opción evidencia las dos reacciones de la comunidad judía en el exilio: aceptación o rechazo de las normas culturales de sus colonizadores. Y es que, cuando una comunidad vive como minoría en medio de un pueblo que le supera en poder y logros culturales, los miembros del grupo minoritario suelen dividirse entre aquellos que optan por asimilarse, y aquellos que luchan por conservar su identidad propia. Precisamente de esta pugna entre asimilación e identidad, es de lo que se trata en Tob 1-2.

En medio de las circunstancias históricas del siglo segundo a.C., las reglas dietéticas encarnaban los rasgos externos de la comunidad. Se trataba de la identidad de la comunidad expresada por medio de estas reglas.

Quien ha vivido lejos de su país por períodos prolongados, sabe cuanto valor pueden adquirir ciertas prácticas que en el propio país pasaban inadvertidas o carecían de valor; y la comida, como sabemos, genera comunidad e identidad. Los rasgos esenciales de la comunidad se conservan por medio de sus instituciones y prácticas. Tras el exilio, el significado y la importancia de ciertas prácticas se volvió fundamental como fuente de seguridad e identidad para la comunidad, algo que se acentuó con la helenización forzada. En el siglo II a.C., las leyes sobre la dieta se convirtieron en la esencia de la ortodoxia: Tob 1,10-11; Jdt 12,1-2; 1 Mac 1,62-62; 2 Mac 6,18-31. Prácticas que un momento pueden ser vistas como cargas, se convierten en otro momento en símbolos de identidad y libertad.

Paralelamente a esta dimensión contestataria, se perciben en el libro de Tobías conexiones intencionales con Job:

1. Observamos en Tobit un estricto sentido del deber religioso: reparte limosnas, asiste a las fiestas, entrega las primicias. Su piedad parece colocarlo en una categoría aparte. Pero llegado el momento, también él partió al exilio como cualquier otro. Al final, Tobit comprenderá que el bienestar personal no es la "recompensa obligada" por una vida piadosa.

2. Leyendo Tob 1,3-9 crece la sospecha de que Tobit es excesivamente correcto: el uso del 'yo' exagerado (yo acudía, yo repartía, yo celebraba, yo hice, yo di, yo entregué), su consciencia de rectitud fuera de proporción. Esta fidelidad puntillosa prepara al lector para el desastre inminente, cf. Job 1,5. Algún revés importante en el que esta fe se va a ver desmentida, está a punto de suceder, cf. Job 1,18s. ¿Es esta piedad

una práctica interesada que busca el pago correspondiente? ¿Es capaz Tobit de sobrevivir la contrariedad? Estas preguntas evocan, inevitablemente, el diálogo de satán con Dios respecto a Job: "¿Y crees tu que su religión es desinteresada?" Job 1,9.

"A los que mató Senaquerib .. yo los enterré" 1,18.

La experiencia de dictaduras en América Latina ha mostrado algo similar a lo descrito en estos versos de Tobías: el primer muerto por tortura desencadena un escándalo nacional. El muerto numero diez apenas si aparece en los diarios. El número cincuenta se acepta como algo 'normal' (Galeano, *Días* 84). Los exilados judíos se habían acostumbrado a ver hermanos muertos en las calles de Nínive, como se habían acostumbrado al frío del invierno. No era bueno, pero era parte del paisaje. Los cuerpos sin enterrar mostraban la brutalidad de los amos, pero mostraban también hasta que punto esta 'pedagogía del terror', había logrado penetrar la conciencia de los exilados, y había convertido el miedo en una especie de piel sicológica. El temor desestimula la rebelión, y así se produce una adecuación pasiva al orden de cosas imperante. Los exilados judíos habían aprendido a actuar respondiendo a un instinto de sobrevivencia. El abandono de sus compatriotas muertos ponía en evidencia el ánimo imperante en la comunidad: la indiferencia.

Secciones relacionadas: # 15. 33 y 35.

El valor simbólico de un gesto:
la marcha de Satyagraha

Durante su control de la India, el gobierno británico tenía el monopolio de la manufactura de la sal en el país. Era ilegal hacerla o venderla sin licencia del gobierno. En 1930 M.K. Gandhi proclamó una marcha desde la ciudad de Ahmadabad hasta la costa del mar Arábigo, en donde propuso a las multitudes, producir sal. Las autoridades británicas creyeron inicialmente que con esto perderían, solamente, las dos rupias que provenían del impuesto a la sal, y pensaron que éste no era un asunto serio, *pero la importancia de este hecho era simbólica*. Debido al clima, nada vive en la India sin agua y sin sal. El control absoluto que tenían los británicos sobre ella era lo que les daba el control de la India. Gandhi y sus seguidores creían que el día que controlaran toda la sal, serían capaces de izar la bandera de la India libre. El gobierno británico decidió ignorar este gesto, señalando que Gandhi necesitaría más que un puñado de sal para derrotar al imperio británico. El 15 de agosto de 1947, el virrey británico de India L.A. Mountbatten, se vio obligado a transferir el poder a las nuevas autoridades de la India, encabezadas por el Primer Ministro Jawaharlal Nehru.

Un rasgo de los escritos deuterocanónicos es la insistencia en distintos aspectos de la tradición de la judía como la oración y las comidas. Este hecho debe ser 'decodificado' y leído apropiadamente: tras estos intereses, religiosos en su forma externa, subyace la necesidad de afirmar su propia identidad frente a los otros.

En los profetas del AT, la conciencia social adquiere la forma de una crítica devastadora, pasional, explícita. En Tobías, *la misma conciencia,* aparece bajo una forma benévola y suave, *aparece revestida como piedad*. Pero no hay que llamarse a engaño, ésta es una piedad cuya práctica presupone la desobediencia a órdenes explícitas dadas por el monarca, a riesgo de muerte. En forma similar, o más radical incluso, que en los escritos proféticos.

La "Desobediencia civil" en Tobías

El libro de Tobías es la historia de una familia israelita que tras la destrucción de su ciudad, es llevada cautiva a Nínive, capital del imperio conquistador, donde viven como refugiados. Tobit nota, como diariamente aparecen cadáveres de otros refugiados en las calles. Senaquerib ha dado la orden de no enterrarlos. Tobit, contraviniendo la orden dada y a riesgo de su propia vida, los entierra. La frase de 1,18b "Senaquerib los buscó sin encontrarlos", indica tanto la frustración del monarca como el matiz político del 'delito': rebelión contra una orden explícita del rey. La acción de Tobit se magnifica si tomamos en cuenta que él era un cautivo, viviendo como refugiado en la capital del imperio conquistador.

Tenemos en el AT otras narraciones que giran sobre el tema de la desobediencia a una orden real considerada como injusta. En Daniel 3, el rey Nabucodonosor hace un estatua, convoca sus funcionarios, pregona una orden *y todos obedecen*. La convocatoria incluye *todas* las autoridades provinciales. La orden de adoración es obedecida por "*todos* los pueblos, naciones y lenguas" (v 7), expresión que refleja la pretensión de totalidad. La escena describe una especie de *danza de la sumisión*. La presencia de los instrumentos musicales confiere a la situación un cierto tono de humor, es como si todos obedecieran "al son de la música". Ellos *bailan*, simplemente, la música que el rey manda tocar. El mandato parece inofensivo, pero tales formas de obediencia son peligrosas. Prueba de ello es que, cuando el rey manda a matar a los rebeldes, sus palabras son obedecidas "al instante" (v. 21). Tres jóvenes judíos se niegan a acatar la orden de adorar la estatua. Funcionarios reales los acusan de desobediencia. Al final los tres jóvenes salen victoriosos y el mismo rey los alaba: "Pues ellos, confiando en él (Yahvé), *desobedecieron la orden del rey* y han arriesgado sus vidas" Dan 3,28 (cf. 6,14).

Este tema de *la desobediencia* estructura la obra de 1-2 Macabeos. Matatías, sacerdote que inspira la resistencia, responde con estas palabras a los enviados del rey sirio: "Aunque todas las naciones que forman el imperio del rey le *obedezcan* hasta abandonar cada uno el culto de sus padres y acaten sus órdenes, yo, mis hijos y mis hermanos nos mantendremos en la alianza de nuestros padres. *No obedeceremos las órdenes del rey* ni nos desviaremos un ápice de nuestro culto" 1 Mac 2,19s. Al negarse a acatar una orden del rey, son enviados emisarios a Matatías y los suyos, a quienes dicen: "Basta ya, salid, *obedeced la orden del rey* y salvaréis vuestras vidas.» Ellos les contestaron: «No saldremos *ni*

obedeceremos la orden del rey de profanar el día del sábado" 1 Mac 2,33s. Y en un pasaje famoso de 2 Mac 7, un judío que está siendo torturado, reta a sus verdugos con estas palabras: "¿Qué esperáis? *No obedezco el mandato del rey*; obedezco el mandato de la Ley dada a nuestros padres por medio de Moisés" 7,30.

La frase "no obedecer al rey" no aparece explícitamente en Tobías, pero *el hecho* se da repetidamente. Tanto así que Tobit, tras haber sufrido múltiples penurias por su decisión de contradecir la orden del rey (1,15-2,1), reinicia las mismas acciones apenas tiene oportunidad (2,4-8). Aunque él y los suyos vivían bajo las mismas circunstancias, Tobit veía las cosas de un modo distinto. Donde sus compatriotas veían solamente 'muertos', Tobit veía un problema de dignidad humana (enterrarlos), y un problema político (dar una señal de oposición frente a aquella situación). Donde los exilados veían una situación 'normal', Tobit veía un hecho escandaloso: ¡seguían apareciendo muertos en las calles! Seguir la vida 'como si nada pasará', sería aceptar el hecho como algo normal.

Esta actitud de Tobit presenta, embrionariamente, una idea que se transformará en concepto fundamental del pensamiento político en la cultura occidental, la *desobediencia civil*, es decir: la negativa a someterse a leyes o a una autoridad cuyos fines son considerados contrarios a la dignidad humana, o a la vida misma.

Este tema será desarrollado igualmente en la literatura griega, la tragedia *Antígona* de Sófocles, lo desarrolla con gran profundidad. Imposibilitada a dar una muerte digna a su hermano, muerto por orden del rey Creón, Antígona se niega:

> *'Porque esas leyes no las promulgó Zeus. Tampoco la Justicia que tiene su trono entre los dioses del Averno. No, ellos no han impuesto tales leyes a los hombres. No podía yo pensar que tus normas fueran de tal calidad que yo por ellas dejara de cumplir otras leyes, aunque no escritas, siempre fijas, inmutables, divinas. No son leyes de hoy, no son leyes de ayer .. son leyes eternas y nadie sabe cuando comenzaron a regir. ¿Iba yo a pisotear esas leyes venerables, impuestas por los dioses, ante la antojadiza voluntad de un hombre, fuera el que fuera?'* Antígona 453-457 (Garibay, *Tragedias* 260).

El tema lo encontramos presente también en un famoso pasaje de Aristóteles: *Retórica* A.13.1373b.

Surge así *la conciencia* (συνειδήσει cf. Sab 17,11), es decir, la creencia de que el ser humano puede sostener opiniones basadas en la convicción propia, que nacen en su interior y resultan imperativas respecto a la realidad externa en la que se mueve, y sobre la que debe decir y hacer algo. Es como si el ser humano estuviese habitado por una persuasión capaz de resistir y vencer los argumentos y fuerzas empleados para intimidarle y reducirle. En este sentido, la conciencia se asemeja a esa voz irrefrenable escuchada por los profetas y de la que hablaba Amós: "Habla el Señor ¿Quién no profetizará?" 3,8b.

La historia de las reivindicaciones sociales está llena de ejemplos heroicos en todas las latitudes de nuestro planeta. Rosa Parks (1913-2005), costurera negra que se negó a ceder su asiento a una persona blanca que le exigió su lugar en un autobús, es una de ellas. En 1999 recibió la medalla de oro del congreso estadounidense que la declaraba *"Madre del Movimiento por los Derechos Civiles Moderno"*.

La lista sería larga, sin olvidar que la mayor parte de las personas actúan en el anonimato, sin el 'prestigio' de las cámaras ni el reconocimiento de los premios internacionales. Por ello, no debemos confundir las *verdaderas* formas de heroísmo en la vida cotidiana, con las "imágenes heroicas" creadas por los medios de comunicación colectiva.

Así pues, el tema en Tobías aparenta ser –visto superficialmente- un tema ligado a la piedad judía, solamente. En el fondo es, sin embargo, un tema tan político como cualquier otro en los escritos proféticos del AT. La diferencia entre uno y otro radica en la forma en la que el tema se plantea. En autores como Isaías, Jeremías o Amós, los temas de crítica social se plantean de un modo explícito y con un lenguaje directo. En las obras del período griego (Ester, Judith, Tobías), hay una especie de 'revestimiento' en la crítica. Así, temas como el de las reglas dietéticas expresan, *implícitamente*, preocupaciones sociales y políticas. Lo que está en juego en el fondo, es algo más que una cuestión de alimentos o de costumbres religiosas judías, es un problema humano fundamental de lucha por la vida y la dignidad humanas.

> "El gran desafío de las personas desterradas a países lejanos y extraños es abrirse a la novedad sin olvidar los valores de su antigua tierra: vivir creativamente en el presente sin renegar del pasado, abrirse a la diversidad reafirmando la propia identidad ... es verdad que este drama no es vivido por todos ni en todos sus aspectos. Siempre han existido emigrantes y deportados que se han acomodado a la nueva tierra y a su nueva cultura, olvidando a veces los valores más profundos que conformaron su pasado comunitario y personal" (Aizpurúa, La Parra 284).

35. Judith: la sublevación política

> "Cananeos, hacedme saber: ¿Quién es este pueblo
> instalado en la montaña? ¿En qué estriba su poder y
> su fuerza? ¿Por qué, a diferencia de todos los demás
> pueblos de occidente, han desdeñado salir a recibirme..?
> ¿Qué otro dios hay fuera de Nabucodonosor? Éste
> enviará su fuerza y los extirpará de la superficie de
> la tierra, sin que su Dios pueda librarlos. Nosotros,
> sus siervos, los batiremos como si fueran sólo un
> hombre, y no podrán resistir el empuje de nuestros
> caballos. Los pasaremos a fuego sin distinción. Sus
> montes se embriagarán de su sangre y sus llanuras
> se colmarán con sus cadáveres." Jdt 5,3s; 6,2s.

Sobresale en una lectura de Judit 1-7 una acumulación de detalles que crean una sensación creciente de intimidación y temor. El argumento de esta sección podría resumirse con las palabras: *sublevación de* los pueblos y *victoria de Nabucodonosor sobre* los pueblos. Esta situación se refleja en la reacción final del pueblo de Betulia: desesperación ante lo aparentemente inevitable. Este sentimiento de intimidación y temor se percibe a distintos niveles. A nivel *espacial* la amenaza del conquistador es total, ya que abarca los cuatro puntos cardinales alrededor de Jerusalén: Líbano y el litoral del Mediterráneo (oeste), Persia y Transjordania (este), el Anti-Líbano (norte) y Egipto hasta los confines de Etiopía (sur).

A nivel *humano*, el uso reiterado del adjetivo "todos" (casi 50 veces en Jdt 1-7), transmite la sensación de que no hay nadie que se libre de la mano del invasor. Todos caen bajo su poder: los habitantes de Asia Menor,

Siria, Fenicia, Mesopotamia, Persia, Cilicia, Damasco, Líbano, Galilea, Samaria, Goshen, Egipto, Etiopía. El ejército de Nabucodonosor arrasa *todo* a su paso.

Otros rasgos formales del relato van dirigidos a enfatizar esta sensación de un poder demoledor e imparable:

(1) Al ejército que iba delante de Nabucodonosor se le unió 'una multitud tan numerosa como la langosta y como la arena de la tierra, que les seguía en tan gran número que no se podía calcular' 2,20; era 'una multitud incontable de guerreros' 1,16.

(2) El efecto sobre los israelitas es fulminante. Nótese el empleo de los verbos ver y oír en los siguientes versos: 'Cuando los israelitas *vieron* tanta muchedumbre, quedaron consternados ..' 7,4; 'al *oír* los israelitas todo lo que había hecho Holofernes .. sintieron un grandísimo miedo ..' 4,1-2; 'Los hijos de Israel perdieron el ánimo al *verse* cercados ..' 7,19.

(3) La escena que describe el encuentro final entre vencedores y vencidos es brutal. Refiriéndose al general Holofernes dice el texto: 'Los habitantes de las ciudades y todos los de los contornos salieron a recibirle con coronas y danzando al son de tambores. Holofernes saqueó sus santuarios, taló sus bosques sagrados y ordenó destruir todos los dioses de aquella tierra' 3,7-8. Las muestras de sumisión de los vencidos sólo parecen haber encendido la dureza del vencedor.

(4) La rendición es masiva, y la muestra de sumisión se repite tres veces consecutivas: «Nosotros, siervos del gran rey Nabucodonosor, nos postramos ante ti. *Trátanos como mejor te parezca*. Nuestras granjas y todo nuestro territorio, nuestros campos de trigo, los rebaños de ovejas y bueyes, todas las majadas de nuestros campamentos, están a tu disposición. *Haz con ellos lo que quieras*. También nuestras ciudades y los que las habitan son siervos tuyos. Ven, dirígete a ellas y *haz lo que te parezca bien*» 3,2-5.

(5) Se emplea un lenguaje convencional de victoria: 'Nabucodonosor enviará su fuerza y los extirpará de la superficie de la tierra, *sin que su Dios pueda librarlos*. Los batiremos como si fueran sólo un hombre, no podrán resistir el empuje de nuestros caballos. Los pasaremos a fuego sin distinción. Sus montes se embriagarán de su sangre y sus llanuras se colmarán con sus cadáveres.' 6,2-4.

Frente a este derroche de poder militar sale al paso Israel con ayunos y oraciones (!). El hecho recuerda el enfrentamiento entre David y Goliat: "David dijo al filisteo: «Tú vienes contra mí con espada, lanza y jabalina, pero yo voy contra ti en nombre de Yahvé Sebaot, Dios de los ejércitos de Israel, al que has desafiado" 1 Sam 17,45s. Como dice Ana en su cántico: "no por la fuerza triunfa el hombre" 1 Sam 2,9b.

De lo que se trata en Judit es pues de una paradoja fundamental, a saber: de cómo el débil es capaz de sobreponerse al fuerte. Esta es una idea central del pensamiento apocalíptico: *la pequeña piedra* capaz de demoler una estatua gigante. Daniel dice: "una piedra se desprendió sin intervención de mano alguna, golpeó los pies de hierro y barro de la estatua y los hizo pedazos" Dan 2,34. Esta es, precisamente, la idea de fondo en la obra de Judith, esta viuda judía es la pequeña piedra. *"Dios se vale de lo más desvalido que se pueda pensar, para vencer el ejército más fuerte que se pueda concebir"* (Cabezudo, *Judit* 645).

Secciones relacionadas: # 15. 33 y 34.

El pintor de esta obra, Lucas Cranach, era amigo y seguidor de Lutero. Los protestantes de la época se veían reflejados en la historia de Judith: una pequeña comunidad que enfrenta a un poder superior que se impone sobre ellos. En su Judith hay belleza, pero también una mirada ausente, como la de quien ha sido guiada en su acción por un sentido de destino.

Artemisia Gentileschi, hija del pintor Orazio Gentileschi, nace en Roma en 1593. En 1612 acusa a su tutor, Agostino Tasso, de haberla violado. Esta pintura suya (1613), es contemporánea al juicio que se siguió por esta violación. Un detalle propio de esta obra, ausente en la mayoría, es la viva descripción del forcejeo. Gentileschi se ve apelada por esta historia, en donde la astucia femenina triunfa sobre la fuerza masculina.

Imagen de la mujer en la literatura del AT

Al revisar las referencias a la mujer en el antiguo testamento podría afirmarse que, de cierto modo, esta imagen sufre un deterioro progresivo: entre más recientes son los escritos, más duras y frecuentes suelen ser las críticas contra ella. Así, mientras en los estratos más antiguos de Proverbios encontramos afirmaciones sobre *conductas particulares* de la mujer (21,19; 27,15), en obras más recientes como Eclesiástico, encontramos afirmaciones sobre la *naturaleza de la mujer*: "No hay maldad como maldad de mujer"(25,13). Lo que la lectura de textos misóginos del AT no dice directamente, es que la sociedad en la que surgieron, vio drásticamente trastornadas las bases que hasta entonces habían generado seguridad y confianza.

En el período post-exílico, circunstancias sociales adversas produjeron en la comunidad un sentimiento progresivo de impotencia y frustración. Al crecer la inseguridad y la culpa, surgieron también agentes humanos y espirituales, a quienes la comunidad convirtió en responsables de su crisis, canalizando a través de ellos la frustración y el temor colectivos. Se pasa así, de la culpabilidad propia (cf. Esd 9,6-15), a la culpabilización del otro

(cf. Esd 10,1-6). En el Israel post-exílico las naciones paganas y la mujer se convirtieron, al igual que los demonios, en los *agentes del mal*. Intentando hablar *sobre* la mujer, algunos autores de esta época (reproduciendo conciente o inconcientemente los valores de su medio), terminaron hablando *contra* la mujer. De este modo, el mal que se daba en la persona, fue personificado y desplazado fuera de ella. En el ámbito político, las naciones paganas fueron vistas como el instrumento responsable por la destrucción de Jerusalén. En el ámbito cotidiano, la mujer fue vista como la causa de la idolatría que condujo a Israel al exilio y a su ruina.

El mundo se presenta entonces, como un espacio hostil rodeado de peligros y poblado por demonios. El hombre se percibe como presa de fuerzas externas que lo seducen para perderle. Él deja de ser víctima de la concupiscencia propia, y se convierte en presa de la seducción femenina. La mujer es vista, no sólo como instrumentalizada por el mal, sino como identificada con él, y termina así, demonizada. Aquel varón que teme a Dios, debe combatirlas y huir de ellas. De este modo, mientras las virtudes se convirtieron en la meta del "hombre", los vicios adquirieron rostro femenino.

Judith: una feminidad ocupada androcéntricamente

El libro de Judith, como obra post-exílica, proviene de una época de polarización en la que el peso de categorías como las de "pureza/ impureza" desplazó a las mujeres de una participación regular en la vida del culto oficial. Judith, sin embargo, es parte de un conjunto de obras como Ruth, Ester, Cantares y la historia de Susana, que representa un movimiento de contracorriente, y en donde la imagen de la mujer en Israel es contrastada con nuevos modelos que corrigen el estereotipo tradicional. Nada queda en Judith de la imagen de la viuda pobre, débil y necesitada de protección. Lejos del ideal de silencio y sumisión, no es ella quien responde a la llamada de los ancianos del pueblo, sino quien les convoca para instruirles.

Leída esta obra en el contexto de narraciones como Esd 9-10, de profecías como Zac 5,5-11 o de textos como Eclo 25,13-26, su aporte y perspectiva son extraordinarios. Nada hay en esta obra de debilidad ligada a la mujer, ni física ni sicológica. Llama la atención el énfasis que se pone en expresiones de fuerza: el término δύναμις (fuerza, capacidad, poder), aparece 30 veces; κράτος (dominio, vigor, solidez) 12 veces y el término ἰσχύς (fuerza, vigor, poder),

aparece 9 veces. Las conexiones con el libro del Éxodo son evidentes: Israel es salvado de la amenaza de un poder opresivo, emerge un líder que confronta al opresor y, guiado por Dios, devuelve el bienestar a su pueblo. La victoria es celebrada con un canto. Sólo que esta vez el Señor librará "por mano de mujer" Jdt 9,10; 13,15; 16,5-9. Por ello, algunos autores han hablado de *una feminidad ocupada androcéntricamente*, de una heroína que responde a una construcción patriarcal, y se preguntan si la crítica a las estructuras de poder en el libro, bastan para hablar de una obra con una visión distinta de la mujer, cf. Rakel, Judit 411-418.

Buena parte de la literatura actual sobre Judith habla de ella como si se tratase de un personaje real. Lo que tenemos aquí, sin embargo, no es más que una mujer literaria. Tanto los rasgos del conjunto (mujer vs militar, astucia vs fuerza), como los del personaje, son enteramente estereotipados: Judith como Jael decapita a un hombre (Jue 4,17ss), como Miriam canta un himno de victoria (Ex 15,20ss), como Ester alcanza lugares de privilegio y se hace famosa en razón de su belleza y astucia, cf. Jdt 11,23. Tiene además, rasgos semejantes a los de la mujer rica de Prov 31,10ss, y envía sus siervas y habla como la mujer en Prov 9,9,1-3.

Judith

LOS OTROS PUEBLOS han
sido incapaces de enfrentar el
poderío militar de Holofernes.
Los líderes de Israel, siguiendo
el sentido común, deciden ceder
ante lo inevitable. Emerge
inesperadamente una voz
femenina. Su condición de
viuda desentona con la
naturaleza militar del peligro.
La actitud de Judith contrasta
con el sentimiento general que
busca la rendición. Los trazos
del relato son estereotipados: un ejército invencible, una
multitud de pueblos derrotados, unos líderes aterrados,
un pueblo desanimado, y una viuda que cree que la
victoria es posible. La disparidad de fuerzas recuerda
el contraste entre el pueblo de Israel y los ejércitos de
faraón en el éxodo, el de la pequeña piedra que golpea
la estatua del coloso con pies de barro de Daniel 2, o las
promesas esperanzadoras de Isaías frente a los ejércitos
de Senaquerib (Is 38). Imágenes que expresan la idea de
un sueño imposible.

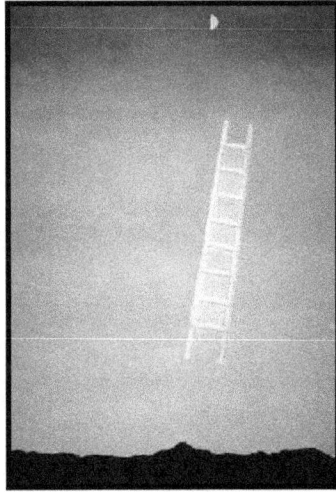

36. Sabiduría: la identidad cultural

> *"1 Son necios por naturaleza todos los hombres que han desconocido a Dios y no fueron capaces (ἴσχυσαν) de conocer al que es (τὸν ὄντα) a partir de los bienes visibles, ni de reconocer al Artífice, atendiendo a sus obras; 2 sino que tuvieron por dioses, señores del mundo, al fuego, al viento, al aire ligero, a la bóveda estrellada, al agua impetuosa o a los astros del cielo. 3 Si, cautivados por su belleza, los tomaron por dioses, sepan cuánto les aventaja su Señor, pues los creó el autor de la belleza. 4 Y si admiraron su poder y energía, deduzcan de ahí cuánto más poderoso es quien los hizo; 5 pues por la grandeza y hermosura de las criaturas se descubre, por analogía (ἀναλόγως), a su Creador. 6 Sin embargo, éstos merecen menor reproche, pues tal vez andan extraviados buscando a Dios y queriendo encontrarlo. 7 Dan vueltas a sus obras, las investigan y se dejan seducir por su apariencia, pues es hermoso lo que ven. 8 Pero, con todo, ni siquiera éstos son excusables; 9 porque, si fueron capaces (ἴσχυσαν) de saber tanto, que pudieron escudriñar el universo, ¿cómo no encontraron antes a su Señor?" Sab 13,1-9*

Mientras que en el Salmo 8 la contemplación de la naturaleza conduce a una reflexión existencial, en Sabiduría 13 la observación de un mundo ordenado conduce a la demostración de la existencia de Dios, según el argumento de que "algo tan armonioso no pudo haber sido creado por el azar".

Esto es lo que se llama *argumento teleológico*, y su uso está atestiguado en Platón, Aristóteles y los estoicos. En *Filebo* 28e por ejemplo, pregunta Sócrates: "¿Creemos nosotros, Protarco, que el conjunto de las cosas y esto que llamamos el universo están regidos por el poder de lo irracional, del azar, del acontecer ciego, o diremos por el contrario, como lo han dicho nuestros predecesores, que el entendimiento y una sabiduría admirable son los principios que lo ordenan y gobiernan?" (Platón, *Obras* 1249).

Algo similar puede decirse del llamado *argumento cosmológico*, según el cual todo tiene una causa. La cadena de causa y efecto no puede ser infinita. Debe de existir un inicio o primera causa que es Dios. En Timeo 28a-c por ejemplo, dice Timeo: "Todo lo que nace, nace necesariamente por la acción de una causa, pues es imposible que, sea lo que sea, pueda nacer sin causa. Así, pues, todas las veces que el demiurgo (= creador), con sus ojos puestos sin cesar en lo que es idéntico a sí, se sirve de un modelo, todo lo que produce es necesariamente bello y bueno (..) Es necesario que todo lo que ha nacido haya nacido por la acción de una causa determinada. Sin embargo, descubrir al autor y al Padre de este cosmos es una gran hazaña" (Platón, *Obras* 1149-1150), para Aristóteles puede verse *Metafísica* IX.8,1049b.

El conocimiento tradicional que Israel tenía de Yahvé no procedía de *argumentos* racionales, sino de la *experiencia* de sus actos salvadores en la historia. La teología tradicional era narrativa, no discursiva. Se cuenta lo que Dios ha hecho, no se lo deduce de razonamientos filosóficos, por eso: "Cuando el día de mañana te pregunte tu hijo: «Qué son estos estatutos, estos preceptos y estas normas que Yahvé nuestro Dios os ha prescrito?», dirás a tu hijo: «Éramos esclavos del faraón en Egipto, y Yahvé nos sacó de Egipto con mano fuerte" Deut 6,20. En el

Exaltación de una flor: estela de mármol proveniente de Farsalia, Grecia. En un extraordinario juego de manos, dos figuras femeninas se ofrecen mutuamente una flor, símbolo de inmortalidad.

texto de Sabiduría, sin embargo, profundamente influido por el pensamiento filosófico griego, se conoce al Dios de Israel por medio de la analogía (ἀναλόγως v 5). Así, *el dios que es* (τὸν ὄντα), contrasta con la imagen tradicional israelita de *el dios que actúa*.

El autor de este texto de Sabiduría, conocedor tanto de la tradición bíblica como de la tradición filosófica griega, es capaz (como Filón de Alejandría), de percibir conexiones profundas entre ambas tradiciones culturales, como la búsqueda incansable de la verdad, el deseo de comprender la naturaleza humana, y la atención a los fenómenos y principios de la naturaleza. La fe es en ambos casos una especie de travesía, una búsqueda de significado, una voluntad firme de encontrar a Dios.

Secciones relacionadas: # 33.

1 Macabeos y Sabiduría: dos reacciones frente al colonialismo

El libro de Sabiduría ilustra una interesante paradoja. Hemos explicado en la sección 33 sobre 1 Macabeos, la lucha frontal dada por diversos grupos judíos para oponerse a la influencia griega en su territorio. Lucha que fue pagada con su propia sangre. El testimonio de sus luchas y martirio ha quedado plasmado en una obra que ahora forma parte de la Biblia (1-2 Macabeos). Casi al mismo tiempo, en otros círculos de *la misma comunidad*, la fe israelita estaba siendo vaciada en los moldes de la filosófica griega y tomando su forma. Es evidente que para el autor de este libro, la sabiduría estoica y platónica *convergen* en puntos importantes con la sabiduría bíblica. *Es sorprendente pensar que esta obra entraba a formar parte de la Escritura, lado a lado con 1-2 Macabeos* (!).

Como bien lo señala J. Vílchez, esta perícopa es un caso típico del esfuerzo realizado por el autor, por transmitir la savia de la fe de los padres en el árbol frondoso del mundo helenístico .. De integrar en el tesoro de la fe heredada y vivida intensamente, nuevos elementos de cultura, nuevos métodos, nuevas perspectivas (Vílchez, *Sabiduría* 720).

Así, asumiendo una postura intelectual abiertamente distinta a la de otros compatriotas de su época, el autor de Sabiduría emplea en su obra términos e ideas propias del pensamiento griego:

- *términos* característicos del pensamiento helenístico como 'providencia' ("πρόνοια" 14,3; "προνοίας" 17,2), 'filántropo' ("φιλάνθρωπον" 12,19); o verbos como "διήκει" y "χωρει" en 7,24, que son términos técnicos de la filosofía.

- el canon de las cuatro virtudes cardinales mencionado en 8,7 (templanza, prudencia, justicia y fortaleza), que son patrimonio común de la tradición filosófica griega, cf. Fedón 69c.

- el empleo de la concepción estoica de la divinidad como fuerza primaria que da cohesión a la multiplicidad de elementos de la naturaleza en Sab 1,7.

- la idea platónica de la transmigración de las almas en Sab 8,19-20.

- el concepto platónico de materia increada en Sab 11,17.

- la descripción de la sabiduría como emanación de Dios en Sab 8,25-26.

- el empleo de *técnicas* propias de la retórica helenista como el sorites (discurso en cadena que sigue el esquema AB – BC – CD – DE – EA) en Sab 6,17-20.

El autor está tan influido por el pensamiento griego que, aun al criticarlo, no puede sustraerse de emplear en su argumentación las mismas ideas que critica. Esta situación era así incluso en círculos rabínicos. El tratado de la *Mishna llamado Sota (sobre la mujer sospechosa de adulterio), indica que "durante la guerra de Tito *se prohibió enseñar griego* a los hijos" 9,14. Lo interesante es que, en lugar de emplear la palabra hebrea para guerra (מלחמה), se emplea aquí un término del mismo idioma que se está prohibiendo utilizar, a saber la palabra "πόλεμος", que en este texto ha sido transcrita simplemente en letras hebreas (!).

Algunos fenómenos sociales que se desarrollaron con el helenismo

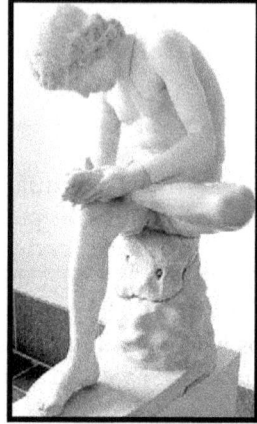

Niño quitándose una espina: la escultura helenística muestra un nuevo interés por los temas de la vida cotidiana, incluso en sus aspectos más triviales.

(como el cosmopolitismo, la fusión étnica y cultural, y la pérdida de raíces debido a los movimientos migratorios propios de esta época), crearon las condiciones para que se desarrollara un sentimiento de fraternidad humana. Este sentimiento, a su vez, favorecía movimientos que 'hablaran al corazón', y que prometieran la salvación individual. Lo que explica el desarrollo de estas temáticas en algunas religiones de la época, de modo particular en el judaísmo. Por ello es que, visto dentro de un marco global, el helenismo en lugar de amenazar, creó condiciones favorables para la expansión del judaísmo.

Hubo sectores de la comunidad judía que, oponiéndose frontalmente al avance del helenismo, sufrieron persecución de parte de dichas autoridades, como lo atestigua alguna de la literatura de este período, de modo particular la apocalíptica. Pero este hecho puede verse también desde otra óptica, a saber: la de la dialéctica entre la *amenaza* planteada por el helenismo, y la *respuesta* dada por algunos sectores judíos. Son los retos que se plantean a una comunidad los que le permiten desarrollar estrategias de sobrevivencia que, a la postre, culminan en cambios decisivos para el futuro de dicha comunidad.

J. L. Myers indica que es una paradoja del progreso que, si la necesidad es la madre de la invención, el padre sea *la determinación de seguir viviendo bajo condiciones adversas*. Según este autor, no fue por accidente que la civilización, tal y como la conocemos, nació. Esto se dió como resultado de la adaptación humana a los drásticos cambios climáticos que se produjeron durante la última era glacial. Los primates que se convirtieron en seres humanos fueron, precisamente, aquellos que "se las arreglaron" para sobrevivir con carne cuando no había suficiente fruta o cuando ésta no estaba maduraba; que

fueron capaces de aprender como hacer fuego y ropa en lugar de perseguir el sol; que fortificaron sus guaridas; que vieron la necesidad de mejorar sus técnicas y aprovisionarse, entrenando a sus hijos en todas estas tareas vitales, dando así un lugar de privilegio a la razón en un mundo que parecía carente de razón (Myers, *Greeks* 277).

Resulta paradójico entonces que la misma *amenaza* planteada por el régimen de Antíoco IV, haya provocado una *respuesta* que a la postre, fortaleció el judaísmo.

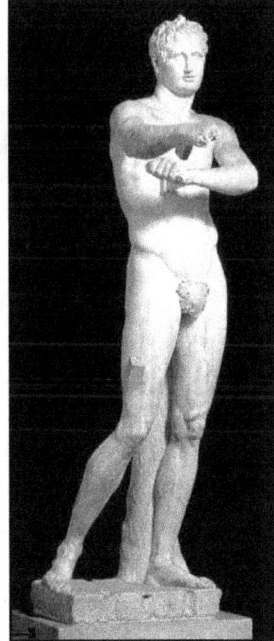

Atleta secándose el sudor: el mundo visto a partir de una experiencia concreta. Esta escultura capta un instante, un segundo en la vida cotidiana, alejado del clasicismo heroico griego (Ubaldo, *Atlas* 101).

Biblia de Oriente 9

Himno a Shamash

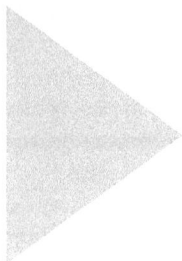

*Documento
babilonio,
segundo
milenio a.C.*

"Oh Shamash, ningún malvado escapa de tu red, ningún pecador de tu lazo. Castigas rápidamente al que incumple un voto. El que no muestra respeto por las cosas sagradas no quedará impune. Tu red es amplia para capturar a quien hace el mal, a quien lanza sus ojos a la mujer de su prójimo. Si tu arma se dirige hacia él, no hay quien lo salve. Si es llevado a la corte, ni aun su padre le podría salvar. A la palabra del juez, ni siquiera sus hermanos se atreven a replicar. En una trampa de bronce será irremediablemente atrapado.

Aquel que toma parte en los planes del malvado, sentirá que la tierra se hunde bajo sus pies. Al juez injusto haces encadenar, y también al que pervierte la justicia aceptando sobornos. A personas como éstas las doblas bajo el peso de tu castigo. Pero quien no acepta sobornos, quien defiende la causa del débil, agradará a Shamash y vivirá por largo tiempo.

El juez cuidadoso que administra justicia rectamente asegura para sí un palacio, una residencia propia de príncipes será su residencia. Como el agua de un arroyo eterno, así será la descendencia de quien actúa bien y no conoce de engaños. Pero las acciones de aquel que actúa con bajeza quedarán escritas y su descendencia no permanecerá" (Breasted, *Dawn* 341).

Shamash era el dios del sol en la religión mesopotámica, compañero del dios lunar Sin. Por contar con el poder de la luz, lograba imponerse sobre las tinieblas. Esta simbología (luz/bien – tinieblas/mal), lo convirtió en el dios de la justicia, por ello era considerado el guardián de las leyes con poder sobre el mal.

Imagen de Shamash sentado en un trono de montañas. Un ayudante del dios conduce ante él, para ser juzgado, a un demonio. Su actividad de juez se combina con la defensa del derecho y la justicia, como lo ilustra el himno citado.

El dios Sin también aparece representado en la parte superior del Código de Hamurabi, sosteniendo en su mano derecha un cayado y un anillo, símbolos de la justicia y la rectitud, como lo describe bien la introducción al código:

"He puesto fin a la guerra,
he creado el bienestar del país,
he dado descanso al pueblo en moradas tranquilas,
no he tolerado la intromisión de los perturbadores.

Los grandes dioses me han llamado,
y he sido el benéfico pastor del justo cetro,
mi sombra benigna se ha extendido sobre mi ciudad;
en mi seno he recogido los pueblos de Sumer y de Akkad,
y han prosperado bajo mi protección.

Los he gobernado en paz,
los he defendido con mi sabiduría,
de modo que el fuerte no oprimiese al débil,
y se hiciera justicia al huérfano y a la viuda ...

Venga todo hombre oprimido que tenga un motivo
a la presencia de mi estatua de rey de la justicia.
¡Lea mi estela inscrita
y preste oídos a mis preciosas palabras!
Mi estela le aclarará su causa,
verá su derecho
y tendrá alivio su corazón!"
(Moscati, *Civilizaciones* 36)

La preocupación por la justicia era la primera responsabilidad del rey. Hamurabi dirá: "He puesto fin a la guerra, he creado el bienestar del país, de modo que el fuerte no oprima al débil, y se hiciera justicia con la viuda y el huérfano". En esta ilustración vemos a Shamash, dios babilonio de la justicia, entregar a Hamurabi los signos del poder y la justicia.

El rey: protector del débil

Esta imagen del dios otorgando al rey, su hijo, los símbolos del juicio y la justicia nos recuerda la que encontramos en el salmo 72: "Oh Dios, da al rey tu *juicio*, al hijo de rey tu *justicia*: que gobierne rectamente a tu pueblo, a tus humildes con equidad (..) El hará justicia a los humildes del pueblo, salvará a los hijos de los pobres y aplastará al opresor" Sal 72,1-2.4.

Las faltas litúrgicas y las ceremoniales.

El hecho de que en este himno Shamash desapruebe la conducta injusta es, desde el punto de vista de la historia de las religiones, un detalle importante. Inicialmente las faltas cometidas contra el dios eran únicamente de naturaleza ceremonial o litúrgica:

- alguien había incumplido un voto,
- había tocado algo prohibido,
- había hecho una ofrenda indigna del dios,
- había irrespetado un límite (temporal o espacial),
- había sacrificado algo en forma indebida.

Habían tantas formas en las que una persona podía incurrir en una falta ritual, que en muchas ocasiones la persona ni siquiera sabía cuál era la falta cometida, cf. pág. 61. Existía todo un género especial de oraciones para hacer que el dios irritado se contentara de nuevo:

Las faltas involuntarias

> Dios mío, yo no sabía que tu castigo sería severo
> Pronuncié a la ligera un juramento solemne por ti
> Desprecié sin cesar tus órdenes, he ido demasiado lejos.
> Dios mío, borra, deshaz, disipa el endurecimiento de mi corazón
> Olvida mis defectos, acoge mi súplica
> Transforma mis delitos en bien
> Fuerte es tu mano, he experimentado tu castigo
> ¡Que el que no teme a su dios y a su diosa vea en mí un ejemplo!
> ¡Dios mío, reconcíliate conmigo!
> ¡Diosa mía, sé benévola conmigo!
> A mi súplica y a mis manos alzadas volved vuestros rostros
> Que vuestro corazón endurecido se calme
> Que vuestro humor se serene ante mí
> ¡Haced la paz conmigo!
> ¡Que yo celebre sin cesar vuestras alabanzas ante todas las gentes!
> (Cahiers, Oraciones 24).

Esta es, precisamente, la preocupación de Job, y por eso pide a Dios vehementemente: "¡Hazme saber cuales son mis ofensas y pecados!" (13,23b), "Si he pecado ¿qué te he hecho, Centinela del hombre?" (7,20), "Pediré a Dios «No me condenes, hazme saber qué tienes contra mi»" (10,2). También en el AT, algunas de las faltas más graves eran las relacionadas con los sacrificios (castigadas con la exclusión de la comunidad, Lev 17,8-15), o el sacrificio a Mólek castigado con la muerte (Lev 20,2). La idea que está detrás de estas severas penas, es que el mal era como una especie de entidad contagiosa que requiere la eliminación física o la separación absoluta de esa persona. Algo similar a lo que se hace hoy con animales o plantas infectados que ponen en peligro la población, cf. pág. 265s.

La idea de considerar los abusos cometidos contra otro ser humano como faltas a la divinidad, es uno de los saltos cualitativos más importantes que encontraremos en la historia de las religiones. Éste es, sin duda, el aporte más significativo de los profetas hebreos al pensamiento humano. Como ha dicho Abraham Heschel: para nosotros el acto aislado de injusticia (el engaño en el negocio, la explotación de los pobres) es leve, para los profetas era un desastre. En nuestra opinión la injusticia es injuriosa para el bienestar de la gente, para los profetas era un golpe mortal a la existencia; para nosotros, un episodio; para ellos una catástrofe, una amenaza al mundo. Hablan y actúan como si el cielo se fuera a desplomar porque estas cosas suceden (Heschel, *Profetas* II: 34s). Sorprendentemente, una concepción similar a ésta es la que se encuentra detrás de este himno a Shamash.

La falta ética: un salto cualitativo.

Es cierto que, de un modo general, las ofensas en la religión mesopotámica seguían siendo, esencialmente, *ofensas ceremoniales* a algún dios. Muchos salmos penitenciales de la religión babilónica dejan entrever que el penitente se siente arrepentido, no tanto por desaprobar el mal que ha hecho, como por temor a las medidas de represalia que la persona

Faltas al dios y faltas al prójimo.

ofendida pueda tomar contra él (venganza física o prácticas mágicas), cf. Breasted, *Dawn* 342. Pero lo que tenemos en este himno a Shamash es algo diferente. Aparte de las ofensas al dios (incumplir un voto o irrespetar las cosas sagradas), se incluyen aquí ofensas al prójimo, y se condena a quien lanza sus ojos a la mujer de su prójimo, al que toma parte en los planes del malvado, y al juez injusto que pervierte la justicia aceptando sobornos. Esta doble consideración de las *faltas al dios* y las *faltas al prójimo* sigue el mismo patrón del Decálogo que contiene exigencias *religiosas* (mandatos 1-4) y *éticas* (mandatos 6-10), cf. Ex 20,3-17 y Deut 5,6-21.

Las semejanzas del himno a Shamash con la literatura bíblica son varias:

• las imágenes empleadas para atrapar al malvado: tu lazo, tu red, tu arma.

• las ideas de retribución para el bien: "quien no acepta sobornos, quien defiende la causa del débil, agradará a Shamash y vivirá por largo tiempo".

• las ideas de retribución para mal: al juez injusto haces encadenar, lo doblas bajo el peso de tu castigo.

• Para las semejanzas del lenguaje legal en su conjunto, cf. Is 1,21-26.

ÁREA: RELIGIÓN Y SOCIEDAD

Investigación 1.a.
Tensiones sociales
en el AT.

Aunque acostumbramos hablar de un modo general acerca de "el pueblo de Israel", lo cierto es que este pueblo no era una entidad social homogénea, sino fragmentada por intereses y tensiones étnicas, económicas y religiosas entre otras. Algunas de las tensiones entre estos grupos adquieren en el siglo VIII a.C. una expresión dramática, debido al empobrecimiento de importantes sectores de la población. Profetas como Isaías y Amós prestarán especial interés a este proceso. La comprensión de esta dimensión sociológica del texto es de capital importancia para la comprensión del AT, ya que los

Los textos reflejan
los sectores que
les dieron origen.

diversos textos representan, correspondientemente, los puntos de vista de los distintos sectores que les dieron origen (ver Investigación 6). Con el fin de profundizar este tema, lea de nuevo las páginas indicadas a continuación, y redacte una síntesis personal sobre este tema: (a) identifique algunos de los grupos involucrados (cf. págs. 134-135; 171-173); (b) mencione dos procesos o transformaciones que influyeron sobre la dinámica social (cf. págs. 204-211) y (c) describa una situación de interacción entre religión y política (cf. págs. 138-140; 258-259; 297-300). Sobre el tema general de "Política y religión" lea nuevamente el "Dossier 2: *David, el póster y la historia*", y redacte una síntesis personal que integre sus reflexiones sobre este tema. (Extensión: 8 págs.).

Investigación 1.b.
Sectores marginales en
la sociedad del AT.

Encontramos en el AT distintos grupos que ocupan un lugar marginal en la sociedad. Los pobres representan sin duda alguna el sector más significativo. Con el crecimiento de las ciudades y las nuevas formas de posesión de la tierra, muchos antiguos propietarios pasaron a ser asalariados en los campos de los nuevos terratenientes, cf. págs. 209-210. A ellos se unen inmigrantes, desplazados por hambrunas y guerras (cf. págs. 102-104), así como esclavos y personas con limitaciones físicas y enfermedades. Interesa destacar aquí el rol de la mujer en la sociedad. Algunos aspectos acerca del estatus social de la mujer pueden verse en "Biblia de Oriente 6" (págs. 212-216), así como las págs. 246 y 305-306. Lea de nuevo las páginas indicadas sobre el tema de la mujer y: (a) explique ¿Cuál es la idea detrás de la expresión empleada en la pág. 215 *"Decodificación sociológica de una carta"*?; (b) redacte una síntesis personal que integre sus reflexiones finales sobre el tema desarrollado en págs. 212-216. (Extensión: 3 págs.).

Decodificación sociológica de una carta.

ÁREA: BIBLIA E HISTORIA

Investigación 2: La evolución de las ideas en el AT.

Existe la idea, muy arraigada, de que los textos bíblicos surgen por el dictado de un ángel al escritor bíblico, al estilo del famoso cuadro de Rembrandt "San Mateo y el ángel". Pero ¿cómo nacen realmente los textos bíblicos? El prof. García Cordero ofrece una valiosa visión de conjunto que resumimos aquí:

Tradiciones orales conservadas en santuarios locales.

El conjunto de libros que componen hoy esta biblioteca que llamamos la *Biblia* se fue formando paulatinamente, según las circunstancias, sin ningún plan orgánico prefijado. Los libros más antiguos del AT surgen de *tradiciones orales* que se transmiten durante siglos, de generación en generación, antes de cristalizar en documentos escritos. Estas *tradiciones orales* primitivas emergen de una *experiencia histórica* y se convierten en *épica religiosa popular* en los santuarios locales de las tribus instaladas en Canaán. Estas tradiciones empiezan a ponerse por escrito en los tiempos de la centralización de la monarquía en el siglo x a.C. Surgen así diversos complejos legislativos que se entremezclan con relatos históricos.

La inspiración poética de David y de su escuela da origen a la colección de los *Salmos*. Algunos de estos *Salmos*, como el salmo 29, parecen ser una adaptación de un himno cananeo en el que se canta la fuerza de la divinidad manifestada en la tempestad. Empieza a surgir también, una literatura "sapiencial" en los círculos intelectuales de la corte salomónica: los proverbios. Más tarde, en el siglo VIII, emerge una serie de escritos procedentes de los círculos *proféticos*, formándose así un complejo literario religioso antes de la ruina de Jerusalén en el 585 a.C. Cuando llegan las invasiones asiria y babilónica, surge una crisis en la sociedad israelita, que no comprende por qué su Dios permite la invasión del territorio del pueblo elegido. Y es entonces cuando los profetas declaran los misteriosos designios divinos: Yahvé castiga a su pueblo por sus infidelidades, para purificarlo y hacerlo digno de su vocación excepcional entre los pueblos.

Explicación teológica de eventos históricos.

Posteriormente, en tiempos de la dominación persa, diversos círculos religiosos empiezan a "repensar" el sentido de la historia de su pueblo. Y, llevados de preocupaciones ambientales, empiezan a plantearse los grandes problemas de la angustia vital del ser humano, del sentido de su vida y de su destino. De estos círculos "sapienciales" surgen los libros de *Job*, *Eclesiastés* y parte del libro de los *Proverbios* (cf. García, *Problemática* 30-37).

Job: los grandes problemas de la angustia vital del ser humano.

Como puede verse, los textos bíblicos se van conformando *a través del tiempo*; pero no sólo esto, sino que surgen *en relación vital con circunstancias cotidianas* de la comunidad. La creencia en la resurrección, por ejemplo, no aparece en el AT hasta que Israel, sometido políticamente a la dominación griega, se enfrenta con una pregunta que le resulta escandalosa: ¿Puede acabar todo *allí* para quienes han dado su vida por la fe de sus padres? ¿Sería posible que la vida acabase para quienes habían dado testimonio de no temer a la muerte por causa de la justicia? Es, sólo entonces, cuando *en respuesta a estas circunstancias particulares* del siglo II a.C., surge la idea de que la muerte es un sueño, y el retorno a la vida un despertar, cf. Dan 12,2.

Los textos surgen de la vida cotidiana de la comunidad.

Las ideas religiosas tienen un origen histórico identificable y circunstancias concretas que explican su surgimiento en un momento particular. En el desarrollo de estas ideas influyen no sólo factores internos, sino también *factores externos*; es decir, aquellos que surgen del contacto de Israel con las ideas religiosas de otros pueblos con los que ha convivido a lo largo de su historia (Babilonia, Persia, Grecia). Las ideas religiosas del AT son pues, una síntesis de todos estos factores. Las fiestas del pueblo, por ejemplo, han surgido de sus relaciones con la cultura cananea (p. 176); la idea de los querubines, de la cultura babilónica (p. 257); la idea de un juicio tras la muerte en el que se juzga a la persona por los actos de justicia durante su vida, de la cultura egipcia (p. 203); la noción de una alianza entre el pueblo y su dios, de la cultura hitita; la idea de Satán, de la cultura persa .. y así sucesivamente.

Factores externos en el desarrollo de las ideas religiosas.

El AT nos muestra que muchos de los textos bíblicos nacen en los campos de trabajo (Is 5,1-7); en actividades de la vida cotidiana como la minería (Job 28), la alfarería (Jer 18) o la construcción de navíos (Ex 27); nacen de los problemas de coexistencia con los vecinos (Prov 20); del folklore popular (Num 22); en fin, de la constante re-adaptación de la fe a nuevas

Muchos textos bíblicos nacen en los campos de trabajo.

circunstancias. "La revelación no es siempre, necesariamente, una caída libre en vertical" (Maggioni, *Revelación* 1680). En muchas ocasiones es intercambio con las culturas de su entorno, préstamo y adaptación de elementos que se incorporan a la fe naciente y continúan reformulándose a través de su historia.

La revelación no es siempre "una caída en vertical".

Las vicisitudes del diario vivir generan aprendizajes que dan origen a diverso tipo de narraciones y "motivos literarios". Con el transcurso del tiempo, la comunidad va seleccionando algunos de esos relatos que logran expresar con belleza los temores y esperanzas de la comunidad. Poco a poco, algunos relatos orales se reformulan y se amplían. Finalmente, se ponen por escrito y terminan convirtiéndose en documentos vitales para la fe de la comunidad.

¿Cómo surge un texto bíblico?

Lea de nuevo las págs. 69-71; 93-95; 97-101; 176 y 236-237 y redacte una síntesis personal que integre sus reflexiones finales sobre el tema. (Extensión: 6 págs.).

ÁREA: BIBLIA E INTERCULTURALIDAD

Investigación 3.a.
La "teología común"
del antiguo Cercano
Oriente.

Hemos dicho que Israel no emerge como una entidad aislada o diferente de las otras culturas de su entorno, sino todo lo contrario, como parte integral de un escenario común: la cultura de Siria-Palestina. "Una religión no aparece nunca en medio de la nada, le resulta imposible hacer *tabula rasa* de todo aquello que pre-existe" (Maffesoli, *Amour* 902). En el caso de Israel, estos vínculos con la cultura autóctona pueden verse: (1) en las **concepciones**: Yahvé termina siendo, como Baal, no sólo un dios del cielo rodeado por su corte (cf. pág. 261), sino también dueño y señor de la

Una religión no aparece nunca "en medio de la nada".

Israel y Canaan
¿Dos culturas o una?

tierra (cf. pág. 72s); (2) en las **prácticas**: las antiguas fiestas agrícolas cananeas son incorporadas en el calendario religioso y reinterpretadas en el marco de la historia israelita (cf. pág. 176); algo similar podría decirse de los sacrificios y, finalmente, (3) en las **composiciones**: de Canaán aprende Israel el arte de componer himnos religiosos, como lo muestran Jue 5,4s y el Salmo 29, ambos, adaptaciones de literatura cananea en suelo israelita. Una exposición detallada de este proceso puede verse en el volumen I de la *Teología del Antiguo Testamento* de G. von Rad, sección I.3: "La crisis provocada por la conquista de Canaán".

Israel: diferenciación progresiva de un fondo religioso común.

A lo largo de la obra hemos indicado que, en su esfuerzo por conformar una fe con un perfil religioso propio, Israel pasó por una etapa de *diferenciación* de un fondo religioso común, del que poco a poco empezó a emerger una forma religiosa cada vez más diferenciada y autónoma; y por una etapa de *historización*: en donde instituciones ligadas esencialmente a fenómenos naturales (como las fiestas agrícolas, en su mayoría de origen pre-israelita), se ligan posteriormente a intervenciones decisivas de Yahvé en la historia del pueblo. Lea la "Oración de Kantuzilis" (págs. 58-63), la "Carta al dios personal" (págs. 89-92), y "La estela de Mesha" (págs. 147-158), y redacte una síntesis que integre sus reflexiones finales sobre el tema de la relación del AT con las culturas religiosas de su entorno. (Extensión: 10 págs.).

Investigación 3.b.
La progresiva
inculturación en los
escritos del AT.

Lea las págs. 69-73; 236-239 y 311-313 y redacte una síntesis que integre sus reflexiones finales sobre el tema de la relación del AT con las culturas de su entorno. (Extensión: 6 págs.).

ÁREA: BIBLIA Y TEOLOGÍA

**Investigación 4:
El lenguaje sobre Dios
en el AT.**

El lenguaje acerca de dios en las religiones del antiguo Cercano Oriente pasa por tres estadios.

Ámbito de la naturaleza.

(1) En el primero de ellos dios se vincula al ámbito de *la naturaleza*: árboles, fuentes de agua, montañas y piedras son vistos como habitados por poderes divinos (cf. págs. 69 y 236). Esta fuerza vital se percibirá de modo más claro en la fertilidad de la naturaleza. Los dioses se convierten así en los proveedores y sustentadores de sus pueblos.

Ámbito del estado.

(2) En un segundo momento, cuando las comunidades han alcanzado ya un cierto nivel de desarrollo social, y una organización política más compleja y eficiente, se vincula al dios con el ámbito *del estado*. La organización política, que comienza a abarcarlo todo, empieza a adquirir un lugar en la forma del ver y entender el mundo. A un dios importante, por ejemplo, se le llamará rey. En una época en la que la violencia militar y las hambrunas que éstas acarreaban eran un hecho común, la figura de un dios "salvador y guerrero" se convierte en fuente de bienestar y seguridad para su pueblo frente a la angustia creada por sus enemigos. La imagen de la figura mesiánica en las distintas religiones del entorno, es la imagen idealizada del rey terreno.

*Ámbito de la
sociedad y la familia.*

(3) Finalmente, el ámbito de *la sociedad y la familia* se convierte en un referente fundamental. En este punto, la religión se convierte en algo personal, afectivo. La persona no se percibe ya a merced de fuerzas naturales ciegas. Las nociones de guía, esperanza y compasión son parte vital de una fe en donde los sentimientos y la intimidad vienen a jugar un papel fundamental. El dios nacional se convierte en protector y mediador, en padre y madre del suplicante.

Yahvé y las divinidades de los santuarios cananeos.

Constatamos en el AT una evolución similar: Yahvé, quien se presenta en el Sinaí como un dios de la montaña (cf. 1 Re 20,28), se convierte posteriormente en el Dios de Israel, y luego de la creación entera. Las divinidades que acompañaban a los clanes patriarcales en sus andanzas, se identificarán posteriormente con las divinidades de los distintos santuarios cananeos, cf. págs. 69-71 y 236s. Tras el exilio, el lenguaje para referirse a Dios irá adquiriendo cada vez más, una dimensión más familiar y afectiva. Lea las págs. 20-24; 238-239 y 271-278 y redacte una síntesis que integre sus reflexiones finales sobre el tema. (Extensión: 6 págs.).

ÁREA: BIBLIA Y LITERATURA

Investigación 5: El revestimiento literario.

Del hecho vivido a la creación literaria.

El AT evoca siempre un doble plano: el nivel del texto o acción concreta y el nivel del subtexto o nivel de significado. En muchos casos, la situación real del texto sería aquella vivida por muchos sectores de la comunidad en el post-exilio, el "revestimiento" consistiría en *la representación literaria de esos hechos concretos, es decir, en la transformación de "eso vivido" en creación o producto literario.* En el AT, como en las canciones de amor que cantamos a diario, situaciones concretas son expresadas por medio de un lenguaje que, después, todas las personas hacen suyo. Cuando A. Manzanero dice: "Esta tarde vi llover, vi gente correr y no estabas tú", no está hablando acerca del estado del tiempo en Yucatán, un día concreto de su vida en 1968. Si bien es cierto, esta conocida canción se inspira en un recuerdo *particular* de él como individuo, la forma que ese recuerdo adquirió en la canción es *universal*.

Esa frase *es nuestra*. Es de cada persona que haya amado y que cante esa canción, no importa que -literalmente- no esté lloviendo o que no haya gente corriendo por la calle.

Podemos decir que en esto radica, precisamente, la fuerza extraordinaria de las imágenes que encontramos en un texto como el salmo 23. Es irrelevante que no vivamos en un medio rural o que no hayan ovejas a nuestro alrededor, porque a nivel del subtexto el salmo no habla de valles o de aguas concretas, sino de la necesidad fundamental de seguridad y de acompañamiento; y porque las ovejas implicadas en el texto .. *somos nosotros*. Las "aguas de reposo" y los "valles de muerte" no son más que una representación lírica de realidades humanas concretas, una especie de código que adquiere para cada persona, matices y rostros concretos en su situación vital particular. Lo importante de esas imágenes literarias radica en su poder evocador. Como se ha indicado en esta obra, un ejemplo concreto de esto es la forma de presentar problemas históricos/políticos como problemas familiares en las narraciones patriarcales. El tema del "revestimiento literario" ha sido tocado explícitamente en las páginas 28-29; 134-135; 136-137; 138-139 y 300. Lea de nuevo estas páginas y redacte una síntesis personal sobre este tema. (Extensión: 2 págs.).

Sal 23: representación lírica de realidades humanas.

ÁREA: BIBLIA Y POLÍTICA

Investigación 6:
El "punto de vista"
en los escritos del AT.

"El encuentro":
puntos de vista

*Dos puntos de vista
sobre Salomón.*

Decía el profesor John S. Kselman en sus clases que era posible que, cuando el rey de Israel invocaba a Dios para que lo librase de sus enemigos (cf. Sal 18,4), tuviese en mente a algunos de los profetas (!). Los salmos reales eran escritos en palacio y representan, sin duda alguna, *el punto de vista de la corte*. El escriba, que según Ben Sirá "ejerce su servicio entre los grandes y se presenta delante de los príncipes" (Eclo 39,4), se esforzaban por agradar a sus benefactores. Uno de ellos dirá: "Un bello tema bulle en mi corazón, voy a recitar mi poema para un rey: mi lengua es pluma de ágil escriba. Eres la más hermosa de las personas, la gracia se derrama por tus labios, por eso Dios te bendice para siempre .." Sal 45,2-3. El escriba, que era un funcionario de la corte, tenía un papel asignado y que él, sin duda, asumía sin reparos, Jer 8,8b. A los escritos propios de su función, corresponde la idealización de su señor (persona y cargo), algo que él hace conscientemente, siguiendo un estilo común en todo el antiguo Cercano Oriente y que era conocido como "estilo de la corte". No sorprende entonces, que tras su presentación (Sal 45,2), se inicie la exclamación y bendición del rey (v 3). El punto de vista de este escriba, no puede ser otro que el de la corte, el de su señor, cf. págs. 120-121.

Otro ejemplo en donde este aspecto del punto de vista del narrador se percibe con mayor claridad aun, es el del modo en la que la política del rey Salomón es valorada en distintos sectores. Mientras los líderes del pueblo dicen a Roboam que su padre ha sido un opresor: "Tu padre hizo pesado nuestro yugo; aligera tú ahora la dura servidumbre de tu padre y el pesado yugo que cargó sobre nosotros" (1 Re 12,4), la reina de Sabá, invitada de honor en la corte de Salomón, dirá de él: "Dichosos estos servidores tuyos que están siempre en tu presencia y escuchan tu sabiduría. Bendito sea Yahvé, tu Dios, que se ha complacido en ti y te ha puesto como rey para administrar derecho y justicia" (1 Re 10,8).

Esta diferencia de perspectivas se hace aun mayor en la interpretación dada por diferentes sectores del pueblo a la caída de Jerusalén en 587 a.C. Según la gente del pueblo, el Señor había castigado a los gobernantes, opresores del pueblo, y los había enviado cautivos a Babilonia, permitiéndoles volver a recuperar las tierras que habían perdido a manos de estos terratenientes. Pero Ezequiel, que formaba parte de ese grupo viviendo en el exilio, veía las cosas de otro modo. Según él, los que permanecieron en Palestina habían sido dejados atrás, destinados a morir a espada, a ser entregados a las bestias y a morir de peste, Ez 33,27. Dios había rescatado al grupo del exilio para hacer renacer de él al pueblo (!). Esta era la misma perspectiva que tenía Jeremías del tema, cf. Jer 24.

Dos interpretaciones opuestas del exilio babilónico.

El tema de "el punto de vista" de la narración explica por qué ciertos individuos o comunidades son *demonizados* (como los cananeos en Deut 7 o los samaritanos en Esd 3-4), mientras que otros son *idealizados*. Esta valoración de "los otros", se da no sólo respecto de otros pueblos sino respecto de otros grupos *dentro del mismo pueblo de Israel*. En 1 Mac 1,11 se habla de otros hermanos judíos, que comparten un punto de vista distinto al del narrador, como de "hijos rebeldes", y en Sab 1,16 se los llama "impíos". Estas son personas *de la misma comunidad*, sólo que han hecho opciones políticas distintas. Ejemplos semejantes de estas confrontaciones internas encontramos en Num 12; Esd 3; Ez 11; Jer 24; 44; 1 Mac 1,11-15; Sab 2,1-10. Este tema ha sido considerado, de distintos modos, en las págs. 65; 120-121; 138-142; 214-216; 240-241; 305-306 y, especialmente, en la sección # 33 "1 Macabeos 1" (págs. 285-292). Lea nuevamente estas páginas y redacte una síntesis que integre sus reflexiones finales sobre el tema. (Extensión: 4 págs.).

La "demonización" de individuos y comunidades.

Glosario:

Esta sección está basada enteramente en Aletti, *Vocabulario*; Flor, *Diccionario* y Koch, *Bibellexikon*.

Antropomorfismo:

representación de Dios y de la acción divina con rasgos tomados de la naturaleza humana. A Dios se le asignan en el AT partes corporales del ser humano: brazos (Num 11,23), manos (Sal 11,7), boca (Deut 8,3), voz (Deut 30,20), ojos (Deut 11,12), oídos (Sal 5,1), rostro (Sal 114,7), y se habla de Dios como padre, guerrero, juez y rey.

Antropopatismo:

representación de Dios con rasgos tomados de la sicología humana. A Dios se le asignan en el AT sentimientos similares a los del ser humano como la ira, la mala intención, la cólera, el recuerdo. Dios se arrepiente y se aflige (Gen 6,6), desata su ira y su furor (Ex 15,7), muestra celos (Ex 20,5), amor (Os 11,1) y aborrecimiento (Lev 20,23).

Código de la alianza:

el más antiguo de los tres códigos legales del Pentateuco. Se encuentra en Ex 20,22 – 23,19 y su nombre proviene de Ex 24,7: "Moisés tomó el libro de la alianza y lo leyó ante el pueblo". Contiene leyes casuísticas ("Si compras un esclavo hebreo .." Ex 21,2) y apodícticas ("El que hiera a su padre o madre será castigado con la muerte" Ex 21,15), de diferentes tipos y de orígenes diversos, algunas de ellas relacionadas con el derecho mesopotámico como el código de Hammurabi.

Código de la Santidad:

el más reciente de los tres códigos legales del Pentateuco, se encuentra en Lev 17-26. Según el consenso de la crítica, es el resultado final de un largo proceso de crecimiento, fue escrito después del exilio y refleja la legislación fundamental de la comunidad post-exílica de Jerusalén. El nombre proviene de la frase, comúnmente repetida en estos capítulos: "Sed santos como yo soy santo" Lev 19,2.

Código deuteronómico:

el segundo de los tres códigos legales del Pentateuco, incluido en Deut 12-16. Su primera finalidad es la de reformar el antiguo derecho en función de la centralización cultual, política y administrativa introducida por el rey Josías. El código trata de crear un espíritu de solidaridad y fraternidad en la comunidad. Destaca en él la ley sobre la centralización del culto (Deut 12) y la de la pureza de la religión (Deut 13).

Deuteronomista:

nombre aplicado por el biblista alemán Martin Noth (1902-1968), a la escuela literaria y al redactor final del cuerpo narrativo que comprende los libros de Deut, Jos, Jue, Sam y Re. El nombre se debe a la influencia de Deuteronomio en la composición de estos libros. La obra fue escrita durante el período exílico en Palestina y se conoce por la sigla Dtr.

E, documento Elohista:
uno de los cuatro documentos/fuentes con los que, según la teoría documentaria clásica, se compuso el Pentateuco. En él se designa a Dios con el nombre de Elohim (אלהים), al menos hasta Ex 3,14. Se conoce con la sigla "E". Habría sido redactado o compilado en el reino del Norte en los siglos IX-VIII a.C. Su teología y moral se considera más avanzada que la de "J" y llevaría la marca de los profetas Amós y Oseas.

Estructura concéntrica:
procedimiento literario que consiste en disponer las palabras o frases en un orden paralelo invertido, de tal modo que el primer elemento se corresponde con el último, el segundo con el penúltimo y así sucesivamente: a-b-c- X -c'-b'-a'. La sección central queda sin correspondencia y se considera el elemento destacado de la composición.

Fórmula:
expresión verbal fija, en ocasiones puede admitir variación de alguno de sus elementos. Hay, entre otras, fórmulas de auto-presentación: "Yo soy Yahvé, que te ha hecho salir de Egipto" Ex 20,2; de reconocimiento: "Para que sepáis que yo soy Yahvé" Ex 6,7; de mensajero: "Así habla tu siervo Jacob/José" Gen 32,5; 45,9, y la fórmula profética de mensajero: "Así dice Yahvé" 2 Re 3,17.

Género literario:
es un esquema general que se utiliza cuando se escribe determinado tipo de textos. En nuestros días por ejemplo, una invitación a una boda se redacta de una cierta forma (relativamente fija), sólo cambian elementos concretos: nombres, lugares, tiempos. Ejemplos de ello en el AT son los relatos de vocación profética, los salmos de lamentación individual, los relatos de milagro y los salmos de acción de gracias

Inclusio:
procedimiento literario que consiste en encerrar una unidad literaria entre dos palabras o frases iguales o equivalentes, por ejemplo: la expresión "ciudad fiel" en Is 1,21 y 26; la oración "¡Yahvé, Señor nuestro, qué glorioso es tu nombre en toda la tierra!" en Sal 8,2 y 10; o la expresión "¡Vanidad de vanidades, todo es vanidad!" en Qoh 1,2 y 12,8.

J, documento Yavista:
el más antiguo de los cuatro documentos/fuentes con los que, según la teoría documentaria clásica, se compuso el Pentateuco. En él se designa a Dios con el nombre de Yahvé (יהוה), y se conoce con la sigla "J" por su nombre en alemán "Jahwist". Habría sido redactado en Jerusalén en tiempos de David o Salomón (siglo X a.C.), punto en disputa hoy. Gusta del lenguaje antropomórfico.

Leyendas:
aunque el término es empleado en el lenguaje cotidiano con un sentido peyorativo como el de un relato "inventado o poco creíble", en su sentido técnico significa "relato edificante a propósito de un personaje venerable o de un lugar sagrado". Normalmente

estos relatos contienen elementos maravillosos. A propósito de las narraciones de los profetas Elías y Eliseo, se habla de "las leyendas proféticas".

Leyes apodícticas:
enunciado legal categórico que ordena o prohíbe una acción sin indicar normalmente la pena establecida para los transgresores. No depende de circunstancias particulares (como la ley casuística), sino que responde a un principio general, por ejemplo: No matarás" Ex 20,13, cf. Lev 19,13. Suelen presentarse en series.

Leyes casuísticas:
son aquellos enunciados legales que presentan casos concretos. Comienzan frecuentemente con la conjunción "Cuando .." o "Si ..", por ejemplo: "Cuando construyas una casa nueva, pondrás un pretil en torno a la azotea ." Deut 22,8, o "Si encuentras en el camino un nido .. no tomarás a la madre con las crías" Deut 22,6. Este tipo de derecho es común en el antiguo Cercano Oriente.

Midrash:
el término hebreo midrash proviene de la raíz דרש (=buscar, examinar, explicar), que designa un método de interpretación de la Escritura. Este comentario rabínico explica el texto sagrado versículo por versículo, consiste a menudo de una paráfrasis edificante y tiene un carácter esencialmente homilético.

Mishna:
primera colección oficial de la ley oral judía (es decir, de las tradiciones no recogidas en la Escritura), y síntesis de tradiciones derivadas de la Biblia. Fue puesta por escrito a partir del siglo II d.C. y entrará posteriormente a formar parte del Talmud.

Numinoso:
término latino empleado por el teólogo alemán Rudolf Otto (1869-1937), en su obra "La idea de lo sagrado" (*Das Heilige*, 1917). Designa una voluntad o un poder misterioso que se supone habita en las cosas, en los seres o en la naturaleza, y que constituiría el objeto del primer sentimiento religioso de la humanidad.

Ostracón:
término griego (ὄστρακον) empleado para designar los trozos de cerámica que se utilizaban como borradores para aprender a escribir. En Palestina son muy numerosos, eran empleados como material de escritura para comunicaciones oficiales y económicas, y son una fuente de información muy útil. Se escribía sobre ellos con tinta.

Post-exilio, período post-exílico:
perteneciente o relativo a la época posterior al destierro en Babilonia, cuando en el año 587 a.C., una parte de la comunidad fue deportada a Babilonia por el rey Nabucodonosor. El exilio/destierro duró hasta el año 538 a.C. aproximadamente, cuando un decreto del rey persa Ciro, permitió a los desterrados que lo quisieron, volver a su patria.

Sapiencial:
El término s. se usa para describir: (1) aquello que expresa una verdad fundada en la experiencia común y en la observación, un saber hacer y un saber vivir, una reflexión sobre la existencia, sobre el bien y el mal, sobre la vida y la muerte; (2) aquello perteneciente o relativo a los libros s. o de la sabiduría del AT (Prov, Qoh, Sab, Eclo), o a la mentalidad y modos de expresión de dichos libros.

Segundo Isaías:
se le da este nombre (o Deuteroisaías), al autor anónimo, supuesto por la crítica, de los capítulos 40-55 de Isaías, y que se distinguen del resto del libro por su estilo y contenido. Esta sección trata del final del exilio, del regreso y de la reconstrucción de Jerusalén. A este autor se le asignan los cuatro cantos del siervo de Yahvé: Is 42,1-9; 49,1-6; 50,4-11 y 52,13-53,12.

Septuaginta, Setenta o LXX:
es la más importante versión griega del AT, establecida a partir del siglo III a.C. para el uso de los judíos de habla griega, principalmente en Alejandría. Esta fue la versión del AT empleada por las primeras comunidades cristianas. Según la tradición, fue hecha por 72 sabios judíos en Egipto en tiempos de los Ptolomeos. El orden de los libros es distinto al de la Biblia hebrea.

Sitz im Leben:
literalmente "sitio/lugar en la vida". Se traduce como "situación vital" o "contexto vital", y alude al hecho de que un determinado género literario pertenece a una situación precisa de la existencia, a unas circunstancias socio-religiosas típicas en las que se origina y emplea; por ejemplo: el medio del culto, de la guerra, del derecho, de la familia o del trabajo.

Targum:
traducción parafraseada de los textos bíblicos al arameo, hecha por los judíos de Palestina y Babilonia para el servicio de las actividades de la sinagoga. Los principales targumes existentes hoy son los del Pentateuco.

Teofanía:
Manifestación extraordinaria de Dios accesible a los sentidos (apariciones como la descrita en Is 6,2 o audiciones como en el caso de Deut 4,12.15), y acompañada por fenómenos especiales en la naturaleza (caso de la zarza ardiente en Ex 3,1-6) o en otros aspectos (luz resplandeciente que llena el tabernáculo en Ex 40,34s o experiencia de Elías en 1 Re 19,9ss).

Tercer Isaías, Tritoisaías:
autor anónimo, supuesto por la crítica, de los capítulos 56-66 de Isaías (o al menos de sus partes principales). La propuesta fue hecha por Bernhard Duhm en 1892, quien consideraba a este autor post-exílico como distinto del segundo Isaías, entre otras cosas porque el T.I. presupone claramente la situación de Palestina (en donde el templo yace destruido, cf. Is 64,9-10), y no la del exilio.

Bibliografía citada

Aizpurúa, Fidel – María Dolores Aleixandre y otros. *La Parra y la Higuera. Historias y personajes de la Biblia*. PPC. Madrid. 2004.

Aleixandre, María Dolores – Juan José Bartolomé. *La fe de los grandes creyentes*. Editorial CCS. Madrid. 2004.

Aleixandre, María Dolores. *Círculos en el agua*. Editorial Sal Terrae. Santander. 1997.

Aletti, Jean-Noël / Maurice Gilbert / Jean-Louis Ska / Sylvie de Vulpillières. *Vocabulario razonado de la exégesis bíblica*. (Instrumentos para el estudio de la Biblia XV). Editorial Verbo Divino. Estella. 2007

Andrés, Rafael de. *Diccionario Existencial Cristiano*. Editorial Verbo Divino. Estella. 2004.

Ariès, Philippe & Georges Duby, General Editors. *A History of Private Life I*. Cambridge (MA): Harvard University Press. 1987.

Aristóteles. *Obras*. Traducción de Francisco de P. Samaranch. Editorial Aguilar. Madrid. 1964.

Bagot, J.P. *Biblia de Jerusalén*. Edición pastoral con guía de lectura y nuevas introducciones de J.P. Bagot. Desclée de Brouwer. Bilbao. 1984.

Baladier, Charles. "Culpabilité", en: *Encyclopædia Universalis*. Vol. 6. Encyclopædia Universalis. Paris. 1990, págs. 940-945.

Balandier, Georges. "Los movimientos de innovación religiosa en el África negra", en: Henry Charles Puech, (Editor). *Movimientos religiosos derivados de la aculturación*. (Historia de las Religiones 12). Editorial Siglo XXI. México. 1986.

Barrer, Margaret. "Isaiah", en: James D.G. Dunn & John W. Rogerson (editors). *Eerdmans Commentary on the Bible*. Eerdmans Publishing House. Michigan. 2003 págs. 489-542.

Betz, Otto / Beate Ego / Werner Grimm (Herausgeber). *Calwer Bibellexikon*. Calwer Verlag. Stuttgart. 2., verbesserte Auflage. 2006.

Blenkinsopp, Joseph. "Isaiah", en: *The New Oxford Annotated Bible*. Third Edition. Michael Coogan (editor). Oxford University Press. Oxford. 2001.

Borges, J.L., http://vagabundeoresplandeciente.wordpress.com/2008/06/24/la-ultima-leccion-de-borges/

Breasted, James H. *The Dawn of Conscience*. Scribner's Sons. New York. 1933.

Brueggemann Walter. *1 & 2 Kings*. (Smith & Helwys Bible Commentary). Smith & Helwys Publishing Inc. Macon. 2000.

Brueggemann Walter. Abuse of command. Exploiting power for sexual gratification. *Sojourners Magazine*. 26/4 (1997). http://www.sojo.net/index.cfm?action= magazine.article&issue=soj9707&article=970721

Cabezudo Melero, Enrique. "Judit", en: S. Guijarro y Miguel S. García (editores). *Comentario al Antiguo Testamento*. Volumen I. Editorial Verbo Divino. Estella. 1997, págs. 637-651.

Caquot, André. "El Judaísmo desde la cautividad de Babilonia hasta la revuelta de Barkojba", en: Henry Charles Puech (Editor). *Las religiones en el mundo Mediterráneo y en el Oriente Próximo*. Editores Siglo XXI. México. 2001, págs. 136-222.

Carmignac, J. "Poème allégorique sûr la secte rivale", *Revue de Qumran*, 5, 1965, p. 361-374.

Cartledge, Tony W. *1 & 2 Samuel: Bible Commentary* (Smyth & Helwys Bible Commentary). Smyth & Helwys Publishing. Macon, GA. 2001.

Castel, François. *Historia de Israel y de Judá*. Editorial Verbo Divino. Estella. 1984.

Chamorro, Graciela. "Bifurcación y redención del decir. Antropología teológica desde la palabra indígena". *Vida y Pensamiento* 29/1 (2009): 29-58.

Coenen, Lothar / Erich Beyreuther / Hans Bietenhard (editores). *Diccionario Teológico del Nuevo Testamento*. Vol. 1-2. Ediciones Sígueme. Salamanca. 1998/1999.

Croatto, José Severino. *Historia de la salvación. La experiencia religiosa del pueblo de Dios*. Segunda Edición. Editorial Verbo Divino. Estella. 2000.

Drewermann, Eugen. *La palabra de salvación y sanación*. Editorial Herder. Barcelona, 1996.

Driver, Samuel R. *Notes on the Hebrew Text and the Topography of the Books of Samuel with an Introduction on Hebrew Paleography and the Ancient Versions and Facsimiles of Scriptions and Maps*. Second edition, revised and enlarged. Oxford. Clarendon Press. 1913.

Equipo "Cahiers Evangile". *En las raíces de la sabiduría*. (Cuadernos bíblicos 28). Editorial Verbo Divino. Estella. 1980.

Equipo "Cahiers Evangile". *Oraciones del Antiguo Oriente*. (Suplementos a los Cuadernos Bíblicos). Editorial Verbo Divino. Estella. 1979.

Evangelisches Gesangbuch. Herausgeber: Evangelisch-Lutherische Kirche in Bayern. Wartburg Verlag GmbH. Weimar. s.f.

Flor Serrano, Gonzalo – Luis Alonso Schökel. *Diccionario de la Ciencia Bíblica*. Editorial Verbo Divino. Estella. 2000.

Frankfort, Henry / H.A. Groenewegen Frankfort / John A. Wilson / Thorkild Jacobsen. *Before Philosophy. The intellectual adventure of ancient man*. Pinguin Books. London. 1954.

Frankfort, Henry / H.A. Groenewegen Frankfort / John A. Wilson / Thorkild Jacobsen. *El Pensamiento prefilosófico. 1. Egipto y Mesopotamia*. Fondo de Cultura Económica. México 1974.

Frazer, James G. *El Folklore en el Antiguo Testamento*. Fondo de Cultura Económica. México. 1986.

Fretheim, Terence E. *Jeremiah*. (Smith & Helwys Bible Commentary). Smith & Helwys Publishing Inc. Macon. 2002.

Galeano, Eduardo. *Días y noches de amor y de guerra*. Alianza Editorial. Madrid. 1996.

García Cordero, Maximiliano. *Biblia y Legado del Antiguo Oriente*. (Biblioteca de Autores Cristianos 390). Editorial Católica. Madrid. 1977.

García Cordero, Maximiliano. *Problemática de la Biblia*. Editorial Católica. Madrid. 1979.

García Martínez, Florentino. *Textos de Qumrán*. Editorial Trotta. Madrid. 1993.

Garibay, Ángel María. Sófocles. *Las Siete Tragedias*. Editorial Porrúa. México. 2005.

Gastaldi, Silvia – Claire Musatti. *Vida y costumbres del pueblo de la Biblia*. Sociedades Bíblicas Unidas. Madrid. 2003.

Gaster, Theodor H. *The Dead Sea Scriptures*. Anchor. New York, 1976.

Gaster, Theodor H. "Angel", en: G.A. Buttrick, editor. *The Interpreter's Dictionary of the Bible. An illustrated Encyclopædia*. Vol. 1: A-D. Abingdon Press. Nashville/New York. 1962, págs. 128-134.

Gerbron, Cyril. "Bethsabée au bain", en: *Texte-Image Imaginaire*. (Ressource de culture générale, littéraire et artistique en ligne). Cadmos. Paris. 2008.

Gilula, Mordechai. "An Egyptian Parallel to Jer I 4-5". *Vetus Testamentum* 17 (1967): 114.

González Lamadrid, Antonio. "Canaán y América. La Biblia y la teología medieval ante la conquista de la tierra", en: Rafael Aguirre y Félix García López (editores). *Escritos de Biblia y Oriente*. Universidad Pontificia de Salamanca. Salamanca. 1981, págs. 329-346.

Gordon, Cyrus H. "Ancient Middle Eastern Religions", in: *The New Encyclopædia Britannica*. 15 Th Edition. Phillip W. Goetz, Editor in Chief. Vol. 24. Chicago. Encyclopædia Britannica Inc. 1985, págs. 60-64.

Grabner-Haider, Anton. *Kulturgeschichte der Bibel*. Vandenhoeck & Ruprecht. Göttingen. 2007.

Gunkel, Hermann / Joachim Begrich. *Introducción a los Salmos*. (Institución San Jerónimo. Clásicos de la Ciencia Bíblica). Institución San Jerónimo. Valencia. 1982.

Gunkel, Hermann. *Genesis*. (Mercer Library of Biblical Studies). Mercer University Press. Macon. 1997.

Gutiérrez, Gustavo. *Teología de la Liberación*. Ediciones Sígueme. Salamanca. 1977.

Halpern, Baruch. *David's Secret Demons. Messiah, Murderer, Traitor, King*. Eerdmans Publishing House. Grand Rapids. 2001.

Hartog, François. *Le miroir d'Hérodote. Essai sur la représentation de l'autre*. Gallimard. Paris. 1980.

Heschel, Abraham. *Los Profetas*. Volumen II. Concepciones históricas y teológicas. (Biblioteca del Hombre Contemporáneo). Editorial Paidós. Buenos Aires. 1973.

Hübner, Ulrich. Bemerkungen zum Pfandrecht: Das judäische Ostrakon von Mesad Hašavyahu. *Ugaritische Forschungen* 29 (1997): 215-225.

Hurault, Bernardo. *La Biblia Latinoamericana*. Formadores. Editorial Verbo Divino. Estella. 2004.

Israelstam, J. / Judah Slotki. (Traductores). *Midrash Rabbah. Leviticus*. The Soncino Press. London-New York. 1983.

Jacobsen, Thorkild. *The Treasures of Darkness. A History of Mesopotamian Religion*. Yale University Press. New Haven. 1976.

Jenni, Ernst / Claus Westermann (editores). *Diccionario Teológico Manual del Antiguo Testamento*. Volúmenes 1-2. Ediciones Cristiandad, Madrid. 1978/1985.

Jones, Douglas R. "Isaiah II and III", en: Matthew Black & Harold H. Rowley (editors). *Peake's Commentary on the Bible*. Thomas Nelson. Surrey. 1981, págs. 516-536.

Keel, Othmar – Christoph Uehlinger. *Göttinen, Götter und Gottessymbole*. Neue Erkenntnisse zur Religionsgeschichte Kanaans und Israels aufgrund bislang unerschlossener ikonographischer Quellen. [Quæstiones Disputatæ 134]. Herder Verlag. Freiburg/Basel/Wien. 1992.

Keel, Othmar. *The Symbolism of the Biblical World. Ancient Near Eastern Iconography and the Book of Psalms*. Eisenbrauns. Indiana. 1997.

Kessler, Rainer. *'Gesellschaftsstruktur'*, en: www.wibilex.de (Das wissenschaftliche Bibellexikon im Internet) http://www.bibelwissenschaft.de/wibilex/das-bibellexikon/

Kierkegaard, Søren. *Temor y temblor*. Traducción, estudio preliminar y notas de Vicente Simón Merchán. Ediciones Altaya. Barcelona. 1997.

Koch, Klaus / Eckart Otto / Jürgen Rolff / Hans Schmoldt. *Reclams Bibellexikon*. Phillip Reclam jun. Stuttgart. 2004.

Koenen, Klaus. *'Bethel [Ort]'*, en: www.wibilex.de (Das wissenschaftliche Bibellexikon im Internet) http://www.bibelwissenschaft.de/wibilex/das-bibellexikon/

Koenen, Klaus. '*Erzählende Gattungen*', en: http://www.bibelwissenschaft.de/wibilex/das-bibellexikon/details/quelle/WIBI/zeichen/e/referenz/17700///cache/7d8213e0b4/

Krauss, Hans Joachim. *Los Salmos 1.* Ediciones Sígueme. Salamanca. 1995.

Krauss, Hans Joachim. *Psalmen 2.* Biblischer Kommentar. Altes Testament XV.2. Neukirchener Verlag. Neukirchen. 1961.

La Bible et ses images. CD-ROM. Editions du CERF. Paris. 2001.

Leeuwen, van Cees. *Le développement du sense social en Israel avant l'ère chrétienne.* (Studia Semitica Neerlandica 1). Van Gorcum. Assen. 1955.

Lincoln, Bruce. "Religion and Politics. Introduction", en: Sarah Iles Johnston, editor. *Religions of the Ancient World.* Belknap Press. Cambridge/London. 2004.

Liptzin, Solomon. *Biblical Themes in World Literature.* Ktav Publishing House. Hoboken, New Jersey. 1985.

Llagostera Cuenca, Esteban. *La poesía erótico-amorosa en el Egipto faraónico.* Editorial Esquío. Ferrol. 1995.

Llopis, Joan. "Fiesta", en: *Nuevo Diccionario de Pastoral.* Casiano Floristán [Director]. Ediciones Paulinas. Madrid. 2002, págs. 627-634.

Lods, Adolphe. *Israel, desde los orígenes hasta mediados del siglo VIII* (a. de C.). UTEHA. México. 1958.

Lods, Adolphe. *Los Profetas de Israel y los comienzos del Judaísmo.* UTEHA. México. 1958.

Louth, Andrew – Marco Conti (Editors). *Genesis 1-11.* (Ancient Christian Commentary on Scripture. Old Testament I). InterVarsity Press. Downers Grove, Ill. 2001.

Louvre.edu / Notice d'œuvre / Gréce / Arts et techniques / Fragment de stèle dit de «l'exaltation de la fleur» Déméter et Corè.

Maffesoli, Michel. "L'amour, du physique au psychisme", en: Jean Poirier, (editor). *Histoire des Mœurs.* Volume II. Modes et Modèles. Éditions Gallimard. Paris. 1993.

Maggioni, Bruno. "Liturgia y culto", en: *Nuevo Diccionario de Teología Bíblica.* P. Rossano / G. Ravasi / A. Girlanda (editores). Ediciones Paulinas. Madrid 1990, págs. 1052-1066.

Maggioni, Bruno. "Revelación", en: *Nuevo Diccionario de Teología Bíblica.* P. Rossano / G. Ravasi / A. Girlanda (editores). Ediciones Paulinas. Madrid 1990, págs. 1674-1692.

Martinez, Jean-Luc. *louvre.edu* / Notice d'œuvre/Gréce / Arts et techniques / Aphrodite du type « Vénus Génitrix ».

Martínez Sáiz, Teresa. *Traducciones Arameas de la Biblia. Los Targumim del Pentateuco. I. Génesis.* Editorial Verbo Divino (Biblioteca Midrásica 28). Estella. 2004.

Mathieu, Bernard. "Prophétie de Néferty", en: Jean-François Mattéi (editor). *Les Œuvres Philosophiques. Dictionnaire.* (Encyclopédie Philosophique Universelle). Presses Universitaires de France. Paris. 1992, Vol. III: 293.

Matthews, Victor H. / Don C. Benjamin. *Paralelos del Antiguo Testamento.* Editorial Sal Terrae. Cantabria. 2004.

McKenzie, John L. "Aspects of the Old Testament Thought", en: *The Jerome Biblical Commentary.* R. Brown / J. Fitzmyer / R. Murphy (editors). Prentice Hall. New Jersey. 1968, págs. 736-767.

Misna. Edición preparada por Carlos del Valle. Editorial Nacional. (Clásicos para una Biblioteca Contemporánea). Editora Nacional. Madrid. 1981.

Moore, R.D. "Personification of the Seduction of Evil: The Wiles of the Wicked Woman", *Revue de Qumran,* 10, 1981, p. 505-519.

Moscati, Sabatino. *Las antiguas civilizaciones semíticas.* (Traducción de A. Peral). Ediciones Garriga S.A. Barcelona. 1960.

Muilenburg, James. "The History of the Religion of Israel", en: G.A. Buttrick (editor). *The Interpreter's Bible Commentary.* Vol. 1. Abingdon Press. Nashville. 1980, págs. 292-348.

Myers, J. L. *Who Were the Greeks?* University of California Press Berkeley. 1930.

Noth, Martin. *A History of Pentateuchal Traditions.* Scholar Press. Chico, CA. 1988.

Noth, Martin. *Historia de Israel.* Ediciones Garriga. Barcelona. 1966.

Olson, Dennis T. "Numbers", en: J.L. Mays (editor). *Harper's Bible Commentary.* Harper. San Francisco. 1988, págs. 182-208.

Pascal, Fréderique. "Ethnies/École de toutes les latitudes", en: *Le Monde de l'Education, de la Culture et de la Formation. Autorité.* No. 259 (Mai 1998). Paris. 1998.

Platón. Obras Completas. Francisco P. de Samaranch y otros (traductores). Ediciones Aguilar. Madrid. 1966.

Poirier, Jean (editor). *Histoire des Mœurs.* Volume III. Thèmes et Systèmes Culturels. (Encyclopédie de la Pléiade). Éditions Gallimard. Paris. 1991.

Porteous, Norman W. *Daniel. A Commentary.* (The Old Testament Library). The Westminster Press. Philadelphia. 1965.

Pritchard, James B. (editor). *Ancient Near Eastern Texts relating to the Old Testament.* Third edition with Supplement. Princeton University Press. Princeton. 1969.

Pritchard, James. *La Sabiduría en el antiguo Oriente.* Ediciones Garriga. S.A. Barcelona. 1966.

Pritchard, James. *La Arqueología y el Antiguo Testamento.* Editorial Universitaria de Buenos Aires. 1976.

Puech, Henry Charles (Editor). *Movimientos religiosos derivados de la aculturación.* (Historia de las Religiones 12). Editorial Siglo XXI. México. 1986.

Rakel, Claudia. Das Buch Judit, en: *Kompendium Feministische Bibelauslegung.* Louise Schottroff und Marie-Therese Wacker. Gütersloher Verlagshaus. Gütersloh. 1998.

Ramírez Kidd, José E. *El extranjero, la viuda y el huérfano en el Antiguo Testamento.* Editorial Sebila. San José. 2003.

Ramírez Kidd, José E. *El libro de Ruth. Ternura de Dios frente al dolor humano.* Editorial Sebila. San José. 2004.

Renan, Ernest. *Historia de Israel.* Volúmenes I-II. Editorial Iberia S.A. Barcelona. 1971.

Román, Gustavo. *Épica de los anónimos.* San José. 2009. Escrito inédito.

Ruiz Salvador, Federico. "Mediaciones", en: *Nuevo Diccionario de Espiritualidad.* Stefano de Fiores / Tullo Goffi / Augusto Guerra (Editores). Ediciones Paulinas. Madrid. 1991, págs. 1206–1218.

Sarna, Nahum M. *Genesis.* (The Jewish Publication Society Torah Commentary). The Jewish Publication Society. Philadelphia/Jerusalem. 1996.

Schmoldt, Hans. *Das Alte Testament. Eine Einführung.* Phillip Reclam GmbH. Stuttgart. 1993.

Schökel, Luis Alonso. *Biblia del Peregrino. Edición de Estudio. Antiguo Testamento.* Tomos I-II. Editorial Verbo Divino. Estella. 1996/1997.

Seux, Marie-Joseph. *Hymnes et Prières aux dieux de Babylonie et d'Assyrie.* (Littératures Anciennes du Proche Orient 8). Éditions du Cerf. Paris. 1976.

Sicre, José Luis. *Con los pobres de la tierra.* Ediciones Cristiandad. Madrid. 1984.

Singer, Itamar. *Hittite Prayers.* (Writings from the Ancient World Society of Biblical Literature 11). Society of Biblical Literature. Atlanta. 2002.

Ska, J.L. / J.-P. Sonnet / A. Wénin, *Análisis Narrativo de relatos del Antiguo Testamento.* (Cuadernos Bíblicos 107). Editorial Verbo Divino. Estella, 2001.

Smith, Morton. "The Common Theology of the Ancient Near East," *Journal of Biblical Literature* 71 (1962): 135-147.

Sommer, Benjamin D. "Inner-biblical Interpretation", en: Adele Berlin & Marc Zvi Brettler (editores). *The Jewish Study Bible.* Oxford University Press. Oxford. 1999, págs. 1829-1835.

Sommer, Benjamin D. "Isaiah", en: Adele Berlin & Marc Zvi Brettler (editores). *The Jewish Study Bible.* Oxford University Press. Oxford. 1999, págs. 780-916.

Sperling, David. Miriam, Aaron and Moses: sibling rivalry. *Hebrew Union College Annual* 70-71 (1999-2000), págs. 39-55.

Spieckermann, Hermann. *Heilsgegenwart. Eine Theologie der Psalmen*. Forschungen zur Religion und Literatur des Alten und Neues Testaments 148. Vandenhoeck & Ruprecht. Göttingen 1989.

Staubli. Thomas. *Begleiter durch das Erste Testament*. Patmos Verlag. Düsseldorf. 1997.

Tacitus, P. Cornelius. *The Annals and The Histories*. (Great Books of the Western World 15). Encyclopædia Britannica, Inc. Chicago. 1984.

Uehlinger, Christoph. "Götterbild", en: Manfred Görg – Bernhard Lang. *Neues Bibel-Lexikon*. *Band I A-G*. Benziger Verlag. Zürich. 1991, cols. 871-892

Ubaldo, Nicola. *Atlas Universal de Filosofía*. Editorial Océano. Barcelona. S.f.

Vaux, Roland de. *Instituciones del Antiguo Testamento*. Editorial Herder. Barcelona 1976.

Veyne, Paul (Editor). *A History of Private Life. I. From Pagan Rome to Byzantium*. Belknap Press. Cambridge/London. 1987.

Vílchez, José. *Eclesiastés o Qohelet*. Editorial Verbo Divino. Estella, 1994.

Vílchez, José. Sabiduría, en: *La Sagrada Escritura. Antiguo Testamento*. Volumen IV. Ricardo Arconada y otros. (Biblioteca de Autores Cristianos 293). Editorial Católica. Madrid. 1969.

Von Rad, Gerhard. *Estudios sobre el Antiguo Testamento*. Ediciones Sígueme. Salamanca. 1976.

Wagner, Andreas. *'Mensch'*, en: www.wibilex.de (Das wissenschaftliche Bibellexikon im Internet) http://www.bibelwissenschaft.de/wibilex/das-bibellexikon/

Westermann, Claus. *Genesis 12-36. A commentary*. Augsburg Publishing House. Minneapolis. 1981.

Whiston, William (Editor). *The Works of Josephus*. Complete and unabridged. New Updated Edition. Hendrickson Publishers. Peabody. 1987.

Wilde, Oscar. The Picture of Dorian Gray. Collector's Library. New York. 2003.

Zenger, Erich (Herausgeber). *Stuttgarter Altes Testament. Einheitsübersetzung mit Kommentar und Lexikon*. Verlag Katholisches Bibelwerk. Stuttgart. 3. durchgesehene Auflage 2005.

Zevit, Ziony. "First Kings", en: Adele Berlin & Marc Zvi Brettler (Editors). *The Jewish Study Bible*. Oxford University Press. Oxford. 1999, págs. 668-725.

Indice de documentos

Índice de textos bíblicos comentados

Índice de textos extra-bíblicos

Fuente de ilustraciones

P. 16: Keel, *Symbolism* il. 263; p. 21: Keel, *Symbolism* il. 431; p. 24: Keel, *Symbolism* il. 411; p. 40: Baladier, *Culpabilité* 6: 943; p. 66: Llagostera, *Poesía* p. 90; p. 67: Keel, *Symbolism* il. 429; p. 87: Keel, *Symbolism* il. 90a; p. 133: Keel, *Symbolism* il. 110; p. 145: Keel, *Symbolism* il. 342; p. 147: Betz, *Bibellexikon* 2: 905; p. 162: Keel, *Symbolism* il. 307a; p. 175: Keel, *Symbolism* il. 448; p. 179: Keel, *Symbolism* il. 288; p. 181: Keel, *Symbolism* il. 265; p. 209: Keel, *Symbolism* il. 101; p. 211: Keel, *Symbolism* il. 100; p. 233: Gastaldi, *Vida* p. 50; p. 238: Jacobsen, *Treasures* p. 146; p. 241: Llagostera, *Poesía* p. 43; p. 242: Ibid. p. 114; p. 243: Ibid. p. 60; p. 244: Ibid. p. 70; p. 245: Ibid. p. 62; p. 246: Ibid. p. 82; p. 260: Gaster, *Angel* p. 131; p. 263: Uehlinger, *Götterbild* 1: 873; p. 264: Keel, *Symbolism* il. 360; p. 275: Keel, *Symbolism* il. 334; p. 276: Keel, *Symbolism* il. 260; p. 283: Keel, *Symbolism* il. 353; p. 289: Veyne, *History* 1: 26; p. 315: Keel, *Symbolism* il. 42; p. 316: Keel, *Symbolism* il. 390.

El resto de las ilustraciones ha sido tomado de Internet ("Google/Images"), a saber: p. 29: N. Poussin, *El diluvio*; p. 53: Guayasamín, *Manos*; p. 60: *Diosa hitita del sol*; p. 64: *Beni-Hasan*; p. 65: *Beni-Hasan*; p. 73: *Iglesia de Cholula*; p. 78: il. 1: *Serafín*; il. 2: I. Guenther, *Angel*; p. 79: il. 1: G. Reni, *Angel*; il. 2: H. Simberg, *Angel*; p. 100: Giorgione, *Tres edades*; p. 105: *Inscripción de Herodes*; p. 121: *Cilindro de Ciro*; p. 123: *El Padrino*; p. 126: *Espada*; p. 156: M.C. Escher, *Ilusion*; p. 157: M.C. Escher, *Ilusion* detalle; p. 168: *Calendario de Gezer*; p. 185: Rembrandt, *Betsabé*; p. 186: A. Van Dick, *Sansón*; p. 187: Rembrandt, *Abraham*; p. 188: G. van den Eeckhout, *Samuel*; p. 192: *Mujer boliviana*; p. 197: *Ostracón de Meshad Hashavyahu*; p. 203: *Juicio ante Osiris*; p. 212: *Jinetes de terracota*; p. 221: *Querubines*; p. 228: E. Nolde, *El Profeta*; p. 255: M.L. King; p. 257: *Querubín*; p. 265: *Hasor, Máscara cúltica*; p. 268: M. Caravaggio, *David*; p. 269: A. Allori, *Judith*; p. 271: N. Poussin, *Buisson ardent*; p. 280: *Jeroglífico, visión de Neferty*; p. 288: *Pitonisa griega*; p. 290: *Gálatas suicidándose*; p. 292: *Terentius House Pompey*; p. 296: *Mano*; p. 304: L. Cranach, *Judith*; p. 304: A. Gentileschi, *Judith*; p. 307: G. O'Keeffe, *Ladder*; p. 310: *Estela de Farsalia*; p. 312: *Niño quitándose una espina*; p. 313: *Atleta griego secándose el sudor*; p. 322: Rembrandt, *San Mateo y el ángel*; p. 326: Gestalt; p. 330: E. Barlach, *Das Wiedersehen*.

www.ingramcontent.com/pod-product-compliance
Lightning Source LLC
Chambersburg PA
CBHW062110090426
42741CB00016B/3382